普拉提运动解剖学

DK 健身大百科

探索人体解剖生理学，塑造完美体形

[英]特蕾西·沃德 著
Tracy Ward

石梅芳 郭文萍 译

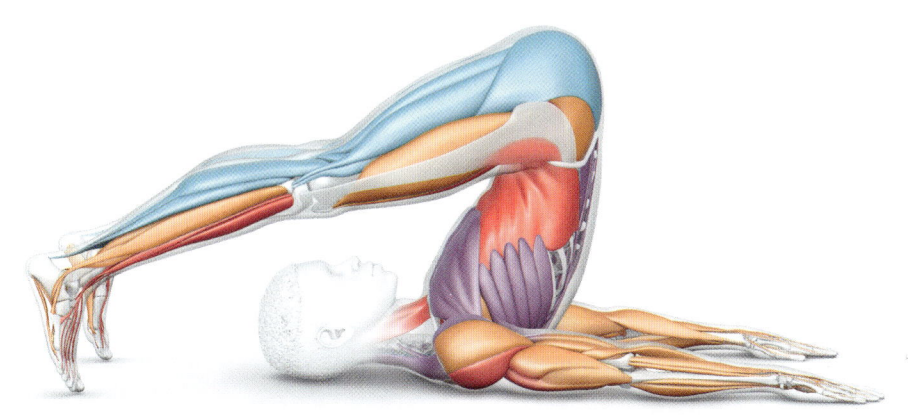

广东科技出版社
全国优秀出版社
·广州·

Original Title: Science of Pilates: Understand the Anatomy and Physiology to Perfect Your Practice
Text copyright © Tracy Ward, 2022
Copyright © Dorling Kindersley Limited, 2022
A Penguin Random House Company

广东省版权局著作权合同登记号
图字:19-2023-129

图书在版编目（CIP）数据

普拉提运动解剖学 /（英）特蕾西·沃德 (Tracy Ward) 著；石梅芳，郭文萍译 . -- 广州：广东科技出版社，2025. 5. -- (DK 健身大百科). -- ISBN 978-7-5359-8341-1

Ⅰ . G804.4

中国国家版本馆 CIP 数据核字第 20244NH341 号

普拉提运动解剖学（DK健身大百科）
PULATI YUNDONG JIEPOUXUE（DK JIANSHEN DABAIKE）

出 版 人：严奉强
责任编辑：温　微　张天白
责任校对：杨　乐
责任印制：彭海波
出版发行：广东科技出版社
　　　　　（广州市环市东路水荫路11号　邮政编码：510075）
销售热线：020-37607413
https://www.gdstp.com.cn
E-mail：gdkjbw@nfcb.com.cn
经　　销：广东新华发行集团股份有限公司
排　　版：广州市广知园教育有限公司
印　　刷：佛山市南海兴发印务实业有限公司
　　　　　（佛山市南海区大沥镇盐步永青路永平工业区12号　邮编：528247）
规　　格：787 mm×980 mm　1/16　印张13.5　字数270千
版　　次：2025 年 5 月第1版
　　　　　2025 年 5 月第1次印刷
定　　价：108.00元

如发现因印装质量问题影响阅读，请与广东科技出版社印制室联系调换（电话：020-37607272）。

www.dk.com

目　　录

关于普拉提	1	
普拉提的起源与原则	2	
普拉提研究进展	4	

普拉提生理学

肌肉解剖学	8
局部肌肉与整体肌肉	10
肌肉链	12
肌肉的工作原理	14
骨骼系统	16
骨骼强度与关节	18
核心肌群	20
脊柱中立位解剖学	22
体态	24
机械性疼痛的特点	26
普拉提与缓解疼痛	28
呼吸技巧	30
肠道健康	32
普拉提与正念减压法	34

普拉提运动

普拉提运动简介	38
简单的普拉提动作	40

稳定性训练

百次拍击	46
变式动作	48
后滚（滚动如球）	50
变式动作	52
单腿拉伸	54
变式动作	56
双腿拉伸	58
变式动作	60
分腿摇摆	62
天鹅潜水	64
变式动作	66
单腿上踢	68
变式动作	69
双腿上踢	70
空中剪刀	72
变式动作	74
倒踩单车	76
变式动作	77
肩桥	78
变式动作	80
泳式	82
变式动作	84
海豹拍鳍	86

旋转训练

单腿画圈	90
变式动作	92
侧踢	94
变式动作	96
髋部扭转	98
变式动作	100
跪姿侧踢	102
侧弯	104
变式动作	106
侧转	108
蚌式开合	110

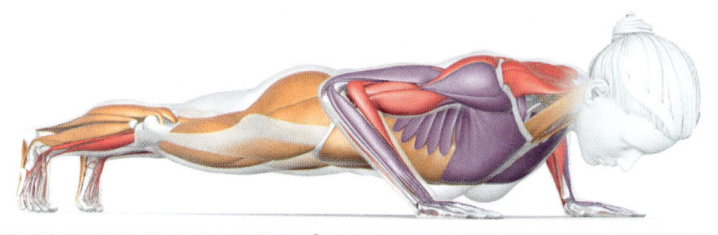

侧卧开合	111	俯身撑地	152	初级训练计划	176
侧卧并腿抬起	112	变式动作	154	中级训练计划	178
侧卧分腿抬起	113			高级训练计划	180

力量训练

活动性训练

长躯席卷	116	脊柱伸展	158	有益跑步的普拉提训练	182
变式动作	118	变式动作	159	有益游泳的普拉提训练	184
超越卷动	120	锯式	160	提升力量的普拉提训练	186
空中瓶塞	122	脊柱扭转	162	有益于久坐群体的普拉提训练	
引颈前伸	126	变式动作	163		188
空中折刀	128	眼镜蛇式	164	有益女性健康的普拉提训练	192
V形悬体	130	变式动作	165	缓解背痛的普拉提训练	196
变式动作	132	手臂展开	166	缓解颈痛和头痛的普拉提训练	
单腿后拉	134	变式动作	167		198
变式动作	136	穿针引线	168	改善脊柱侧弯的普拉提训练	200
单腿前拉	138	变式动作	169	针对关节过度活动综合征的	
变式动作	140	美人鱼式	170	普拉提训练	202
回力式	142	变式动作	171	针对骨质疏松症的普拉提训练	
弓形摇摆	146				204
蛙泳式	148			针对关节炎的普拉提训练	206
腹斜肌交叉伸展	149	## 普拉提训练计划			
倒置平衡	150			关于作者和致谢	208
		大众健身	174		

普拉提是一种能够全面锻炼全身力量和灵活性的健身运动,它不仅有助于身体健康、体能强健,还能有效改善精神状态,广泛适用于各类人群。

普拉提诞生于20世纪初,创立之初即成为健身潮流,至今热度不减,已成为一种在全球广受欢迎的锻炼方法。在创始之初,普拉提仅被视为一种身体锻炼方式,但是它始终秉持整体健康的理念。进行普拉提运动可以矫正身体姿态、加强核心力量、缓解身体不适和提高专注力。它带来的好处数不胜数,如今,人们对普拉提的需要比以往更甚。

近年来,人们的心态发生了显著变化,这种变化深刻影响了大众对锻炼的看法以及他们对自己身体需求的认知。事关身体健康,越来越多的人渴望找到一种既能获得快乐,又能与心灵对话的锻炼方法。

普拉提不仅能够塑造有力且紧实的肌肉,还可以提高身体的整体灵活性。此外,其运动强度可以根据参与者的健身水平和能力来进行调整。普拉提运动形式多样,包容性强,门槛较低,能让人们在生活中遇到挑战时保持积极的心态,因此越来越受到大众喜爱。

读大学本科时,我想参加一门运动课程作为定期健身的补充,那是我第一次了解普拉提。当时的我还没有意识到,普拉提正好能够满足我的身体需求。自从开始普拉提课程后,长时间坐着学习造成的肌肉疼痛和运动损伤都得到了缓解。同时,由于我一直坚持普拉提锻炼,我曾两次顺利怀孕并轻松分娩。我知道这可能含有运气成分,毕竟新生命的孕育过程是难以预料的,但普拉提的呼吸方式和心态的锻炼让我的分娩过程充满力量。

我现在定期练习普拉提,不仅是为了身体健康,还因为锻炼带来的身心连接能给予我清晰的思维。作为一名理疗医师,我在临床中广泛推荐人们练习普拉提,无论是运动员、产妇、剧烈背痛或关节过度活动的人,还是其他人群,都适合参与到这项运动中。我每天都能见证普拉提给我的病人带来的好处。

为什么我要写这本书?

在我工作的很多方面,如课程教学、临床实践和网络平台,我都会收到大家关于普拉提的各种疑问。这促使我写下这本书,也让我有幸通过这本书将我对普拉提的热情、我的学术背景和临床经

关于普拉提

验结合起来。《普拉提运动解剖学》可为你提供一个全面的指导,能帮助你迈出普拉提锻炼的第一步,养成习惯并最终见效。本书指出了选择普拉提的原因,并给出了结合自身条件进行锻炼的方法,包含了许多有用的技术和案例。无论你是新手、有经验的爱好者,或是普拉提教师,本书都提供了解析详尽、步骤清晰的插图,并以可靠的科学依据作为支撑,让你轻松掌握普拉提。本书创造性地融合了研究和实践应用,旨在将你的普拉提水平提到一个新高度。

普拉提改变了我的生活,希望它也能让你的生活变得更加美好。

特蕾西·沃德
理学硕士,理学学士(荣誉学位)
英国特许物理治疗师学会会员
普拉提教师、教育家、理疗师

普拉提的起源与原则

　　普拉提的概念是由约瑟夫·普拉提在第一次世界大战期间创立的。约瑟夫出生于德国，曾经是一名健美运动员和体操运动员。后来他被羁押在马恩岛，在此期间他创立了这一突破性的锻炼方法，能够同时训练身心，发挥人的最大潜力。这种独特的方法最初被命名为"身体控制学"，后来被称为普拉提。

普拉提运动的起源

　　约瑟夫·普拉提出生于1883年，他自小体弱多病，患有哮喘、佝偻病和风湿热。这让他下定决心通过健身来改善健康状况，强健体魄。他曾练过瑜伽、武术、冥想、体操、防身术和滑雪等，因此在1912年搬到英国后，他成为一名体操运动员、拳击手和防身术教员。

　　第一次世界大战期间，约瑟夫作为"敌对国家"的公民被拘留在一家医院担任护理员。他对卧床病人的身体状况感到震惊，因此设计了一套训练方案，使他们能够更快地康复。约瑟夫在战后搬回了德国，他的锻炼方法在德国舞蹈界广受欢迎。1926年，约瑟夫移民到美国并遇到了他未来的妻子克拉，他们一起在纽约开设了普拉提工作室。纽约芭蕾舞团的舞者纷纷练习普拉提来修复舞蹈带来的损伤。约瑟夫在全美各地广开工作室来分享他独特的锻炼方法，因此逐渐声名远扬。

普拉提的理论和演变

　　约瑟夫崇尚自律、自理和健康的生活方式。他的运动理论以整体性、灵活性和核心力量为基础。他认为，体魄的强健与精神控制相结合，可以治愈身体的疾病，平衡身心灵，并增强人的自信。整体性理念贯穿于普拉提运动中。最初的普拉提锻炼是在垫子上进行的，但在医院工作时，约瑟夫在病床上加装了弹簧，使病人能通过对抗渐进式的弹簧阻力来强身健体。随着普拉提运动在纽约盛行，他又创造了包括秋千床、核心床、稳踏椅和弧形桶在内的工作室设备。使用这些设备有助于在垫子之外更好地进行锻炼，加强肌肉力量，提高身体灵活度。约瑟夫在1967年去世，但普拉提运动的影响力持续扩大，他的学生们开始教授普拉提，将这一锻炼方式传递了下去。

> 身体控制学能够锻炼身体、矫正体态、恢复活力、振奋精神……
> ——约瑟夫·普拉提

普拉提的原则

　　普拉提运动的基础是遵循严格的呼吸模式。呼吸作为该运动最原始、最基础的原则，与其余5个原则构成了普拉提的独特技巧，它们互相融合，增进身心连接，从而使普拉提真正发挥作用。这些原则不只在锻炼中适用，也可以应用在日常生活中。

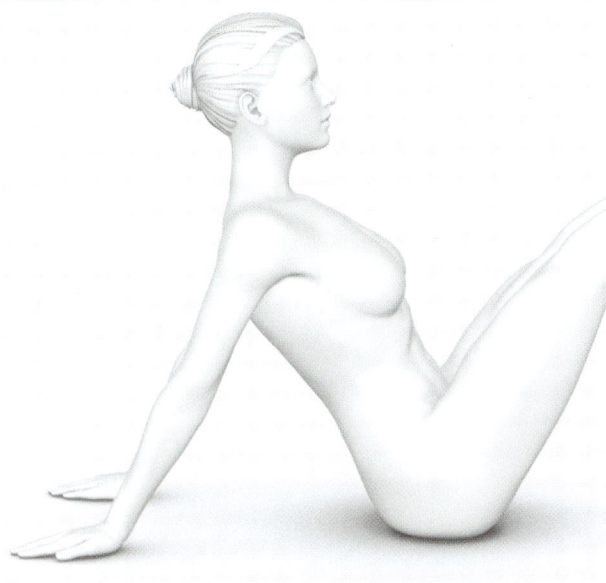

轴心

它既指核心肌群（后文简称"核心"）的激活，也指在锻炼中寻求身体与意念的高度统一与专注。

专注

关注每个动作的细节，包括如何完成动作以及运动时的身体感受。理论上来说，随着练习的深入，通过构建身体意识和提升专注力，你将能自然而然地完成这些动作。

呼吸

呼吸模式应该和动作相协调。普拉提倡导完整的横向呼吸法（见第 31 页），以获得最佳的身心状态。

流畅

普拉提运动应该以轻松、优雅的方式完成，动作之间的过渡要流畅，进行每个动作所需要的能量应在全身自由流动。

精确

精确指的是对练习中的每个动作都有自觉意识，包括身体各部位的动作执行、位置摆放和力学对线。

控制

每个动作都需要通过特定的肌肉动作和呼吸的协调配合来完成。同时也要求你在精神上保持高度专注，通过正念来引导动作的执行。

普拉提研究进展

普拉提运动创立的初衷是为了帮助一战期间的病人进行康复治疗，后来为适应社会精英锻炼的需求而做了改进，并受到了舞蹈界的影响。到了21世纪，随着人们对正念冥想锻炼方法的需求日益增长，基于研究和对康复锻炼的需要，普拉提运动也随之进行了改进。

普拉提运动的演变

传统普拉提运动非常注重核心力量和全身肌肉系统的激活，以提供刚性和支撑来完成各种动作。

这一特点在"空中剪刀"（见第72页）和"倒置平衡"（见第150页）等动作中体现得很明显，当腿部移动时，脊柱必须保持稳定以支撑身体。当时的一些普拉提动作要求肌肉和关节具备良好的灵活性，以实现腿部长杠杆、极端位置支撑和大幅度的脊柱运动。这些动作还需要有良好的身体感知能力，以便将身体保持在正确的姿势。

现代普拉提

现代普拉提关注点在于先控制局部核心系统以提高脊柱稳定性，然后再进行整体肌肉激活。虽然有些动作可能需要柔韧性，但这些动作通常设定了不同的难度系数，锻炼者可以先进行较低级别的练习，然后逐渐进步到高级别练习。对普通人来说，这种方法比普拉提的最初设计更加安全。同时，这种现代普拉提还引入了变体动作，既充分考虑了学生的能力水平，也将练习与他们自己的动作和特定功能需求相结合。这些需求包括增加灵活性和改善平衡，以及缓解腰背疼痛等症状。

方法概述

传统普拉提	现代普拉提
基于约瑟夫·普拉提传授的既定顺序进行练习。	由传统动作演变而成的现代化版，包含新的变体动作。
每个动作都建立在前一个动作的基础上。	没有固定的顺序，按需调整动作。
每个动作都有严格的重复次数规定。	按需制定锻炼强度。
从卧姿开始，用重力协助核心肌群锻炼，身体逐渐过渡到直立位。	通常从卧姿开始，用重力协助核心肌群锻炼，身体可以过渡到多种姿势。
骨盆通常保持后倾，背部平直。	骨盆处于中立位。
动作杠杆长度通常要长于手臂或腿部。	动作杠杆长度通常较短，腿部在初始位置呈弯曲。

技术演变

普拉提的动作经历了4个方面的显著变化。这些变化不仅仅是发生在实际练习中,也随着研究工作的深入而发生了改变。

脊柱平背与脊柱中立位

传统普拉提要求脊柱平贴垫子,这被称为脊柱平背。然而,研究表明脊柱平背没有减震作用,其功能性也比中立位的脊柱差。与骨盆向前或向后倾斜的姿势相比,脊柱中立位能更好地激活核心肌群,获得最佳锻炼效果。

大幅度与小幅度的腹部收缩

尽最大努力把肚脐靠向脊柱能够收紧腹部整体肌肉群,这曾经是腹部激活的小技巧,但可能导致肌肉过度活动和耐力下降。相比之下,小幅度的腹部收缩会先激活腹横肌,从而让脊柱和身体控制更加稳定。

颈部弯曲与颈部中立位

颈部长期弯曲会给颈椎肌肉造成不必要的压力,造成上半身其他部位肌肉紧张。而保持颈部处于中立位可以最大限度地减少这种压力并矫正颈椎位置,保持更加舒适、健康和自然的体态。

特定呼吸法与多种呼吸模式

约瑟夫会对应动作来设计特定的呼吸模式。然而为了更有效地激活核心肌群,现代普拉提经常让锻炼者在发力时进行呼气。

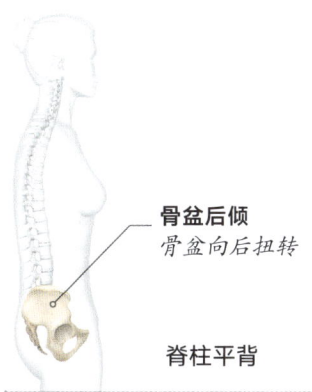

骨盆后倾
骨盆向后扭转

脊柱平背

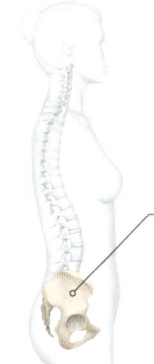

骨盆中立位
骨盆处于中立位置

脊柱中立位

方法改进

在普拉提的锻炼方法上,约瑟夫教导的原始方法与多年来不断修改后的方法有一些显著差异。下面我们来比较一些主要的差别:

固定顺序与动作选择
传统普拉提要求锻炼者严格按照顺序完成34个动作。现代普拉提将运动模式的选择建立在临床诊断或个体分析的基础上,认为一种方法不能满足所有人的需求。

单一等级与多个等级
传统普拉提是单独的一套锻炼方法,而现代普拉提通常给每个动作设置了多个难度级别或多种变体,以确保普拉提适用于所有人。

固定次数与灵活的运动强度
传统普拉提运动有严格的动作次数规定。锻炼者有规定的运动量,不能多也不能少。相比之下,现代普拉提的运动强度是由锻炼原则、个人能力和疲劳程度决定的。

弹震式发力与控制
传统普拉提包含了许多极具冲击力的弹震式动作,现代普拉提取消了这些动作,专注于提升动作幅度的同时保持身体中立位。

普拉提
生理学

  普拉提运动可以锻炼核心肌群，塑造强健、紧实的肌肉，提升身体运动系统的整体效能。了解肌肉骨骼系统解剖学和生理学的工作原理，正确姿势和呼吸所产生的效果以及它们对身体疼痛和心理健康所起的作用，将改变你对普拉提的看法。这些知识的应用将帮助你提升普拉提技术，按需选择动作，保持持续的训练动力。

普拉提运动解剖学

肌肉
解剖学

肌肉组织帮助我们保持体态或移动身体。骨骼肌通过肌腱附着在骨骼的两端,并牵动这些骨骼以产生运动。

骨骼肌

肌肉很少单独发挥作用。产生原动力的肌肉称为原动肌,可能还包括几块协同肌。起相反作用的肌肉称为拮抗肌,在运动时负责减慢原动肌的运动速度并保证关节的稳定性。普拉提通过肌肉链来增强身体机能。肌肉链是连接身体软组织从而传输力量的系统(见第12页)。

这张放大图显示了肌原纤维彼此排列成行

骨骼肌纤维

骨骼肌纤维由成千上万平行排列的肌原纤维组成,其中含有使肌肉收缩的收缩蛋白纤丝。

图中可见的条纹(横纹)反映了肌肉蛋白质的排列方式

胸肌
胸大肌
胸小肌

肋间肌

肱肌

腹肌
腹直肌
腹外斜肌
腹内斜肌(深层肌肉,图中未显示)
腹横肌

髋屈肌
髂腰肌(由髂和腰大肌组成)
股直肌(见股头肌)
缝匠肌
内收肌(见下)

肘屈肌
肱二头肌
肱肌(深层肌肉)
肱桡肌

内收肌
长收肌
短收肌
大收肌
耻骨肌
股薄肌

股四头肌
股直肌
股内侧肌
股外侧肌
股中肌(深层肌肉,图中未显示)

踝背屈肌
胫骨前肌
趾长伸肌
拇长伸肌

浅层肌肉　　深层肌肉

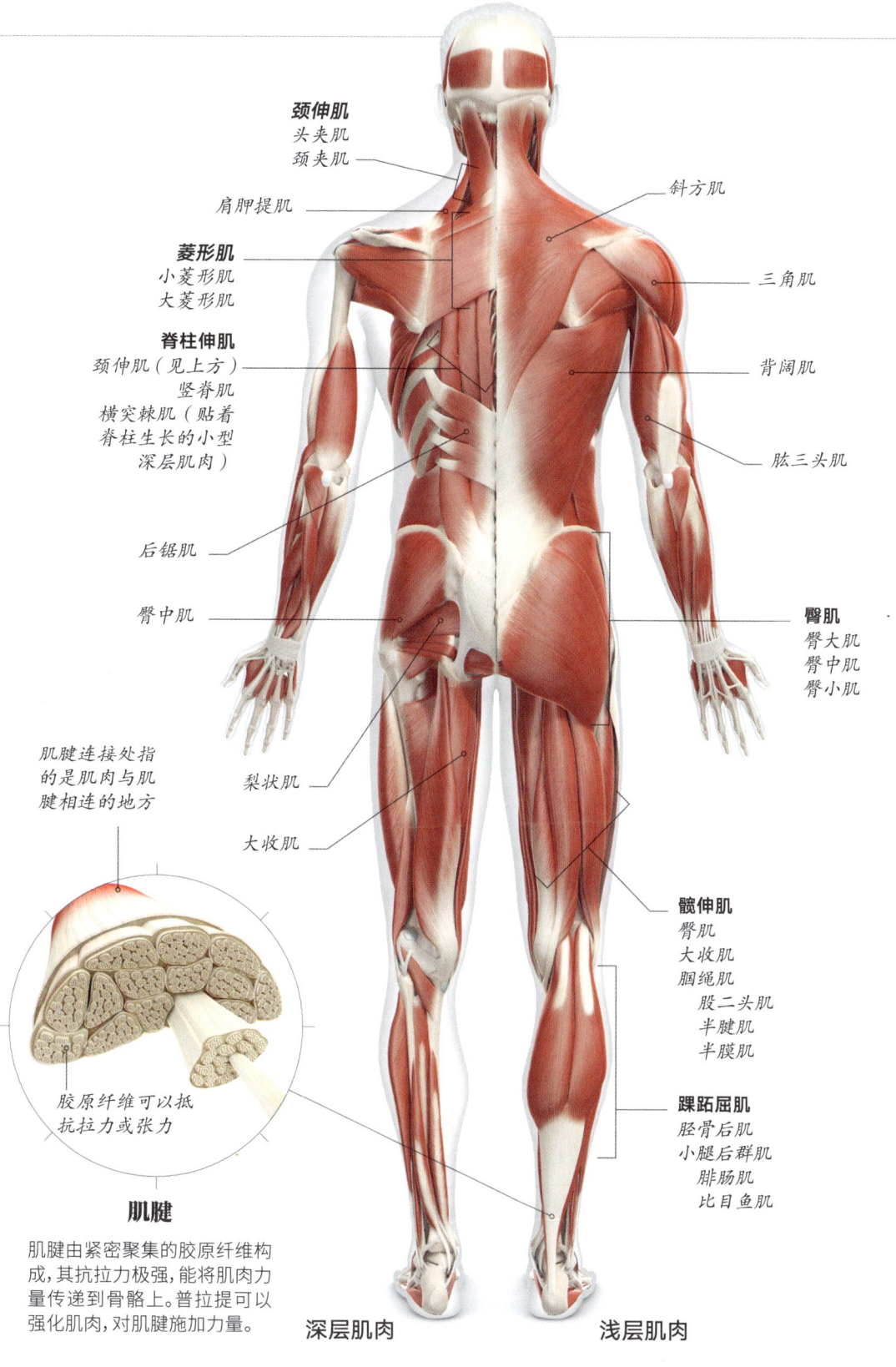

局部肌肉与整体肌肉

我们的身体通过肌肉的激活和收缩来产生运动并提供支撑。根据位置和其他属性的不同我们可以将身体肌肉分成两种,这两种不同的肌肉系统可以让我们的身体更高效地分配力量。

两大系统

局部和整体肌肉系统的协调是普拉提运动的精髓。总的来说,局部肌肉是内核心,整体肌肉是外核心,加上肢体肌肉构成运动系统。

局部肌肉

局部肌肉通常位于关节附近或直接附着于脊柱上。它们通过增加关节硬度以减轻脊柱所受的压力、剪切力(撕力)和扭转力。同时,它们还能在运动时增加腹腔内压以提供椎骨之间的支撑和稳定性。局部肌肉主要有腹横肌、多裂肌、骨盆底和膈肌。

整体肌肉

整体肌肉比局部肌肉位置浅,是从骨盆连接到脊柱的肌肉。整体肌肉主要负责运动,并通过核心肌群在上下肢之间传递负荷,还能在运动过程中为核心肌群提供稳定性,控制离心力(拉伸时)。整体肌肉由腰方肌、腰大肌、腹外斜肌、腹内斜肌、腹直肌、臀中肌和所有髋关节内收肌组成,其中髋关节内收肌又包括大收肌、长收肌、短收肌、股薄肌和耻骨肌。

运动系统

要想获得最佳身体性能,只激活局部和整体肌肉是不够的,还要加上运动系统。运动系统包括将脊柱和骨盆连接到四肢的肌肉。这部分肌肉能够迅速发力,通过向心收缩或离心收缩,使身体完成大幅度运动。运动系统肌肉包括背阔肌、髋屈肌、腘绳肌和股四头肌。通过肌肉链我们就可以理解所有肌肉的组合方式(见第12页)。

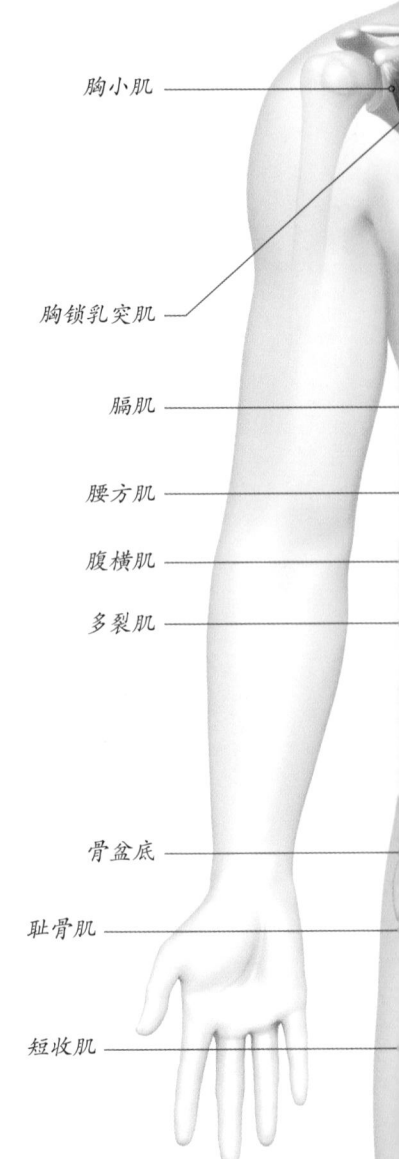

胸小肌
胸锁乳突肌
膈肌
腰方肌
腹横肌
多裂肌
骨盆底
耻骨肌
短收肌

局部肌肉与整体肌肉

从图中可以看出局部肌肉位置深、体积小、更靠近脊柱，而整体肌肉面积更大，位于身体浅层。

肌肉特性	局部肌肉	整体肌肉
靠近身体表面程度	深层	浅层
肌肉长度	短	长
与关节的距离	近	远
作用关节数	1个或更多	2个或更多
肌纤维类型	Ⅰ型（姿势肌）	Ⅱ型（相位肌）
肌纤维方向	梭形	腱膜状
肌肉收缩速度	慢速收缩	快速收缩
功能性	耐力强	短时间爆发力强

- 肋间肌
- 腹直肌
- 腹外斜肌
- 腹内斜肌
- 臀中肌
- 臀小肌
- 臀小肌
- 长收肌
- 股薄肌

功能训练

身体的功能系统应该由内到外进行锻炼，首先是局部肌肉，其次是整体肌肉，最后是整个运动系统的全面协调。

相比腹部的整体肌肉，局部肌肉可以独立进行控制并具有前馈机制，即在我们运动之前，核心肌群会先于运动区域的肌肉被激活。因此先锻炼核心肌群可以提高脊柱稳定性，以支撑后续动作的额外负荷。而整体肌肉缺乏这种特定的稳定性功能，因此排在锻炼的第二位。最后是锻炼产生力量的肌肉，以提高肌肉的瞬时爆发力。

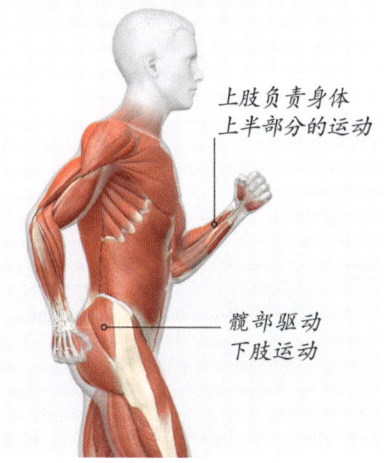

- 上肢负责身体上半部分的运动
- 髋部驱动下肢运动

肌肉链

肌肉将力量传递到所附着的骨骼上，并带动关节活动产生运动。肌肉链通过筋膜（结缔组织）和韧带（将骨骼相互连接的组织）来连接肌肉，从而在身体部位之间传递力量。肌肉链可以在运动过程中提高稳定性和支撑力，将力量传递到收缩肌肉以外的部位。

肌肉链的类型

当肌肉链之间的力量平衡时，就能实现最佳的身体力学对线。当肌肉组织中存在薄弱点时，肌肉链的张力就会发生变化。通过肌肉链传递的力也会随之改变，力量不平衡还会导致身体对线不良或功能障碍。

前斜链

前斜链可以稳定骨盆，在其底部的耻骨联合关节处提供力封闭。在步行状态下，前斜链有助于维持身体在支撑腿上的稳定性，同时控制骨盆的扭转。随着人体从步行转为跑步，速度增加，对前斜链的需求也随之增加，因为它在加速、减速和扭转运动中起到重要作用。

如果前斜链出现功能障碍会导致骨盆处的剪切力增加，进而引发腹部或腹股沟肌肉损伤。

后斜链

后斜链从后方（背部）稳定骨盆，并在骶髂关节处提供力封闭。臀大肌负责推动腿部向前运动，因此后斜链能在行走时提供动力，这一作用在跑步时更为显著。在跑步时，臀大肌与背阔肌协同收缩，推动腿部向前运动同时协调另一侧手臂向后摆动。

任意部位的肌肉无力都会导致腘绳肌负荷过重，引起肌肉拉伤。

此外，后骨盆稳定性差可能会引发骶髂关节的剪切运动，从而导致疼痛。

深纵链

深纵链通过激活多裂肌来稳定脊柱和骨盆。它的浅层肌肉（竖脊肌和股二头肌）负责脊柱和髋关节的伸展。深纵链负责维持身体姿态、保持身体直立，以及在屈曲运动中支撑躯干，例如身体前屈和恢复直立。

深纵链功能障碍的患者腰椎和骨盆处的肌肉力量不足，稳定性差，因此会出现腰痛现象。例如，患者身体前屈后很难恢复直立，或者在过度前屈时感到疼痛。

侧链

侧链是一种涉及冠状面（将人体纵切为前后两部分的断面）运动的肌肉链。侧链负责在走路、爬楼梯和弓步式运动等单腿活动时保持骨盆平衡和稳定。

侧链功能障碍可表现为阳性的特伦德伦伯格氏征（见右页图示）、足内旋和膝关节内侧对线异常。可以改善的普拉提动作包括蚌式开合、侧踢和侧卧开合。

前斜链

涉及肌肉： 由腹肌、收肌筋膜连接的腹内斜肌、腹外斜肌和对侧内收肌。

普拉提动作举例：
- 单腿拉伸（见第 54 页）
- 空中剪刀（见第 72 页）
- 长躯席卷（见第 116 页）
- V 形悬体（见第 130 页）

后斜链

涉及肌肉： 由胸腰筋膜连接的背阔肌和对侧臀大肌。

普拉提动作举例：
- 单腿上踢（见第 68 页）
- 肩桥（见第 78 页）
- 泳式（见第 82 页）
- 弓形摇摆（见第 146 页）

深纵链

涉及肌肉： 由胸腰筋膜连接的竖脊肌、多裂肌、骶结节韧带和股二头肌。

普拉提动作举例：
- 天鹅潜水（见第 64 页）
- 单腿上踢（见第 68 页）
- 肩桥（见第 78 页）
- 弓形摇摆（见第 146 页）

侧链

涉及肌肉： 臀中肌、臀小肌、阔筋膜张肌和对侧内收肌。

左侧骨盆下沉

右侧臀肌无力导致右侧骨盆抬高

侧链功能障碍

臀部外展肌无力，主要是臀中肌和臀小肌无力，会导致骨盆向非负重腿侧下沉，使人的躯干向下沉的反方向倾斜，这种功能障碍被称为特伦德伦伯格氏征。

肌肉的工作原理

肌肉以不同的收缩方式来促进和控制运动。肌肉的收缩方式取决于肌肉收缩力和肌肉所受外力的大小。

肌肉结构

骨骼肌是由肌肉细胞、血细胞和神经纤维组成的复杂组织。成束的肌肉纤维称为肌束。每根肌纤维是由较小的肌原纤维组成的,其内含有使肌肉收缩的收缩蛋白纤丝。

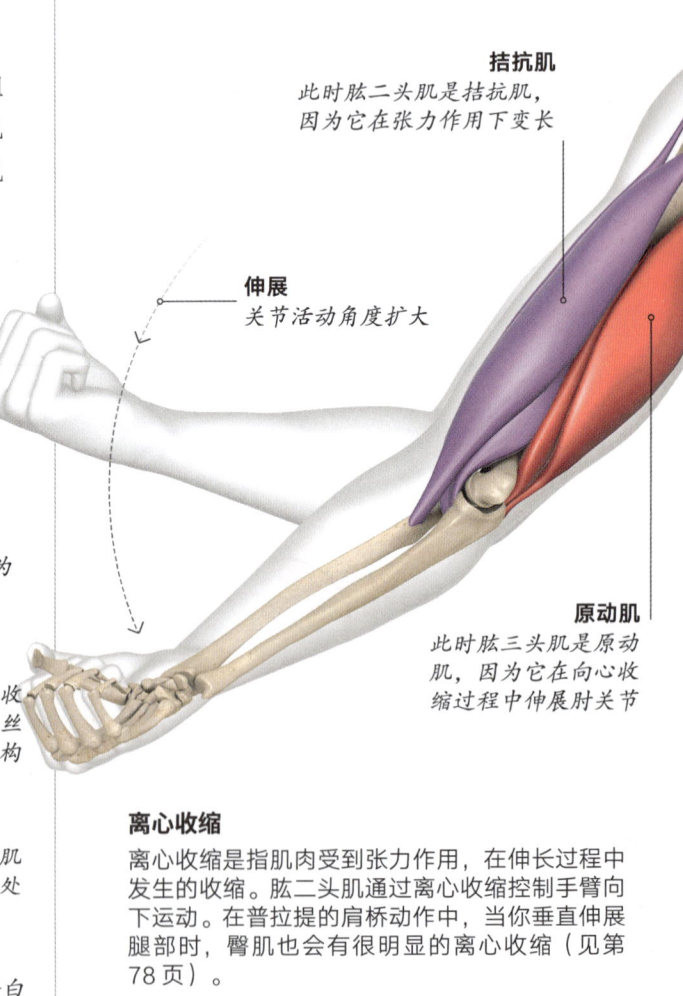

拮抗肌
此时肱二头肌是拮抗肌,因为它在张力作用下变长

伸展
关节活动角度扩大

原动肌
此时肱三头肌是原动肌,因为它在向心收缩过程中伸展肘关节

肌束
聚集的肌细胞

肌细胞
也被称为肌纤维

肌原纤维
由微观的收缩蛋白纤丝组成的结构

M 线
位于肌节中心

Z 盘
位于相邻肌节的交接处

细肌丝
由肌动蛋白构成

粗肌丝
由肌球蛋白构成

离心收缩

离心收缩是指肌肉受到张力作用,在伸长过程中发生的收缩。肱二头肌通过离心收缩控制手臂向下运动。在普拉提的肩桥动作中,当你垂直伸展腿部时,臀肌也会有很明显的离心收缩(见第78页)。

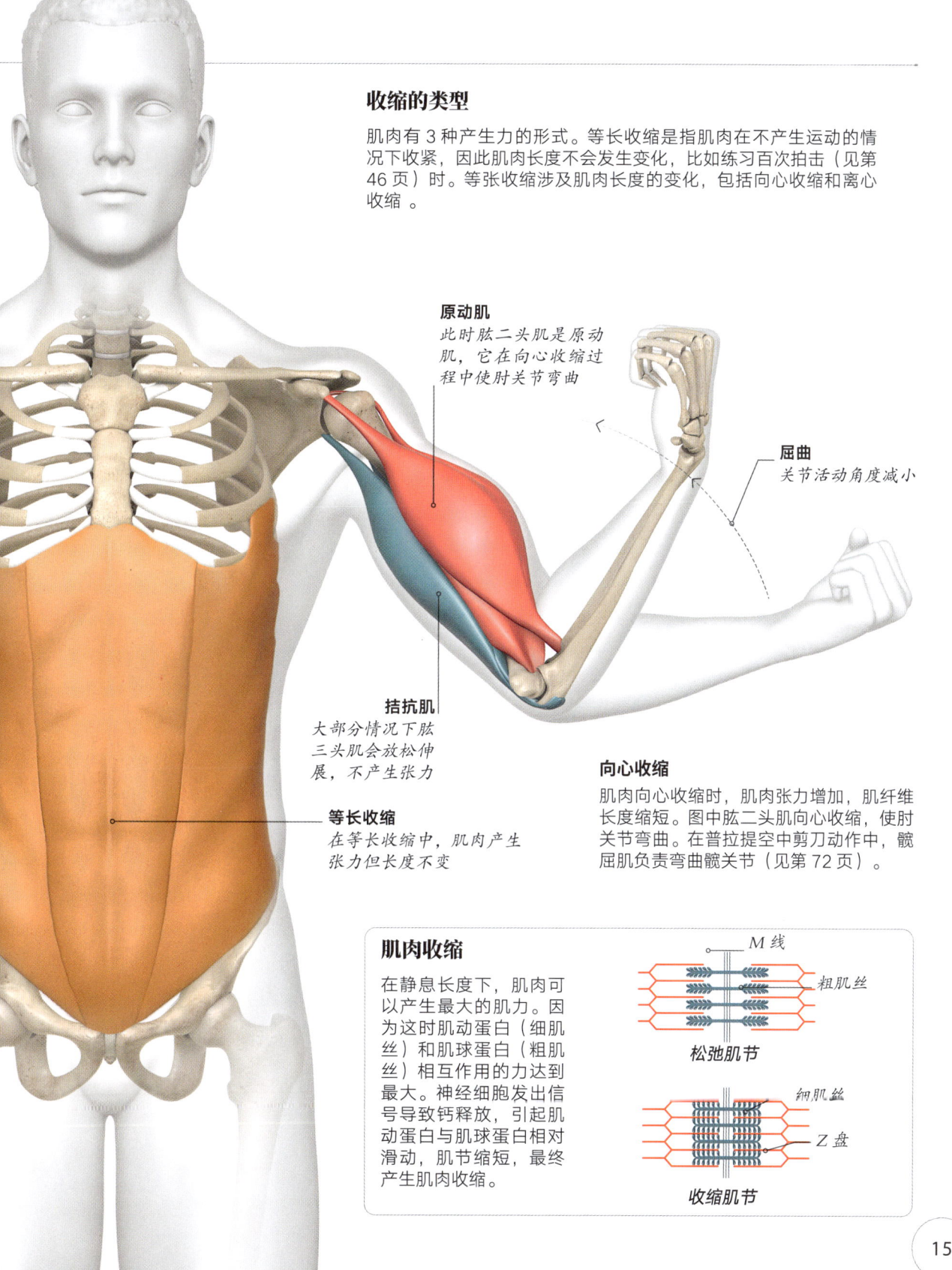

收缩的类型

肌肉有3种产生力的形式。等长收缩是指肌肉在不产生运动的情况下收紧，因此肌肉长度不会发生变化，比如练习百次拍击（见第46页）时。等张收缩涉及肌肉长度的变化，包括向心收缩和离心收缩。

原动肌
此时肱二头肌是原动肌，它在向心收缩过程中使肘关节弯曲

屈曲
关节活动角度减小

拮抗肌
大部分情况下肱三头肌会放松伸展，不产生张力

等长收缩
在等长收缩中，肌肉产生张力但长度不变

向心收缩
肌肉向心收缩时，肌肉张力增加，肌纤维长度缩短。图中肱二头肌向心收缩，使肘关节弯曲。在普拉提空中剪刀动作中，髋屈肌负责弯曲髋关节（见第72页）。

肌肉收缩

在静息长度下，肌肉可以产生最大的肌力。因为这时肌动蛋白（细肌丝）和肌球蛋白（粗肌丝）相互作用的力达到最大。神经细胞发出信号导致钙释放，引起肌动蛋白与肌球蛋白相对滑动，肌节缩短，最终产生肌肉收缩。

M线
粗肌丝
松弛肌节

细肌丝
Z盘
收缩肌节

普拉提运动解剖学

骨骼
系统

人体的重要框架由骨和软骨组成，并通过韧带连接在一起。骨骼系统为身体提供结构和保护，并通过骨骼杠杆实现运动。

系统概述

骨头是一种具有代谢活性的器官，是由胶原蛋白构成的坚硬结缔组织。骨头里储存着维持骨骼强度和身体功能所需的钙，并且其内部的骨髓可以持续供应新的血细胞。骨头与骨头在关节处相连，并由韧带提供支撑。进行普拉提力量训练，可以强健骨骼。

> 激素、营养和体育活动都会影响骨骼的生长和发育。

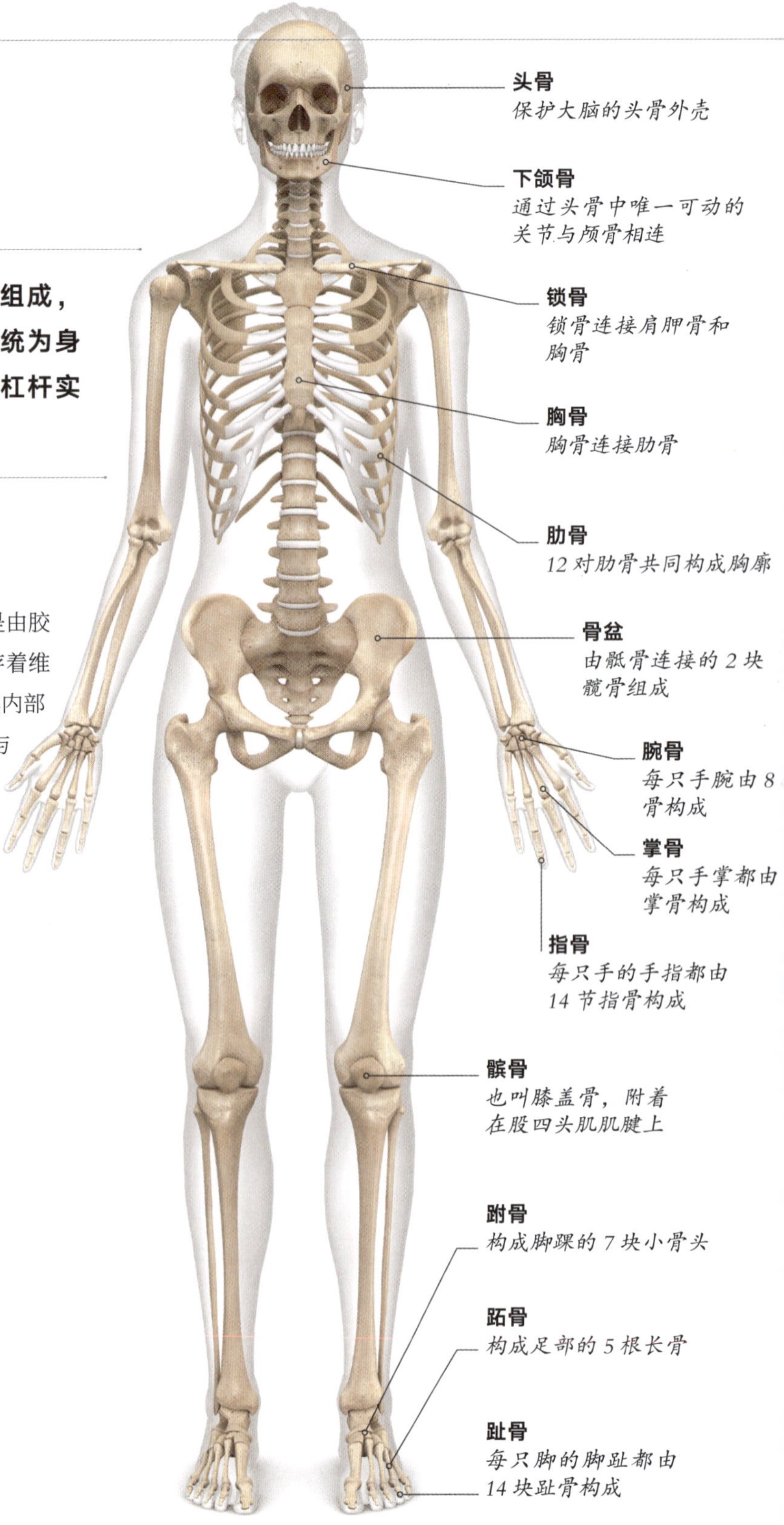

头骨
保护大脑的头骨外壳

下颌骨
通过头骨中唯一可动的关节与颅骨相连

锁骨
锁骨连接肩胛骨和胸骨

胸骨
胸骨连接肋骨

肋骨
12对肋骨共同构成胸廓

骨盆
由骶骨连接的2块髋骨组成

腕骨
每只手腕由8骨构成

掌骨
每只手掌都由掌骨构成

指骨
每只手的手指都由14节指骨构成

髌骨
也叫膝盖骨，附着在股四头肌肌腱上

跗骨
构成脚踝的7块小骨头

跖骨
构成足部的5根长骨

趾骨
每只脚的脚趾都由14块趾骨构成

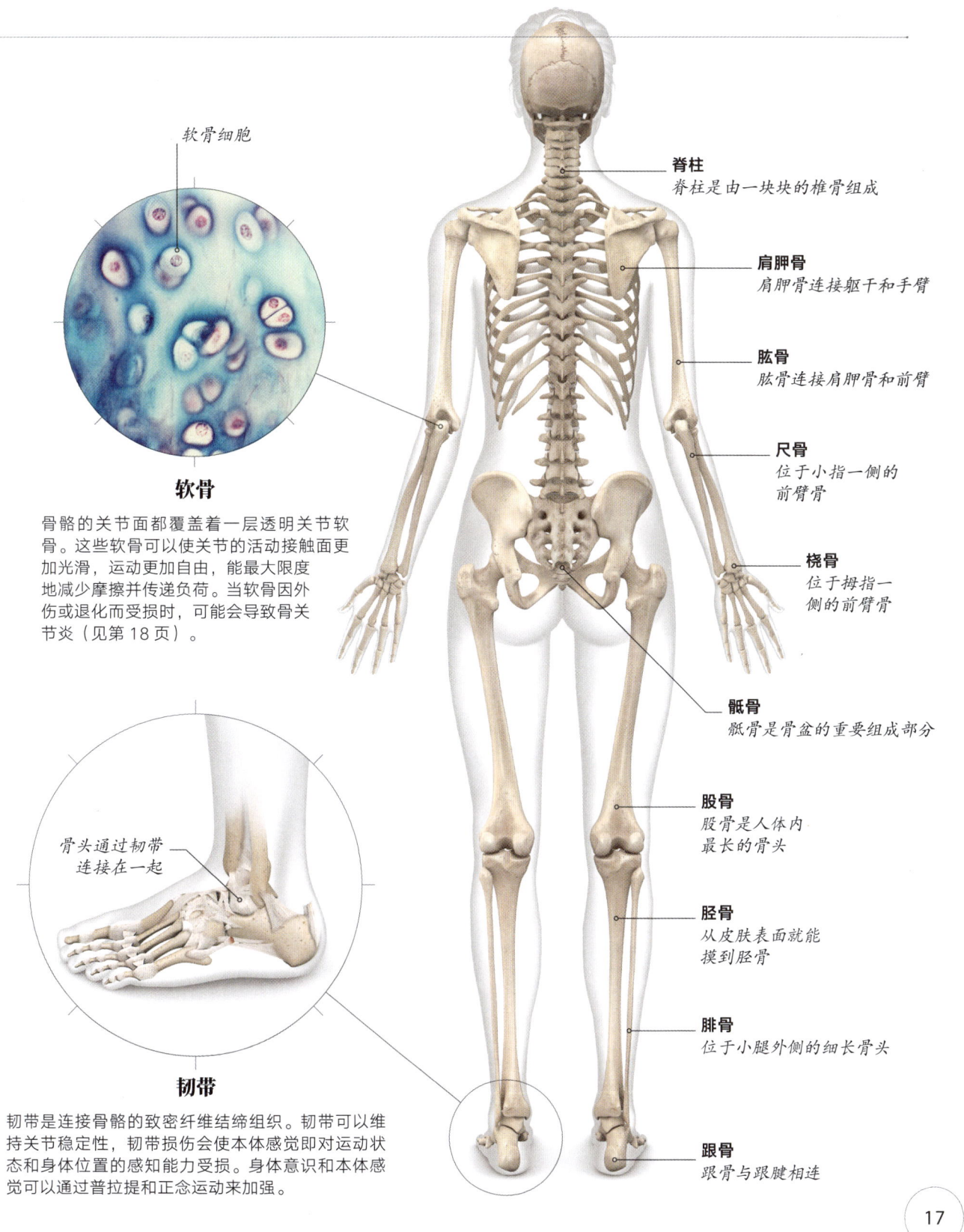

普拉提运动解剖学

骨骼强度与关节

我们的骨骼和关节构成了支撑身体的框架,提供了促进运动的杠杆系统,并形成了身体力量的基础结构。骨骼是一种高度特化的活体组织,能够适应机械应力。定期的普拉提锻炼可以强化我们的骨骼和关节。

骨骼发育

骨化是骨骼形成的过程。成骨细胞重建成新骨,破骨细胞将已形成的骨质进行破坏与吸收,以保持骨的厚度相对不变。外层结缔组织为骨骼提供强度和弹性,骨矿盐为骨骼提供刚性。钙是维持骨骼强度的重要矿物质之一。

随着成骨细胞数量的增加,骨骼系统不断发育,整个儿童时期骨骼都在快速生长。骨骼在16~18岁达到成熟峰值,但骨密度在20~30岁还会持续增加。从35岁开始,骨密度就会下降,但定期的力量训练可以最大限度地提高和保持骨密度。

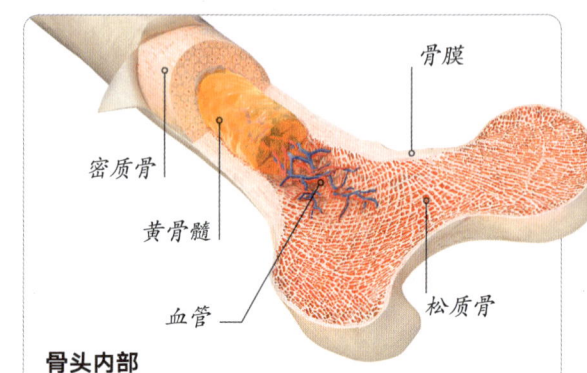

骨头内部
附着在骨外层的是骨膜。密质骨分布于骨的表面并包裹着松质骨。骨内部呈大空隙的蜂窝状结构,由骨小梁排列而成,这种结构可以抵抗机械应力。

关节炎

骨关节炎是关节软骨发生退行性变,是最常见的关节病理。关节表面损伤和关节润滑作用的消失都会引起关节疼痛。进行8周的普拉提锻炼可以明显减轻骨关节炎患者的疼痛,改善其关节功能。

恶化

软骨会因磨损、撕裂或外伤而退化。随着退化,关节间隙会逐渐变窄,可能导致滑膜炎症和疼痛,还可能在骨头中形成骨刺和囊肿。

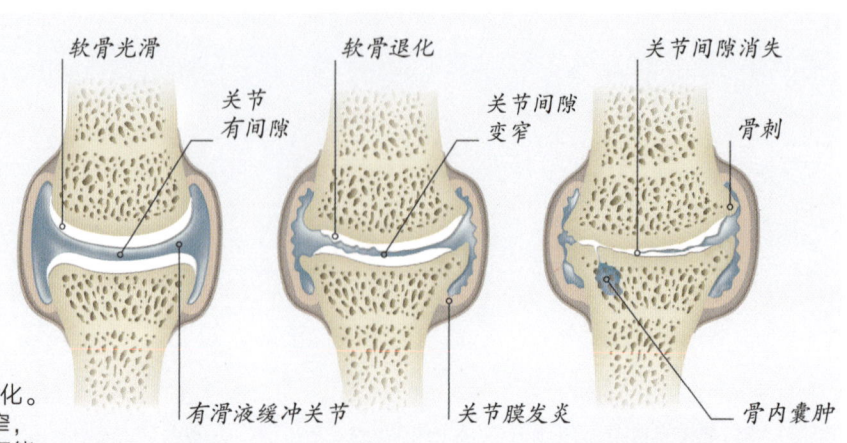

健康的关节　　早期关节炎　　晚期关节炎

关节

骨头在关节处相连接,关节之间相互配合完成身体运动。关节有3种不同类型:纤维关节、软骨关节和滑膜关节,关节活动度依次逐渐增大。滑膜关节是活动度最高的,也是普拉提运动中活动最多的关节。

关节活动

滑膜关节具有自由活动的特性,但其运动范围受到支撑肌肉、韧带和包围的纤维关节囊的限制。滑膜关节有多种细分类型,其中铰链关节只能进行屈伸运动,例如肘关节和膝关节;而球窝关节能实现多方向运动,存在于活动范围较大的关节部位,例如肩部和臀部。

运动类型	
屈曲:	关节角度通常变小
伸展:	关节角度通常变大
外展:	肢体远离身体
内收:	肢体靠近身体
外旋:	肢体向外旋转
内旋:	肢体向内旋转
轴向旋转:	脊柱绕其轴线扭转
跖屈:	足尖下垂
背屈:	足尖上抬

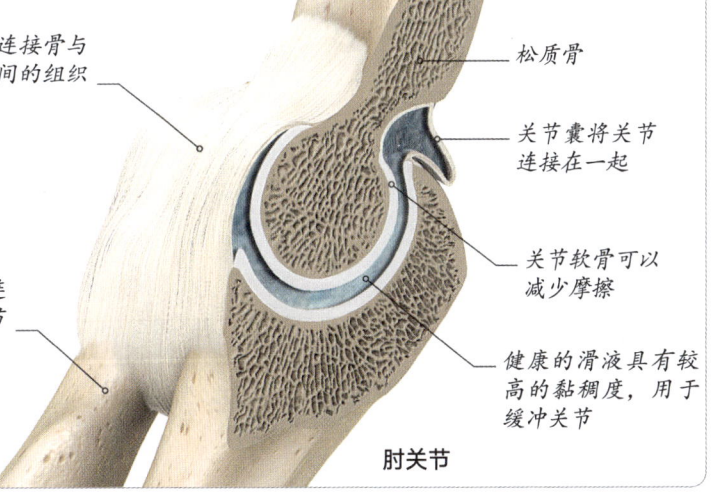

侧弯预备式

关节内部

关节囊的内层是滑膜,滑膜能分泌润滑的滑液到关节腔中,起到减轻关节压力的作用。关节活动量和负荷的增加有助于增加关节滑液的黏度,从而保护关节。因此,一些负重的普拉提动作,如站立和四点跪姿支撑,可以强化关节。

滑膜关节

滑膜关节是四肢的基本关节,内有润滑关节软骨的滑液,可以减少运动时的关节摩擦。

肘关节

普拉提运动解剖学

核心肌群

核心肌群由4个肌肉群构成，在躯干周围形成立体支撑。它们共同协调躯干运动，连接上下肢。核心肌群还控制呼吸和排便功能。

稳定的重要性

加强核心稳定性可以使脊柱在其椎段内自由移动，不易受伤。如果缺少核心稳定性，弯曲或向远处伸展等简单的动作也会给椎骨带来额外的压力。

呼吸时的骨盆底和膈肌

骨盆底和膈肌同时工作，让你的胸腔自然地进行生物力学运动，并减少核心肌群收缩时的阻力。如果你在用力时吸气，你的腹腔会充满空气，使运动变得更加困难。因此普拉提鼓励一种更自然的呼吸模式，让胸腔在吸气时向肺底部扩张，并在呼气时放松还原。

当你呼气时，骨盆底收缩并上提；当你吸气时，骨盆底放松并下沉。通过练习，你将学会如何控制这种骨盆底激活，并与你的呼吸和腹肌协调，形成高效的核心系统。

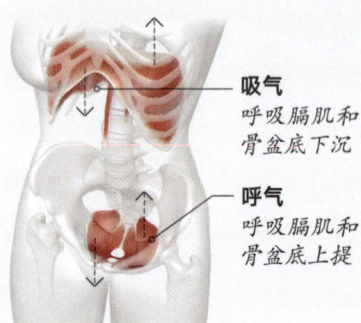

吸气
呼吸膈肌和骨盆底下沉

呼气
呼吸膈肌和骨盆底上提

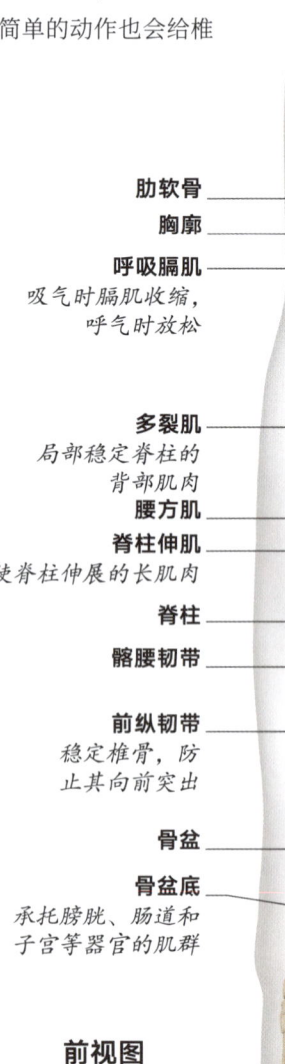

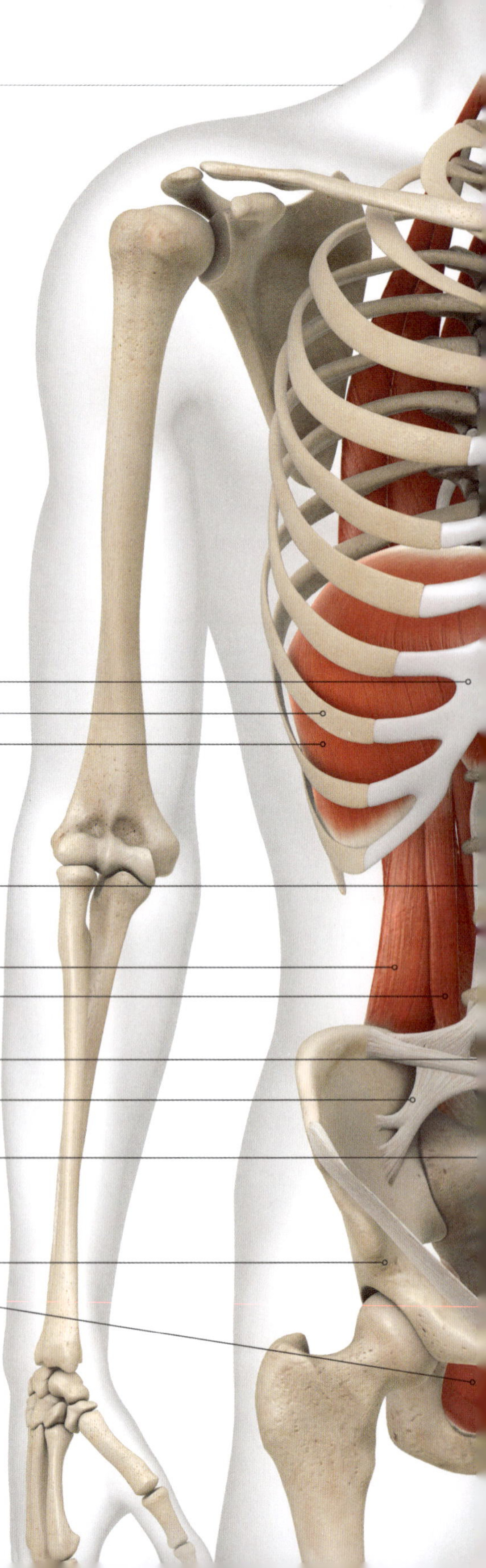

肋软骨

胸廓

呼吸膈肌
吸气时膈肌收缩，呼气时放松

多裂肌
局部稳定脊柱的背部肌肉

腰方肌

脊柱伸肌
使脊柱伸展的长肌肉

脊柱

髂腰韧带

前纵韧带
稳定椎骨，防止其向前突出

骨盆

骨盆底
承托膀胱、肠道和子宫等器官的肌群

前视图

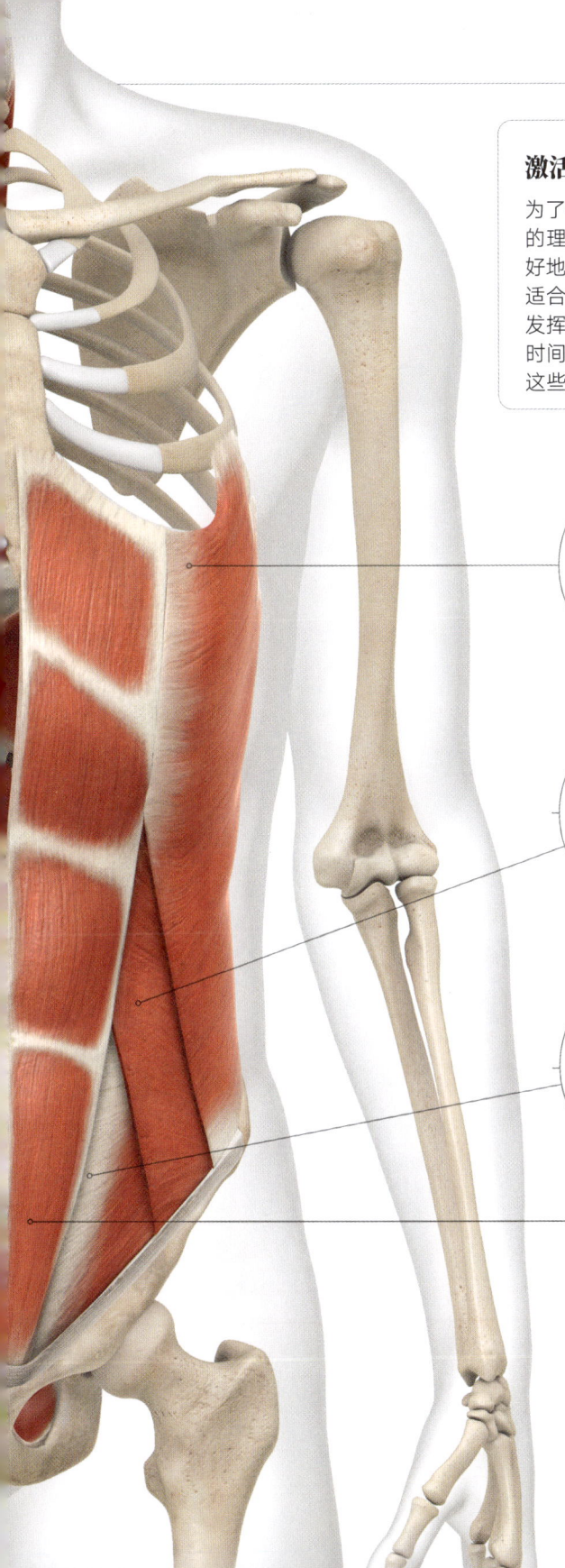

激活核心肌群

为了使核心肌群高效收缩并为脊柱提供最佳稳定性,核心肌群的理想激活程度为 30%。在收缩核心肌群的同时呼气可以更好地调动 I 型肌肉纤维,它是一种收缩速度缓慢、持续时间长、适合耐力性运动的慢肌纤维。激活超过 30% 会让 II 型肌纤维发挥作用,这类肌纤维会快速产生能量,但容易疲劳,不能长时间收缩。激活核心肌群时要注意避免屏气、绷紧腹部或臀部,这些代偿机制会大大降低核心肌群的激活率。

腹外斜肌

腹外斜肌是最大且最浅层的腹部肌肉,肌纤维覆盖身体两侧和躯干前部,在前方汇聚于腹直肌鞘。腹外斜肌双侧收缩时躯干前屈,单侧收缩时躯干向同侧屈曲并向对侧旋转。

腹内斜肌

腹内斜肌形状扁阔,位于腹外斜肌深层,其肌纤维与腹外斜肌的纤维方向垂直。它可与腹外斜肌协同作用使躯干屈曲,单侧收缩可使脊柱向同侧屈曲和旋转。

腹横肌

腹横肌位于腹部肌肉的最深层,肌纤维呈水平线包裹着躯干。运动前激活腹横肌可以更好地稳定脊柱。腹横肌受呼吸模式影响,锻炼时呼气能更好地激活肌肉,支撑关节和椎间盘。

腹直肌
腹直肌呈带状,长而宽的肌肉被 3 条腱划分开。左右腹直肌在中央以腹白线连接

核心肌群

核心肌群是多层的。稳定躯干的肌肉位于深层,而参与运动的肌肉更接近浅层。

脊柱中立位解剖学

我们能保持直立体态得益于脊柱及其独特的解剖学结构。我们通过脊柱弯曲以及脊柱与骨盆的连接来实现身体的移动。虽然每个人的脊柱结构存在差异，但脊柱偏离正常生理曲线会对其功能和其他脊髓产生显著影响。

脊柱的作用

脊柱让我们能够保持直立体态，并灵活移动，为脊髓和其他神经结构提供保护。脊柱的每个部分都有其独有的特征，以适应其所处的位置。

脊柱由24节椎骨组成：7节颈椎、12节胸椎和5节腰椎。骶骨（位于腰椎底部的三角形骨）由5块骶椎互相融合而成，尾骨由4块融合的尾椎形成。

椎体位于脊柱的前部，呈短圆柱状，用于承重和减震。脊柱的后部有棘突（位于中间）和横突（位于两侧），供肌肉和韧带附着。

脊柱的S形曲线可以传递和分配力量，同时保护脊髓和椎间盘。椎间盘可以产生轻微移动，使脊柱能够弯曲、扭转以及旋转。如果脊柱呈直线，力就会直接通过椎间盘传递，不会产生运动。颈椎是活动度最大的区域，主要功能是控制我们的视线。颈部还能稳定和支撑头部的重量。上斜方肌和肩胛骨肌负责辅助头部和颈部，颈部存在问题可能会导致它们的过度使用。

胸椎是活动度最小的区域，它和胸腔一起保护着心脏和肺部。胸框的曲线会影响其上方颈部、肩胛带以及下方腰椎的活动。因此在普拉提的体态和活动性练习中，胸椎的锻炼非常重要。

腰椎拥有最大的椎骨，这些椎骨形成自然的腰椎前凸，一起保护脊柱免受压力。受腹部和臀部肌肉系统的影响，腰椎可能会偏离正常生理曲度并导致腰痛。

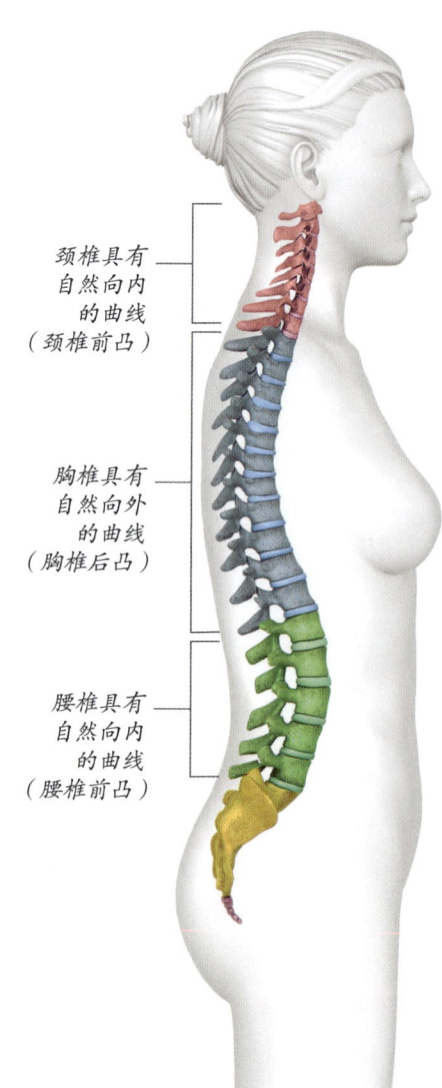

颈椎具有自然向内的曲线（颈椎前凸）

胸椎具有自然向外的曲线（胸椎后凸）

腰椎具有自然向内的曲线（腰椎前凸）

为什么中立位很重要?

让脊柱和骨盆处于中立位可以优化脊柱和其曲线的功能。骨骼中立位能对齐身体,使身体重量均匀分布,对关节和软组织的压力最小。骨盆的位置会影响上方的腰椎、胸椎和颈椎,因此存在连锁效应。

脊柱和骨盆的中立位是具有功能性的:它能帮助我们走路和活动。在平背状态下进行普拉提锻炼缺乏减震作用,而且腰椎和骶骨可能会被拉离其正常位置,增加不适或扭伤的风险。

核心肌群,尤其是腹横肌,对局部支撑和稳定脊柱来说至关重要。相比前倾或后倾,骨盆处于中立状态时才能更好地激活核心肌群。

骨盆倾斜是由周围肌肉控制的,保持骨盆中立位可以平衡这些肌肉。腹肌、臀肌和腘绳肌无力会导致骨盆前倾,使人们向前倾斜以改变重心。骨盆后倾可能是由于不良的姿势习惯造成的,如弯腰驼背、缺乏定期锻炼等。腹肌和腘绳肌的过度紧绷也会导致骨盆后倾。

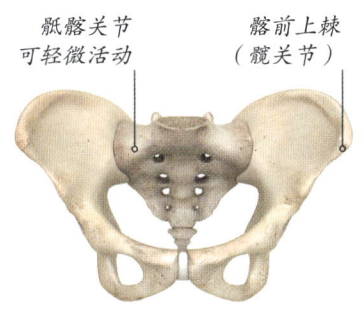

骶髂关节可轻微活动　　髂前上棘(髋关节)

女性骨盆

骨盆中立位及偏差

如果骨盆和脊柱能在其正常的生理位置保持对齐,就能实现骨盆中立位这一理想体态。现实是,每个人的骨盆位置都有所不同,骨盆中立位应该被视为骨盆前倾和后倾两个极端之间的一个区域。

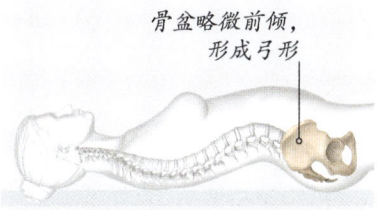

骨盆略微前倾,形成弓形

骨盆前倾
骨盆向前倾斜,腰椎过度前凸,脊柱拱起远离垫子。

骨盆向后倾斜,腰椎曲线变平

骨盆后倾
骨盆向后倾斜,脊柱平贴地面,背后曲度变直。

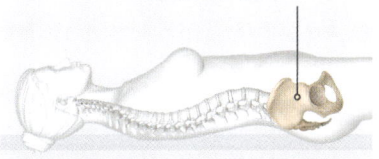

骨盆是平衡的,腰椎曲线处于中立位

骨盆中立位
骨盆既不前倾也不后倾。最理想的状态是两侧髂前上棘(髂嵴的前端)保持水平。

脊柱关系

骨盆中立位和胸腔

骨盆前倾会使腰椎和小腹前凸,导致腹肌拉长和下胸腔抬高,继而导致腹部及核心肌群失去连接,因为核心肌群被拉伸至远离中立位,无法激活。膈肌也位于胸腔区域,是核心肌群的一部分,因此胸腔偏移也会影响膈肌的功能,进而影响脊柱和躯干的整体稳定性。每次进行普拉提练习都应该从骨盆中立位开始,并让胸腔放松下沉。核心肌群的参与能保持这种关系,确保你的脊柱在整个运动过程中保持稳定。

胸腔和肩胛带

肩胛骨连接着锁骨和肱骨,是下肢和核心肌群将力量转移到上肢的关键。它是肩胛带(包括肩胛骨和锁骨)完成所有动作的基础。肩胛骨的稳定主要依赖斜方肌的上下束纤维以及前锯肌的协同作用。

体态

体态是指肢体在某个特定时刻所处的位置及对线情况。我们在一天内会有许多不同的体态变化，每种体态的细微改变都会影响关节位置和肌肉活动。在移动时偏离理想的体态是正常的，但仍有一些关键点需要我们注意。

体态真的重要吗？

体态是我们身体呈现的姿态，是我们对重力和周围环境的自然反应，可以是静态的，也可以是动态的。保持体态是一种自发的下意识活动，所以我们很少思考自己的体态。

静态体态是我们身体静止时的姿势，动态体态是我们在运动中支撑身体的姿势。我们通过肌肉收缩来保持和调整体态，这一过程受到神经系统的控制。神经系统能够收到来自关节、韧带、肌肉、眼睛和耳朵的信号并做出反应。

上颈椎关节有丰富的感受器来接收体态信息输入，因此对体态起到了至关重要的作用。头部和颈部位置的任何改变都会影响身体其他部位的体态。

良好的体态可以保持平衡，抵抗重力，以及实现更高级的功能，如普拉提静态和动态动作之间的过渡。有些人可以轻松保持良好的体态，但也有人会出现肌肉紧绷、关节僵硬的情况，长此以往将会导致肌肉力量减弱，进而可能使身体受损并出现功能紊乱。

什么是不良体态？

不良体态会导致身体不平衡，给肌肉和关节施加过多压力，增加身体负荷。如果这种体态是瞬间的或只持续了很短时间，可能问题不大，但是长时间处于不良体态可能会导致软组织或关节功能障碍，引发这些部位的疼痛或者使身体活动受限。

理想的体态

虽然没有一种所谓"标准"的体态，但有一种"理想"体态，能将身体承受的压力降到最低，并保持身体对齐，这样重量就能均匀地分布在关节和肌肉上，各司其职。理想的体态还能保持脊柱的自然生理曲线，让内脏器官更好地发挥功能，让身体有效地支撑四肢活动。直立站立时，尽量使右图上标注的几个部位在一条直线上。

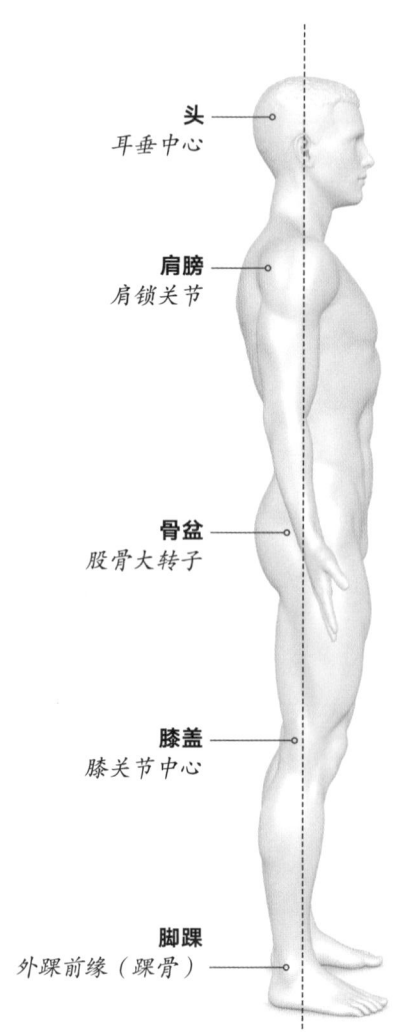

头
耳垂中心

肩膀
肩锁关节

骨盆
股骨大转子

膝盖
膝关节中心

脚踝
外踝前缘（踝骨）

对齐体态
垂直线上的参考点显示了理想站立体态的对线情况。左右两侧的身体都应该参照这些点保持对称。

体态类型

体态类型是根据脊柱曲线及其偏移来划分的。脊柱形态可能是先天性的，由基因决定；也可能是在长期工作或进行某项爱好活动时，身体持续承受压力造成的。

摇摆背

摇摆背的特征包括髋骨从垂线位置向前倾，导致腰椎前凸、骨盆过度后倾以及胸椎向外弯曲。

摇摆背是由于腹肌和髋屈肌无力，臀大肌和腘绳肌紧绷，导致了骨盆移位和倾斜。胸肌紧绷，将头部向前拉动，颈伸肌、肩胛骨肌、脊柱伸肌的力量减弱。

平背

平背是指腰椎的曲度变小，骨盆后倾，导致臀部和膝盖轻微弯曲，并迫使头部前移。髋伸肌紧绷使骨盆后旋，而髋屈肌无力。胸肌紧绷，肩胛骨肌无力。

这部分人的腹肌往往比较强壮，因为他们更常用腹肌来挺直身体而不是前屈，导致腹肌常常处于紧绷状态。

脊柱前凸

脊柱前凸即腰椎向内弯曲，颈椎和胸椎呈正常曲度。腹肌、臀肌和腘绳肌无力，而髋屈肌和脊柱伸肌过度紧绷。

脊柱后凸

脊柱后凸即胸椎向外弯曲，但腰椎和骶骨的形状正常。颈部屈肌和肩胛骨肌无力，颈伸肌和胸肌过度紧绷。锻炼的重点应该是强化颈部深屈肌和上背部伸肌，以及拉伸胸部肌肉。

脊柱后凸-前凸

这种体态是胸椎后凸和腰椎前凸的结合体，身体呈现出两种体态特征。如果想要矫正其中一种体态来恢复身体平衡，往往会导致另一种体态偏移更加严重，因此需要同时改善。

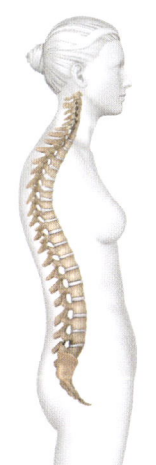 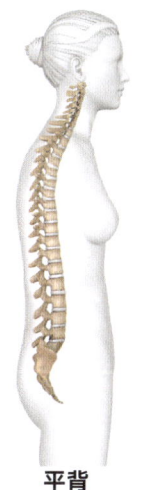 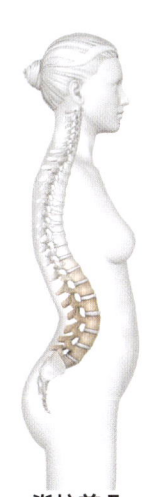 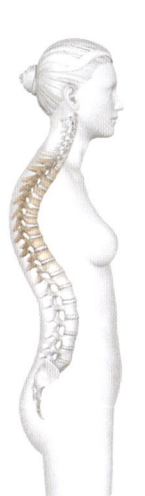

摇摆背　　平背　　脊柱前凸　　脊柱后凸

> ### 坐姿对脊柱的影响
>
> 保持正常（中立位）的坐姿是最好的。有证据表明，久坐会让身体肌肉僵硬。坐的时间越长，弯腰驼背的可能性就越大，更容易引起腰背疼痛。建议久坐期间要定时休息一会儿，以避免弯腰驼背。
>
> 坐立时，头部和颈部前倾（突出或弯曲）或躯干前屈（瘫坐）会增加这些部位关节的负荷，因为关节没有对齐到最佳位置。

普拉提运动解剖学

机械性疼痛的特点

疼痛可能发生在人体的各个结构中，可以是局部的或是牵涉性的。疼痛感不仅因人而异，还和不同的运动机制有关。无论是运动机制的变化，还是身体和情绪的反应，都会影响疼痛的严重程度。普拉提运动有助于缓解机械性疼痛和心理性疼痛。

什么是疼痛？

国际疼痛研究协会把疼痛定义为"由实际存在的或潜在的身体组织损伤所引起的不愉快的感觉和情绪体验"。因此疼痛既是个体的一种生理反应，也是一种心理反应。

对疼痛的感知主要受3个因素影响：生理、心理和社会。这意味着每个人对疼痛的感受大不相同，因此在生理反应和心理状态的影响下，用于缓解疼痛的普拉提锻炼也需要制订因人而异的方案。

影响因素

性别不同，对疼痛的反应也不尽相同。女性对疼痛的反应比男性更强烈，对疼痛的表述也更频繁。随着年龄增长，我们的大脑会退化，身体与大脑的连接也会退化。这可能是老年人疼痛阈值增加的原因之一。焦虑、抑郁和苦恼等情绪也会让人更容易感到疼痛。

感觉或情绪

疼痛的感觉维度是指疼痛的强度和特征，这通常与组织损伤有关。疼痛的情绪反应是指个体对感觉的不愉快程度，以及身体因自我保护机制对疼痛所做出的反应。现实中，疼痛是感觉和情绪的综合产物，还会受疼痛持续的时间以及其他多种因素的影响。

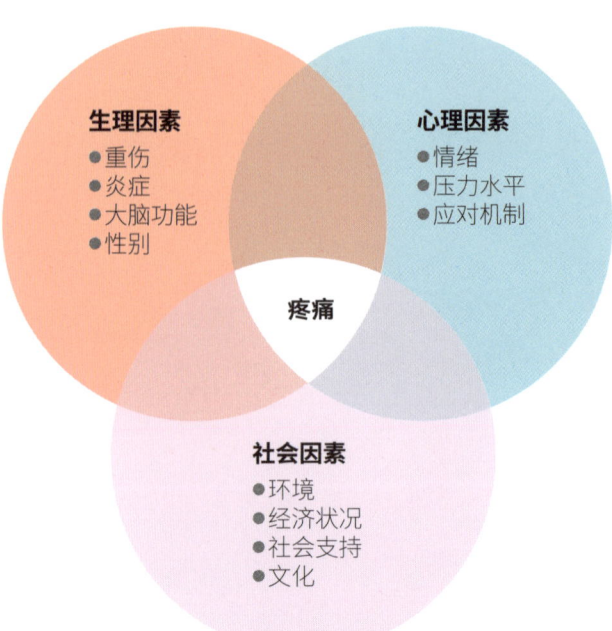

疼痛的类型

引起疼痛的病因是多方面的，并且疼痛通常来自多个部位。伤害性疼痛是指当肌肉、关节或神经等一个或多个组织受损时产生的疼痛。

这些组织分布着丰富的痛觉神经末梢，因此很容易引发疼痛。疼痛可能是由直接创伤导致的，也可能是间接通过炎症等化学反应引发的，或者是由于运动限制造成的机械性疼痛，例如神经或肌肉紧张。

神经根痛是与神经根受压迫相关的疼痛，并伴有神经支配范围（皮节）内、损伤部位以外的牵涉性疼痛。比如虽然坐骨神经痛的源头在腰椎，但患者仍可能会感到腿部疼痛。

为防止疼痛加重，监测疼痛时的运动模式和代偿行为是很重要的。

> 普拉提可以有效缓解各种类型的疼痛，并兼具强身健体和平心静气的效果。

疼痛是如何被感知的？

无论是在肌肉、肌腱、韧带、骨骼、筋膜上还是神经结构内，疼痛的感觉都是由受伤部位的感受器（伤害性感受器）检测到的。这些感受器向大脑发送信息并引发反应。

疼痛信号会引发一系列化学反应，比如加剧炎症或造成肿胀，以强烈的疼痛感作为一种保护机制，防止进一步受伤。这时你可能会发现自己难以负重，或者异常疼痛让你不敢触摸受伤区域，这种害怕伤势加重的心态会起到保护作用。

受伤的持续时间越长，你越有可能采取异常的动作模式来代偿，损伤部位内的伤害性感觉神经末梢会变得越来越敏感，只需要更少的刺激即可向大脑发送神经冲动，大脑反应也会增强，痛感会更强烈。正常情况下，你的核心肌群会预测运动，并在运动前激活以提供稳定性。然而，当出现疼痛反应时，这一机制会延迟甚至受到抑制，导致局部肌肉无法提供稳定作用。例如，背部疼痛会抑制多裂肌，并在疼痛产生后的24小时内导致肌肉体积减小。做一些简单的普拉提动作可以激活肌肉，并且避免疼痛加剧。

疼痛引起的肌肉抑制

软组织损伤可能会影响肌肉的功能。肌肉受伤可能会造成神经肌肉受抑制，阻断负责支配肌肉的神经冲动的传导，肌肉的反应率会下降，力量会变弱。缺少肌肉的支撑可能会导致关节不稳定，使疼痛加剧，从而形成"抑制—不稳定—疼痛"的恶性循环。

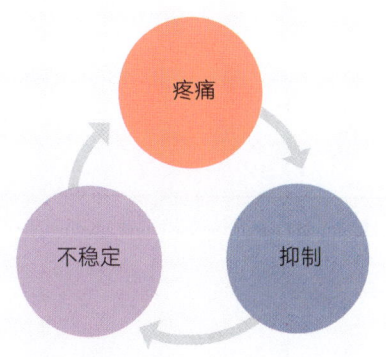

普拉提与缓解疼痛

普拉提的原则可以用来应对各种疼痛情况。普拉提练习已被证明可以显著缓解某些类型的疼痛,修复身体损伤和改善身体功能。对腰背和颈部疼痛的人也具有积极的心理效应。

为什么普拉提可以缓解疼痛?

普拉提的多样性和灵活性可以适应每个人的需求。定制的普拉提训练可以安全有效地促进运动和减少对运动的恐惧。对那些正在遭受疼痛的人来说,恐惧会导致其运动模式异常。

仅仅24小时内,核心区域的疼痛就可以降低其局部肌肉(如多裂肌和腹横肌)的运动效率。在普拉提练习中有效地锻炼这些肌肉可以增强肌肉支撑,激活整体肌肉有助于恢复正常的运动模式。控制呼吸可以帮助肌肉激活,缓解焦虑和悲伤的情绪。正念冥想可以整合呼吸与运动,集中注意力,改善心理状态。

潘嘉比的稳定性模型

骨科教授曼诺哈尔·潘嘉比(Manohar Panjabi)创建了稳定性模型。它展示了身体内部的关节(关节系统)、肌肉(肌肉系统)和神经(神经系统)是如何共同协调稳定身体并控制脊柱运动的。对任意一个系统的破坏都会影响到其他系统,损害整体功能。

关节和韧带被动支撑身体,产生形闭合。肌肉收缩会产生力闭合(外部密封),为关节提供主动支撑。神经发送信号给肌肉,以稳定身体。力闭合程度降低会导致关节不稳定,而过度运动会引起疼痛。普拉提能增强关节稳定性、提高肌肉力量、促进神经激活,因此能很好地缓解疼痛。

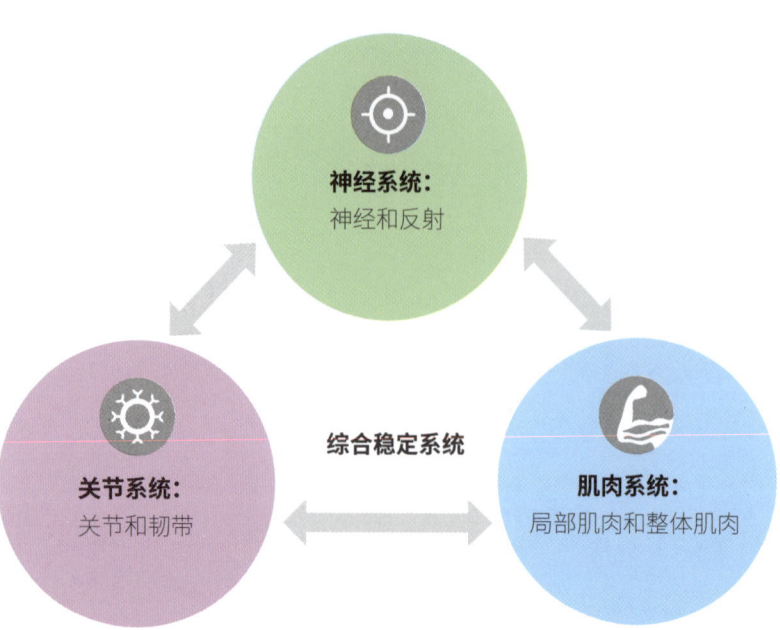

缓解疼痛的普拉提

每个人面对疼痛的情绪和反应不同，接受或适应疼痛的能力也会有所不同。要想定制缓解疼痛的普拉提方案，可以根据以下5点适当调整。

杠杆长度

手臂和腿部弯曲可以缩短杠杆长度，从而减少身体承受的压力。伸展任意一肢会略微增加动作的难度，一旦能适应这种难度的增加，便可以尝试逐步伸展其他肢体。伸展持续的时间也可以调整，以增加或减少你正在进行的普拉提动作的难度。

肢体负荷

负荷（身体承受的力量）应由低到高，按需增加。可以从手臂和腿较低的位置开始，例如在垫子上，始终保持肢体与垫子接触（闭链）。若想进一步提高强度，可以先使一侧肢体远离垫子（开链），然后抬得更高以增加负荷。使四肢远离躯干会增加额外的负荷，长时间保持这种姿势或增加重量也会带来更多的负荷。

提示的技巧

普拉提教练在指导练习时，应依据学员感受给予提示。通过简单指令来提醒学员安全要领，能让学员产生安全感和信任感。学员动作改善后，会更愿意接受深入指导，从而在练习中进步，缓解身心疼痛。

正念

正念练习（见第34页）是普拉提课程的一个有效而又简单的补充。全身心投入并专注于练习可以提高身体和心灵的觉察力，通过接受当下的状况并用积极的方法来减少身体对疼痛的情绪反应。

呼吸技巧

普拉提的特定呼吸技巧（见第30页）可以将人的注意力从痛苦情绪转移到呼吸上。通过呼吸技巧产生的放松反应可以有效缓解身体紧绷，使身体处于更舒服的姿势，减少疼痛感。

增加稳定性，还是活动性？

要想找到疼痛的确切原因可能比较困难，但可以从一个人身体的整体状况入手，看他最缺乏什么。例如，他需要提高身体稳定性还是需要增强关节活动性？

人们通常害怕运动，因为他们先入为主地认为运动会带来疼痛。这种恐惧反而导致脊柱僵硬，此时强行激活肌肉进行训练会进一步限制他们的运动。这些人需要的是安全运动方面的教育和指导。在这种情况下，活动性训练可以帮助打破恐惧，恢复其正常运动功能。

如果一个人缺乏的是稳定性，那么在进行更大活动范围的运动之前，就应该先训练其稳定性，否则局部肌肉难以得到锻炼，稳定性也难以提高。

普拉提可以定制个性化的运动方案以缓解疼痛。

普拉提运动解剖学

呼吸技巧

"首要之事是学会如何正确地呼吸。"约瑟夫·普拉提认为，练习普拉提最重要的是呼吸。呼吸不仅是为了与肢体上的普拉提动作同步，也是为了强化肺部功能并优化心血管系统，从而缓解疲劳。他建议练习时要遵循严格的呼吸模式，以体现呼吸对我们全身健康的重要性，这也呼应了普拉提的整体方法。

为什么呼吸很重要？

简单来说，我们需要呼吸才能生存。呼吸能促进氧气在全身及脑部的循环，确保实现最佳的身体机能。呼吸困难和呼吸短促会限制大脑的氧气供应和血液供应，产生压力和恐慌。随着恐慌加剧，氧气供应和血液供应会进一步受到限制，影响大脑状态和血液循环，使我们的激素和情绪失衡。"战或逃"激素的释放会增加，而镇定激素的分泌会减少。

普拉提呼吸

普拉提教练鼓励学员练习一种自然的呼吸模式，包括充分吸气，尽量让胸腔向两侧扩张的方式。这被称为"横向呼吸法"，它能让胸腔和呼吸肌正确发挥作用。

和其他肌肉一样，参与呼吸的肌肉也需要锻炼，以应对不断增加的身体需求。呼气时，你应该充分清空肺部，并放松肌肉和胸腔。这种模式可以有效交换氧气和二氧化碳，并最大限度地减少肌肉紧张。

高效的生物力学呼吸（我们呼吸的方式）会减少核心肌群的负荷，让它们在没有额外阻力的情况下工作。核心区域的腹横肌主要由Ⅰ型肌肉纤维组成，这些是慢收缩肌纤维，有氧能力更强，能长时间工作而不疲劳。在收缩核心肌群时呼气可以更好地调动Ⅰ型肌肉纤维。如果你在吸气时试图收紧核心肌群，会导致腹内压升高，增加腹部的负荷。这时活跃的是Ⅱ型肌肉纤维，这种肌肉容易迅速疲劳且不能长时间为浅表层腹肌提供支撑。

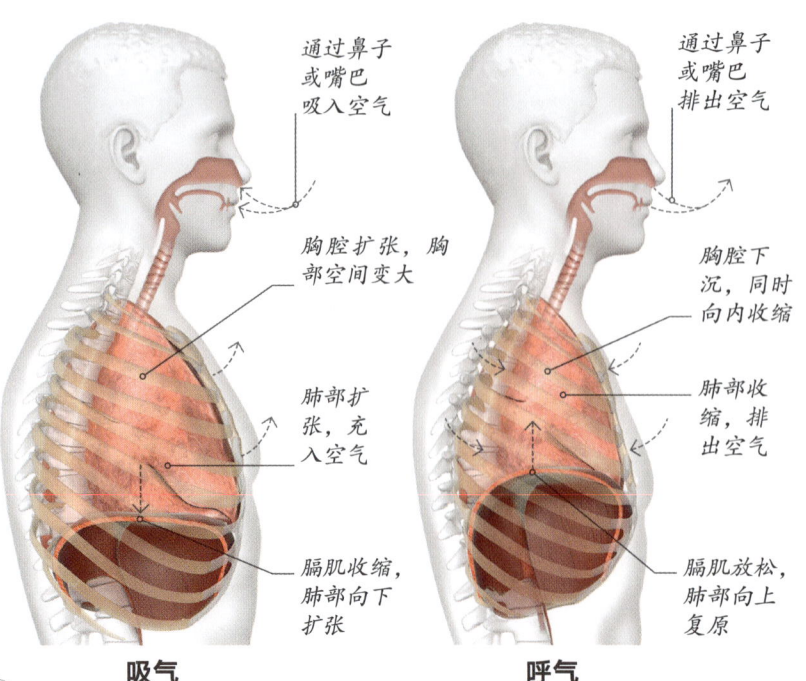

吸气 / 呼气

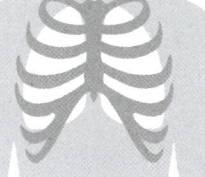

集中注意力
将注意力集中在呼吸的起落、深度和对呼吸的控制上,可以有效避免思绪游离。

放慢动作
将呼吸模式与动作同步有助于放慢动作,更精确和专注地完成动作,而不是快速了事。

提醒你注意呼吸
大脑处于忙碌状态时,往往只关注身体运动,而忘记控制呼吸。一个既定的呼吸模式可以防止憋气或过度换气。

促进身心连接
将呼吸技巧融入你的普拉提练习中可以强化其与大脑的连接,提升身体意识,激活身体的放松反应。

掌握呼吸技巧的好处

不同的呼吸技巧

呼吸方式可以根据锻炼或练习的目的进行调整,有极大的变化空间。根据你呼吸方式的不同,同样的练习可能会有不同的效果。

发力时呼气
这是一种意料之中的呼吸模式,大脑很容易就能遵循指令并控制身体做出反应。在发力时呼气可以更有效地调动核心肌群,减轻腹部空气对运动的阻力。

固定模式或节奏
按照固定数量的重复动作来进行吸气和呼气,例如吸气时做 2 次,呼气时做 2 次。即使在运动难度增加的情况下,也要保持稳定的呼吸。固定模式可以保持运动速度不变,避免因为疲劳而改变运动节奏。

吸气伸展
在身体保持伸展或关节活动到极限范围的状态下吸气,这样可以进一步伸展身体。运用这个方法可以进一步拉长、旋转或扭转身体,获得最佳成效。

横向呼吸练习

坐直,将双手放在胸腔下半部分的两侧,双手指尖相互触碰。深吸一口气,感觉胸腔向外扩大,指尖彼此分离。然后呼气,当你的胸腔两侧向内下沉时,指尖重新触碰在一起。重复 5~7 次呼吸。

双手置于下胸腔两侧

常规或无固定模式呼吸
取消固定的呼吸模式可以避免锻炼时分心,简化普拉提练习。无固定模式呼吸对初学者或者刚学习复杂动作的人来说是最好的,因为这时需要优先提升的是动作技巧。

良好的呼吸方式还可以提高肺部力量。普拉提呼吸通过鼻子吸气,鼻孔内的鼻毛会给呼吸提供阻力。通过克服这种恒定阻力,呼吸肌可以得到训练和强化。在训练时融入规律呼吸训练的运动员,肺功能明显有所改善。

普拉提运动解剖学

肠道健康

众所周知，肠道功能是我们整体健康的重要组成部分。肠道问题会严重影响我们的日常生活，而普拉提练习对肠道健康有一定好处。

消化的作用

消化系统是负责转运、消化食物，吸收营养物质并把食物残渣排出体外的系统。口腔到胃部的肌肉共同合作，将食物转运到肠道，然后肠道将食物残渣从直肠排出。不良的消化系统会引发腹胀、便秘或胃灼热等症状。这些症状大部分体现在腹部区域，而普拉提着重锻炼了腹部核心肌群，所以会对消化系统有所助益。

迷走神经的作用

迷走神经在身体和大脑之间传递信息。它连接各个器官，包括肠道和肺，并调节消化和呼吸系统。它还能激活"休息和消化"的副交感神经系统。

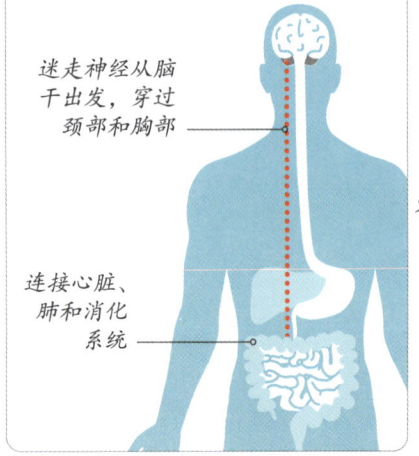

迷走神经从脑干出发，穿过颈部和胸部

连接心脏、肺和消化系统

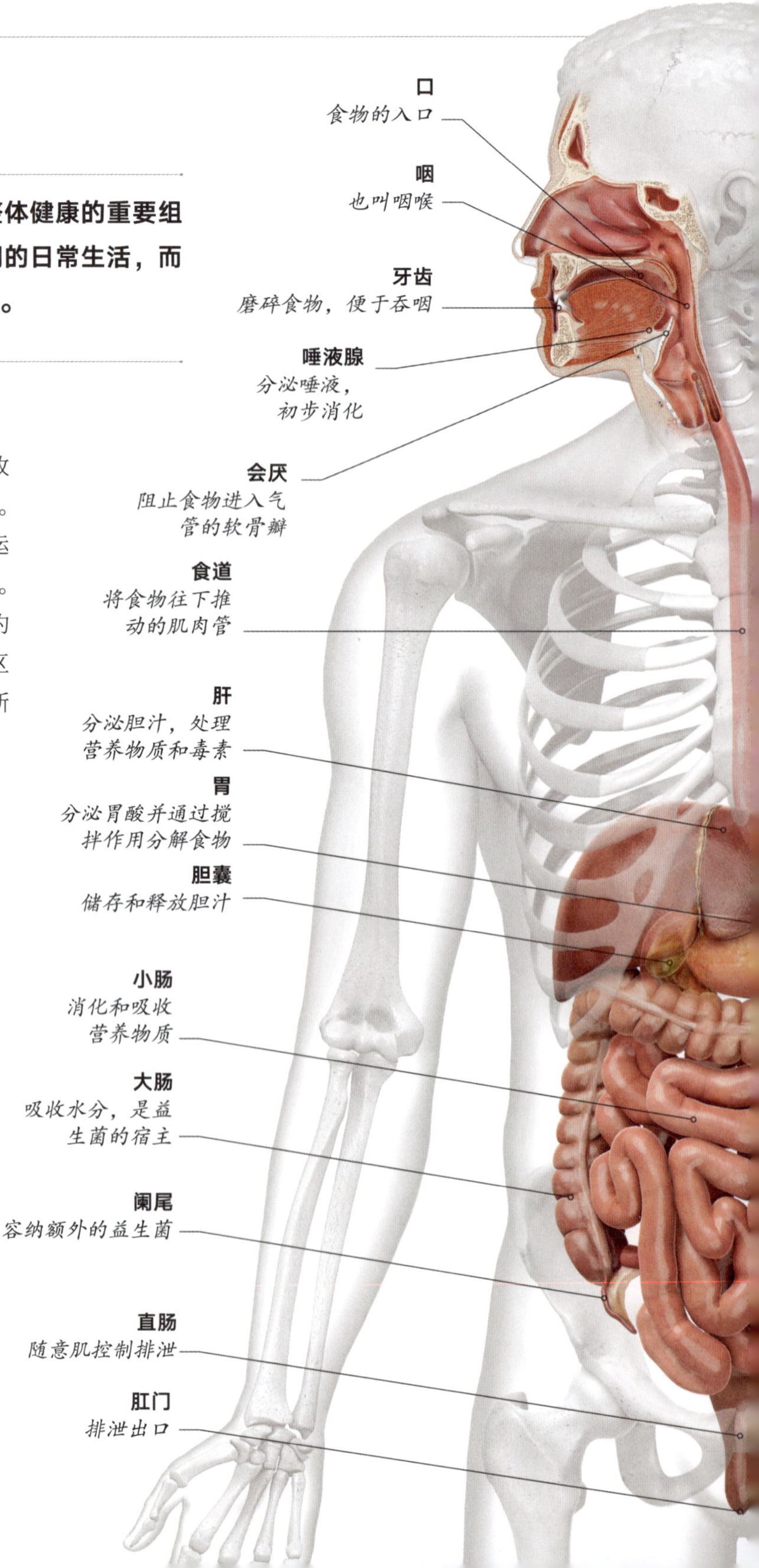

口
食物的入口

咽
也叫咽喉

牙齿
磨碎食物，便于吞咽

唾液腺
分泌唾液，初步消化

会厌
阻止食物进入气管的软骨瓣

食道
将食物往下推动的肌肉管

肝
分泌胆汁，处理营养物质和毒素

胃
分泌胃酸并通过搅拌作用分解食物

胆囊
储存和释放胆汁

小肠
消化和吸收营养物质

大肠
吸收水分，是益生菌的宿主

阑尾
容纳额外的益生菌

直肠
随意肌控制排泄

肛门
排泄出口

消化道

食物进入口腔，然后经过食道、胃、小肠和大肠。食物残渣通过肛门排出体外。

普拉提对肠道健康的作用

普拉提的每个动作都经过深思熟虑，避开了直立姿势，甚至用与直立完全相反的倒立姿势，以缓解心脏和内脏器官的过度压力。

滚动动作、深度屈曲和旋转动作可以按摩内脏器官，促进血液流向胃部从而增强蠕动（见下图），帮助消化，同时放松神经系统。增加肠蠕动还可以促进排便。

以活动性为基础的运动还可以拉伸和扩展腹腔，增大腹腔内的空间，缓解肠胃症状带来的不适。

有利于肠道健康的普拉提动作

屈曲、旋转和活动性等普拉提动作可以按摩器官，促进内脏运动，从而有益肠道健康。

脊柱伸展　　　眼镜蛇式
长躯席卷　　　肩桥
超越卷动　　　天鹅潜水
后滚　　　　　脊柱扭转
海豹拍鳍　　　美人鱼式
引颈前伸　　　穿针引线
空中剪刀
倒踩单车
回力式
髋部扭转
锯式
空中瓶塞
腹斜肌交叉伸展
骨盆倾斜

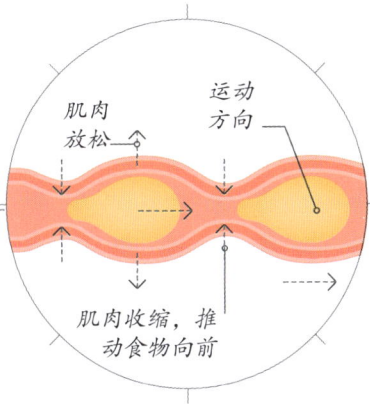

蠕动

蠕动是肠道肌肉无意识的连续收缩，推动食物沿消化道前进。刺激迷走神经可以放松身体，从而促进蠕动，普拉提这类身体锻炼方式可以有效促进肠道蠕动。

普拉提呼吸法对肠道健康的作用

保持规律的呼吸模式可以优化肺内的气体交换，排出二氧化碳。这个过程可以促进血液流动，滋养细胞，从而预防嗜睡。排出多余空气还可以减少腹胀。规律的呼吸可以放松神经系统。肠道受迷走神经控制，因此呼吸也有助于消化道的放松。

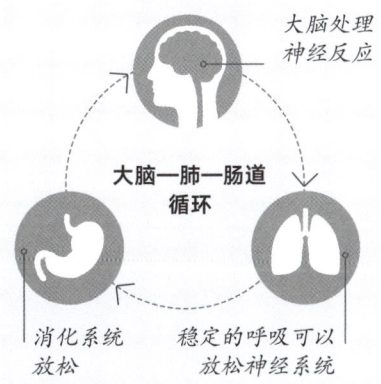

普拉提运动解剖学

普拉提与正念减压法

约瑟夫·普拉提曾说:"普拉提是身体、思想和精神的完美协调。"从一开始,普拉提就不只是肉体锻炼;研究表明,它可以帮助缓解抑郁、焦虑、疲劳和压力。

日常生活中的压力

当我们感到自己无法充分应对或完成某一件事时,就会产生压力。压力既是一种生理反应,也是一种心理反应。压力有大有小,大量小压力积累也会导致长期慢性压力。面对不同的压力,人们反应也各不相同。

少量的压力是正常的,通常会产生积极的影响,帮助我们快速应对生活中的挑战,比如按时完成任务。但是经常接触压力事件或遭遇重大的压力事件,则可能对我们的健康有害,容易导致心理健康失衡、慢性疼痛和严重的健康问题(如心脏病和中风)。

我们要学会判断压力过大时的生理反应,并采取应对机制来管理心理反应,以最大限度减少整体应激反应对身体的影响。普拉提在多方面被证实是一种有效的减压方法。

应激反应

压力会破坏我们体内自然的激素平衡,导致体内发生两种化学通路,以便我们为"战斗"或"逃跑"做好准备。这些都是正常的生理反应,一旦压力减轻,身体就会恢复到正常水平。然而,长期的压力状态会导致持续的应激反应。

皮质醇

大脑的下丘脑刺激垂体,随后产生一系列的信号交流,最终导致皮质醇(又称应激激素)的产生。在面临压力事件时,上述过程会给身体供应血糖,还会让肝脏释放储存的葡萄糖以补充能量。皮质醇水平升高会抑制淋巴细胞的产生、循环和新抗体的形成,导致人体的免疫系统功能下降,使人易受感染。压力大时,人可能会感到精疲力竭。

肾上腺素

下丘脑也会刺激肾上腺髓质分泌肾上腺素,引起"战斗"或"逃跑"反应,导致心率加快、血压升高、出汗增加。

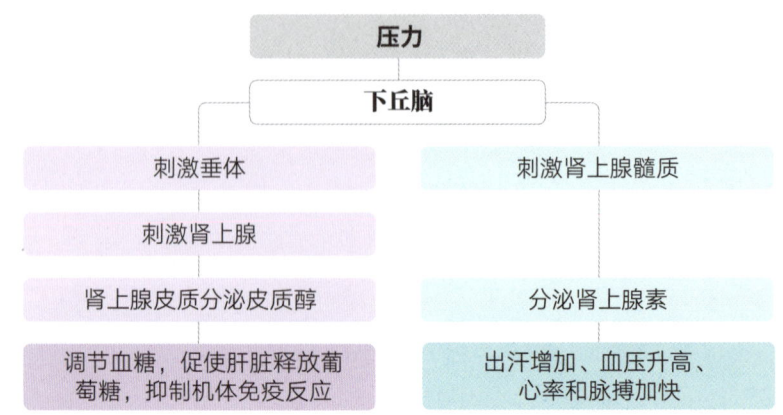

普拉提对缓解应激反应的作用

普拉提的综合性和整体性使其在减轻压力方面具有显著效果。方法主要有运动、呼吸、正念和定期锻炼。

运动

短短10分钟的运动，就可以让大脑分泌出让人感到愉快的内啡肽。运动后大脑中海马体（情绪处理中心）的供血量增加，给人提供快乐的情绪。由于普拉提动作缓慢，注重控制呼吸和集中意识，并穿插着一些让人感觉良好的关节活动，所以普拉提运动后精神会更加充沛。

呼吸

普拉提课程的持续练习教会人们如何以一种结构化和高效化的方式运动，同时尽可能减少能量消耗。随着动作难度的增加，你的呼吸速度可能会加快，而普拉提的呼吸模式可以帮助你控制呼吸并保持冷静。控制呼吸可以放松自主神经系统，从而调节身体活动。当你呼气时间长于吸气时间时，这种效果会进一步增强。

正念

普拉提运动引导锻炼者将注意力集中在呼吸和运动控制上。这种专注可以放松大脑，强化人当下的意识。正念过程可以整理思绪，缓解压力。

定期锻炼

定期进行普拉提练习有助于养成两种习惯：一是锻炼的规律性；二是形成一套系统的动作序列，确保全身各个部位得到锻炼。日常进行普拉提锻炼可以放松大脑，因为身体已经习惯了这种"安全"的运动模式，并将其当作一套熟悉的放松动作，从而减少紧张感。

普拉提对血压的影响

压力是导致血压升高（高血压）的主要因素之一，而这会增加患心血管疾病的风险。进行一次60分钟的普拉提训练可以在练后60分钟内降低5~8mmHg的血压。这种即时的降压效果与有氧运动是一样的。因此，普拉提被认为是一种适合降低血压的锻炼方法，特别是对于那些达不到有氧运动要求的高血压人群，或者是有氧运动效果不理想的人群。

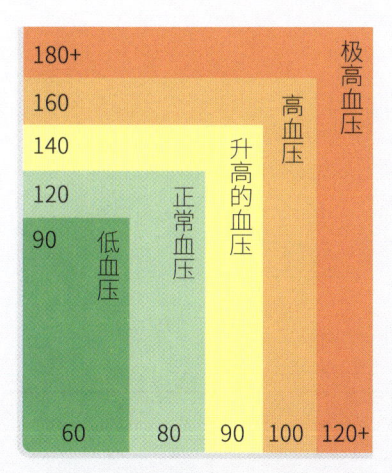

正念

正念是人对当下时刻的非判断性认知，接受正在经历的感觉、思绪和身体感受。普拉提正念将运动、呼吸和思想相互关联起来，让精神和身体同步。在普拉提课程中，动作顺序和呼吸模式可以训练人的意识，让人带着意识去完成每个动作，教人停顿、观察并做出相应的反应。这也可以应用到日常中，去有意识地做出反应，而不是自主反应。意识和注意力的增强有助于刺激迷走神经从而调节神经系统，迷走神经会传递休息的信号。正念可以减少神经系统的炎症，降低血压和皮质醇水平。

稳定性训练

旋转训练

力量训练

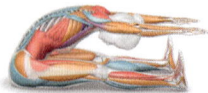
活动性训练

普拉提
运动

　　约瑟夫·普拉提曾说："**身体健康是幸福的首要条件。**"
他坚信，运动、锻炼并强化身体可以让人更加快乐。本章将
详细介绍原始的普拉提运动，并准确、清晰地描述每个动作
步骤。同时，本章还会介绍许多变式和技巧，这些调整或降
低或偶尔提高的难度，有助于让不同水平的人都可以进行普
拉提运动。

普拉提运动简介

现代化的需求和研究的进步在世界各地催生出了许多不同的普拉提流派。每个流派都有自己独特的教学方式，但其基本原则保持不变。

> 普拉提旨在改善核心的稳定性和力量，增强全身的力量和柔韧性，并对锻炼者的心理健康产生积极影响。

不同的思想流派

约瑟夫·普拉提十分愿意分享他的锻炼方法，并支持他的学生开设个人工作室来传承他的教学。在2000年，"普拉提"成为一个通用术语，意味着任何人都可以从事普拉提教学。虽然大家更愿意接受专业的指导，但这大大鼓励了普拉提运动的创新和变革。

普拉提健身法最初是为健全的身体设计的。它包括一系列动作，这些动作不是通过重复次数直至身体疲惫来达到效果，而是通过逐步提升难度来实现。相比以往，现在的人们更加意识到只有个性化的方法才能满足不同水平、能力或健康状况的人的运动需求。经常久坐不动和抗压能力差都会影响我们的身心健康。我们的体态还可能受生活方式的影响，例如经常抱小孩，或是长期采用不良坐姿。

普拉提变革后可以满足不同需求，让所有人都能体验到普拉提的好处。普拉提教学如今仍然注重身体重点部位的强化、伸展、活动和旋转等，同时加入了正念和呼吸法。根据流派的不同，普拉提可以分为经典普拉提、垫上普拉提和现代普拉提。

经典普拉提保留了约瑟夫设计的原始垫上动作，以及在大型器械上的动作，并严格按照他的指示进行教学。

垫上普拉提在原始动作的基础上进行了调整以适应客户群体，并新纳入了小型器械的使用。

现代普拉提结合了经典普拉提和垫上普拉提的动作，并进一步加入了健身、瑜伽和康复方法的元素。这种风格已经完全偏离了之前严格的训练方式，会针对个人或特定群体定制训练。

总的来说，不同流派的普拉提都致力于实现约瑟夫·普拉提当初设定的目标。

普拉提虽已改变……

但本书将以经典普拉提的动作和方法作为主要内容,因为让读者了解后续改编动作的起源是有必要的。直到今天,这些经典动作仍然和普拉提刚创立时一样具有益处。

本书还选取了各种现代变式动作来展示现代普拉提的变化,这些变化让普拉提能够适用于各种健身水平和年龄段的人群。书中将动作按照功能进行了分类:稳定性训练、旋转训练、力量训练和活动性训练。本书通过教授一些简单的基于体式的练习来介绍普拉提概念以及它在活动身体、改善体态方面的作用,带领大家开启普拉提之旅。取你所需,遵循与你最为共鸣的方法。值得注意的是,你可以根据自身条件修改练习的动作、呼吸方法或技巧,找到专门适用于你的训练方案。

呼吸
约瑟夫·普拉提的呼吸法仍是现代普拉提教学的一部分,其重要性不亚于刚创立时。一些流派已经修改了呼吸模式,以协调改编的动作或适应科学研究的变化,有时甚至会省去特定的呼吸法,以更多地关注动作本身。

名称
最初的一些动作名称仍在沿用,但是不乏一些流派完全改变了名称,或者在运动中增加了更多的阶段并加入了额外的名称。这些名称通常反映了训练的内容,让锻炼者易于识别动作。

技术
普拉提健身法通过约瑟夫的第一代学生传承下来,并基于现代科学的理念进行了改良。因此不同的教练教授的技术略有差异,但教学重点都会放在呼吸、运动、速度上,核心内容与传统普拉提保持一致。

动作
现在流行的普拉提健身法包含了大量的新动作。这些创新的初衷是简化复杂的原始动作,或者是对其进行改编以适应身体损伤或其他情况。现在初学者还可以用不同的姿势学习普拉提,例如站着或坐着。

小型器械

小型器械可以强化垫上普拉提的训练效果,让训练更加多样化。相比核心床等大型工作室器械,小型器械使用起来更加方便。这类器械容易上手、便于携带并且有多种使用方法,因此非常受欢迎。小型器械也用于康复训练,给病人提供额外的帮助以完成康复运动;又或者让锻炼者在基础的垫上练习之外,通过小型器械来增加训练难度。

- 软球可以给平衡挑战加设不稳定性,还可以促进运动。
- 弹力带可以循序渐进地增加阻力以提升力量,或根据需要提供额外的支撑。
- 阻力环可以促进全身肌肉的激活。
- 泡沫轴可以增加平衡难度,还可以帮助锻炼者更精细地控制肩胛骨、腰椎和骨盆区域的运动。

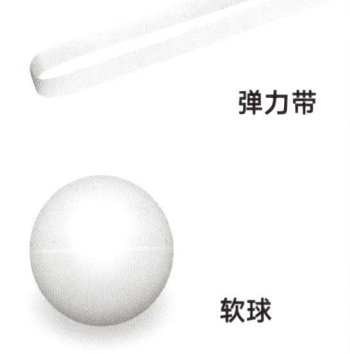

弹力带

软球

» 简单的普拉提动作

这些动作是普拉提运动的基础,适用于轻度活动、热身和运动后放松。也可以将它们组合成一组简单的动作。每天坚持练习,养成良好的习惯。

图例
● 主要目标肌肉
● 次要目标肌肉

猫牛式

该体式可以活动脊柱,在身体内部前后创造空间,配合呼吸既可以热身也可以放松身体,让人感觉舒适。该体式还可以激活腹部肌肉,在每次普拉提锻炼开始或结束时加入该体式都是不错的选择。

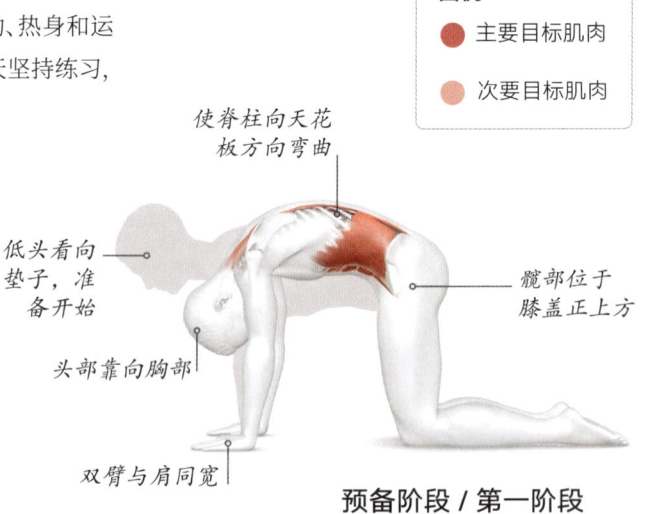

使脊柱向天花板方向弯曲
低头看向垫子,准备开始
髋部位于膝盖正上方
头部靠向胸部
双臂与肩同宽

预备阶段 / 第一阶段

目视前方
使脊柱向下弯曲
抬起尾骨,朝向天花板
双臂与肩同宽

第二阶段

预备阶段
四点跪姿,腕部位于肩部正下方,膝盖位于髋部正下方。伸展脊柱并使其保持中立位。收紧核心。

第一阶段
呼气,尾骨内收,骨盆向下倾斜,头部和下巴靠向胸部,使脊柱向天花板方向弯曲。保证上下脊柱曲线弧度一致。

第二阶段
吸气,尾骨和胸骨向上抬起,使脊柱向下弯曲,同时保持腹部收紧。重复猫牛式 4~6 次。

手臂外展

该动作可以训练肩胛骨的控制,同时打开胸腔,直立的姿势有助于保持良好的体态。日常生活中,可以在椅子上坐直练习该动作。

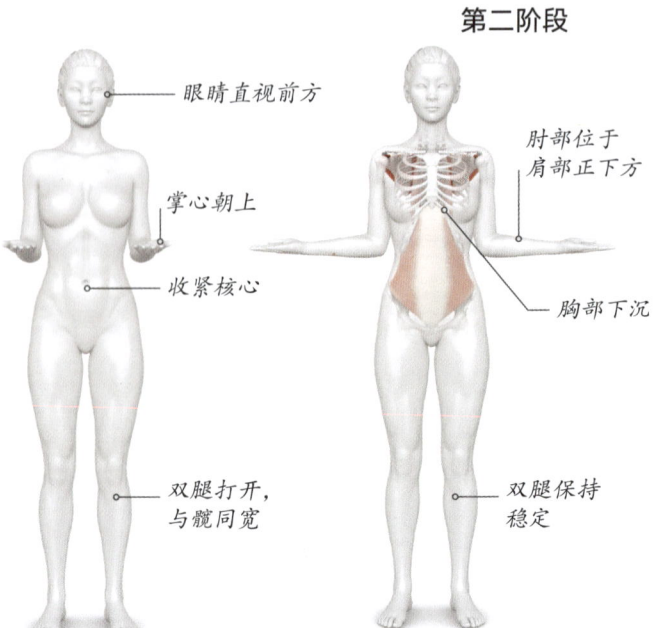

眼睛直视前方
掌心朝上
收紧核心
肘部位于肩部正下方
胸部下沉
双腿打开,与髋同宽
双腿保持稳定

预备阶段
站直,双腿打开与髋同宽,使脊柱处于中立位,双臂自然垂放于身体两侧。肘部弯曲 90 度,掌心朝上。收紧核心,吸气,伸展脊柱,准备开始。

第一阶段
呼气,向外张开双臂,保持脊柱中立位,胸部下沉。慢慢滑动肩胛骨,不要向内挤压。最后,将前臂移回起始位置。重复 6~8 次。

过顶转臂

手臂转动可以活动肩关节和上背部，同时增强肩胛骨和胸椎的稳定性。该动作可以扩展胸腔，在双臂举过头顶时可以更好地练习对胸腔和核心的控制。

预备阶段

仰卧，使脊柱和骨盆处于中立位，双腿打开与髋同宽。双臂放在身体两侧，掌心朝下。肩膀放松，收紧核心。呼气，双臂举起至垂直于垫子，吸气并保持姿势。

第一阶段

呼气，继续转动双臂至举过头顶，在保持脊柱中立位的前提下，尽可能伸展手臂。吸气，同时将双臂向外画一个半圆回到身体两侧，之后举起回到垂直于垫子的起始位置。重复6~8次。

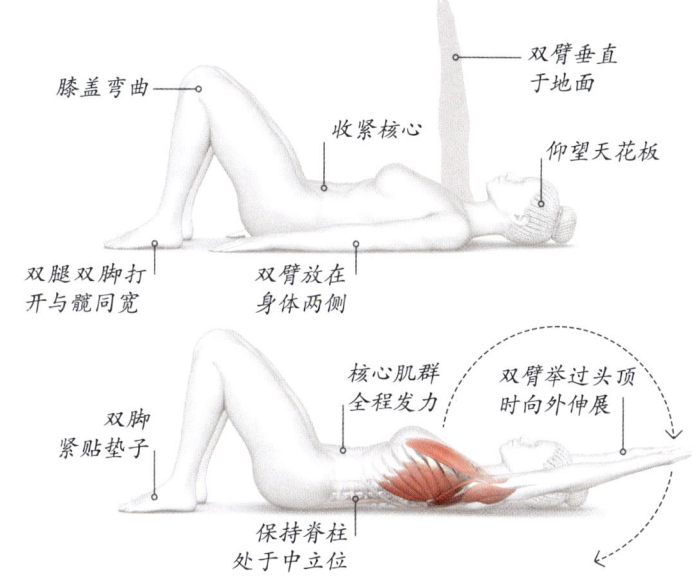

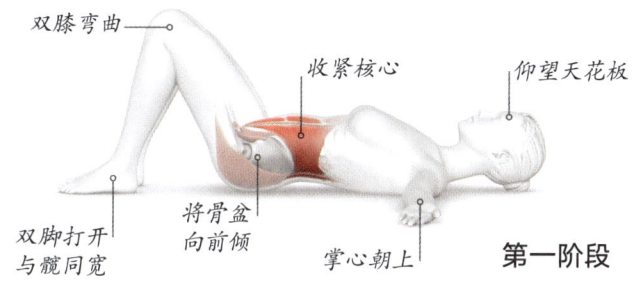

骨盆倾斜

该动作可以活动脊柱，训练对骨盆的控制，同时轻柔地刺激腹肌，是很好的热身动作。可以在垫上练习开始前帮助身体找到中立位。

预备阶段

仰卧，使脊柱和骨盆处于中立位，双腿打开与髋同宽。双臂向外伸展，掌心朝上，肩膀保持放松。

第一阶段

呼气，慢慢地将骨盆向前倾斜，注意下脊柱要抬离垫子，同时确保腹部和胸腔不要向上凸起。吸气，身体恢复至预备姿势。

第二阶段

呼气，将骨盆向后倾斜，注意下脊柱要平靠在垫子上。吸气，恢复至预备姿势。重复6~8次。

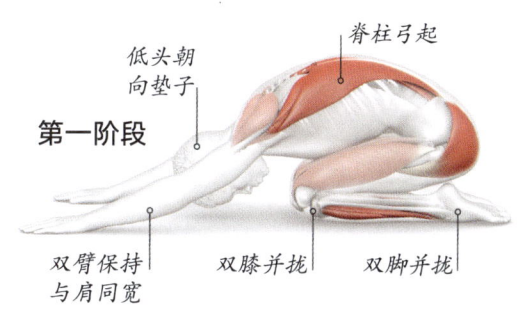

婴儿式伸展

这是一个简单易行的动作，可以舒缓紧绷的背部肌肉，让心情恢复平静，或提供片刻放松。该练习可以作为任何垫上普拉提动作的补充。

预备阶段

以低跪姿直立坐下，髋部靠在脚后跟上，双膝并拢，脊柱伸展。双手放在膝盖上，肩膀放松。

第一阶段

呼气，朝大腿方向伸展胸部与躯干，双臂沿垫子向前伸展。髋部向后移动，保持靠在脚踝和脚后跟上方。脊柱弯曲，将额头向下靠在垫子上，收起下巴。保持此姿势3~4秒，如果想更好地放松，可以保持更长时间。

卷腹

卷腹是一个针对腹部进行训练的动作，可以活动脊柱使之屈曲，并提高腹部机能。卷腹也有助于改善腹部隆起（由腹部肌群虚弱引起的）和腹直肌分离，这两种情况都可能在产后发生。详细的产后锻炼建议可参见本书第194~195页普拉提训练部分。

进阶技巧

一旦你熟悉了这两个动作，可以尝试加入以下变式来提高难度：
- 短时间（3~10秒）保持蜷曲姿势来提高腹部耐力。
- 使用双腿桌面式（见第48页）做该练习。
- 在双膝之间增加一个阻力环（见第39页），以增加内收肌锻炼强度并额外锻炼前斜链肌群。
- 双手各持一个小重物。
- 在卷曲身体时，将一条腿向外伸展。身体放平时将腿收回。

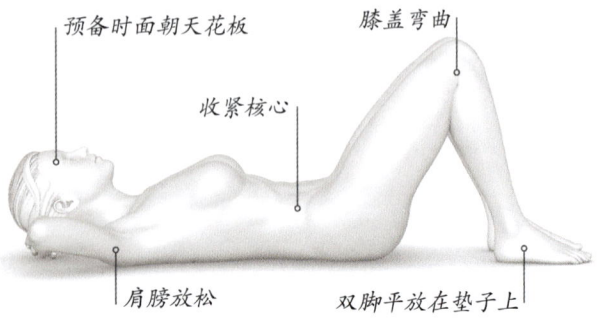

预备阶段

仰卧，弯曲髋部与膝盖，双腿打开与髋同宽，双脚平放在垫子上。指尖交叉，双手置于脑后。肩膀放松，将胸腔沉向髋部。吸气做好准备。

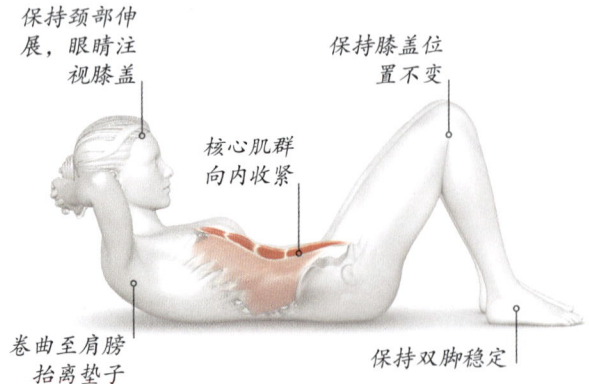

第一阶段

呼气，头部、颈部和上半身向上前方抬离垫子，依次卷曲脊柱直至肩膀完全抬离垫子。吸气，保持姿势。然后呼气，依次放下背部、上半身和头部。重复10次。

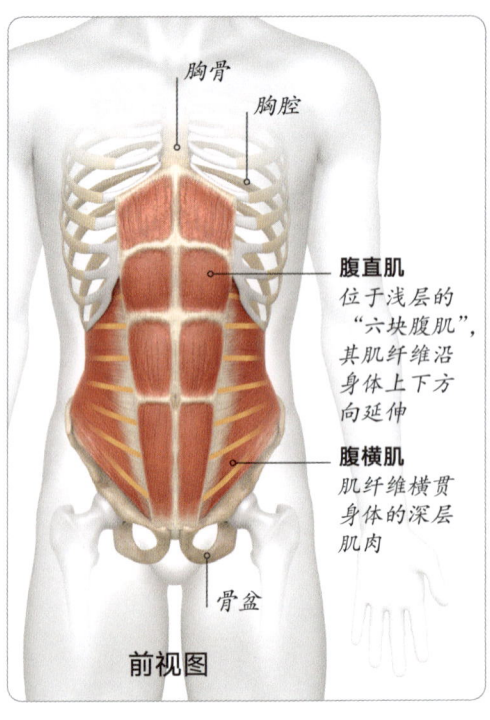

核心肌群

腹横肌是最深层的腹部肌肉，可以局部稳定并支撑脊柱。它与其他核心肌群、盆底肌、膈肌以及多裂肌协同发挥作用。腹直肌是最表层的腹部肌肉，其纵向排列的肌纤维可以使躯干屈曲。

卷腹旋体

这个对腹斜肌进行单独训练的动作通过身体旋转使脊柱屈曲,需要高水平的骨盆稳定性。常见于需要控制身体旋转的运动的训练中,例如跑步、球拍类运动、足球和橄榄球等。

注意
患有骨质疏松症的人群在进行卷腹旋体和腹部卷曲动作时应谨慎,因为重复的屈曲运动会增加脊柱压缩性骨折的风险。

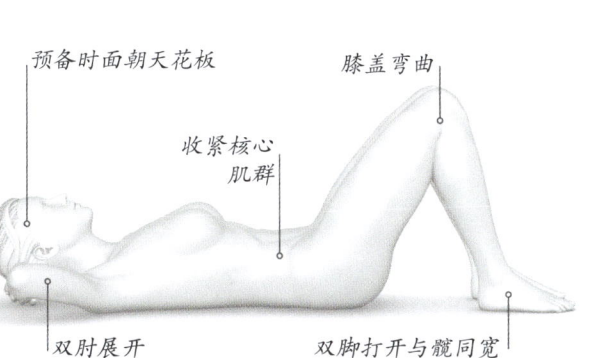

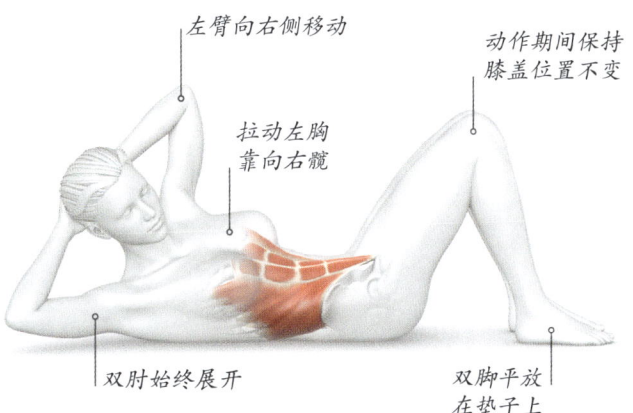

预备阶段

仰卧,弯曲髋部与膝盖,双脚打开与髋同宽,双脚平放在垫子上。指尖交叉,双手置于脑后。肩膀放松,将胸腔沉向髋部。吸气做好准备。

第一阶段

呼气,头部、颈部和上半身沿对角线抬离垫子,向右侧转动身体的同时拉动左胸靠向右髋。吸气,保持姿势。呼气,下背部靠回垫子。重复10次,然后换边。

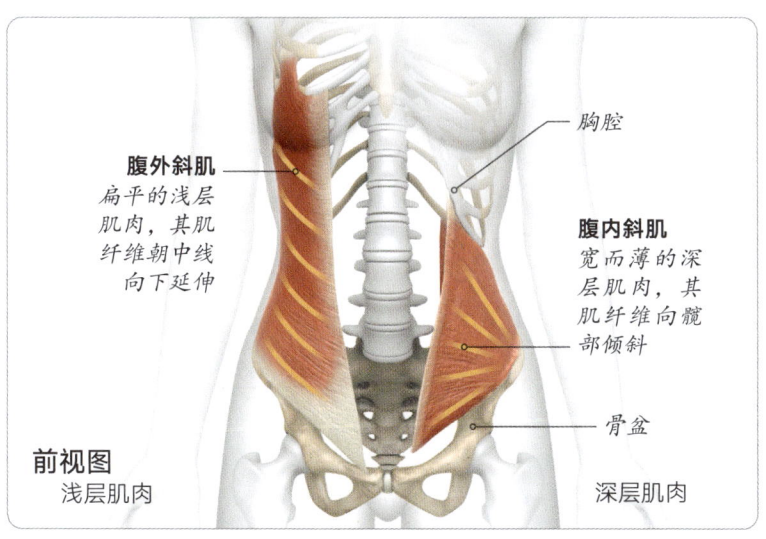

图例
● 主要目标肌肉　● 次要目标肌肉

腹内斜肌与腹外斜肌

二者肌纤维相互垂直,共同运作使躯干旋转。右侧腹外斜肌与左侧腹内斜肌收缩可使躯干向左侧旋转,反之向右侧旋转。双侧收缩(两侧斜肌同时运作)可以屈曲躯干。

稳定性
训练

稳定性训练是普拉提运动的基础。它可以连接核心肌群，锻炼局部肌肉，并指导进阶训练所需要的身体对线方式和运动模式。当你在任何时候感到缺乏明确的训练目标时，都可以练习稳定性训练的动作。

普拉提运动解剖学

百次拍击

普拉提运动的经典动作之一，以其双臂拍击百次的动作命名，可以增强腹部力量，提高耐力以及背部和骨盆的稳定性。在训练中通常作为增强力量的动作，也可为进一步锻炼腹部做准备。

动作点睛

百次拍击需要核心肌群连接以提高耐力，从而形成良好的运动习惯。双臂要拍击100次，吸气时5次，呼气时5次，总共重复10次。刚开始可以先拍击20次，之后慢慢增加次数。如果腹肌或腘绳肌状态欠佳，可以尝试百次拍击的简易版——双腿桌面式（见第48页）。

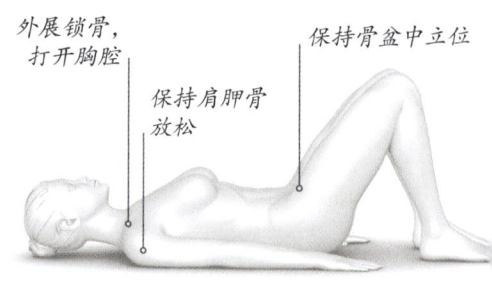

外展锁骨，打开胸腔
保持肩胛骨放松
保持骨盆中立位

预备阶段

仰卧在垫子上，使脊柱与骨盆处于中立位，双膝弯曲，双脚打开与髋同宽，双臂置于身体两侧，掌心朝下。颈部伸展，准备开始。

胸腔、躯干与髋部

此姿势需要激活胸大肌与腹直肌。肱三头肌负责伸直肘部，旋前肌控制双臂使掌心朝下，肱二头肌激活并处于拉伸状态，臀肌激活以支撑抬起的双腿，髋屈肌收缩以保持双腿抬起。

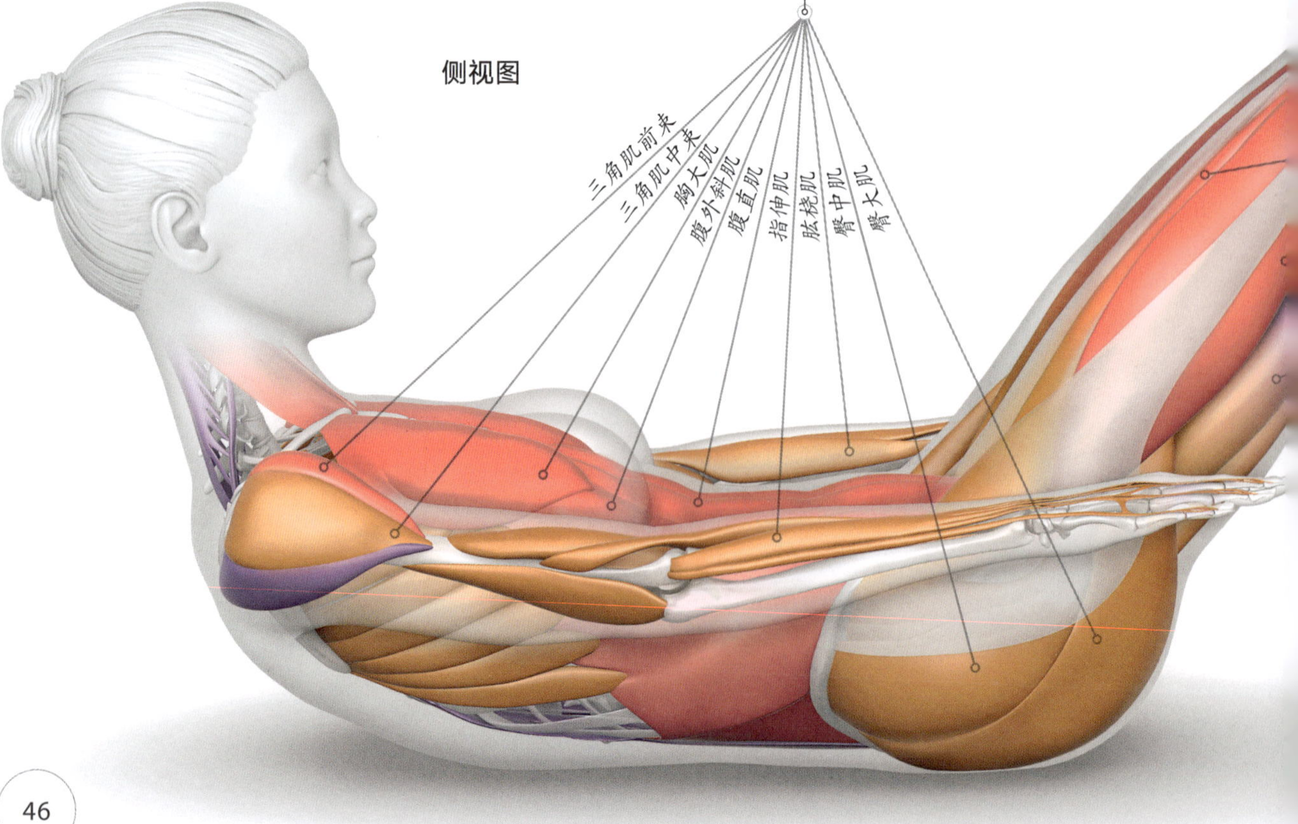

侧视图

三角肌前束
三角肌中束
胸大肌
腹外斜肌
腹直肌
指伸肌
肱桡肌
臀中肌
臀大肌

第一阶段

将髋部和膝盖分别抬起至 90 度弯曲，一次抬起一条腿，再将双腿并拢。呼气，头部与上半身向上抬起，同时双腿沿对角线向外伸展。手臂从垫子上抬起，小幅度上下拍击，呼气时拍 5 次，吸气时拍 5 次。

图例

- ●-- 关节
- ○— 肌肉
- ● 向心收缩的肌肉
- ● 离心收缩的肌肉
- ● 无张力下被拉长的肌肉
- ● 等长收缩的肌肉

！注意

如果腹部出现隆起，应立即停止运动并休息，继续运动可能会导致腹部肌肉拉伤。如果腘绳肌过于紧绷，膝盖容易弯曲并导致腰部劳损。

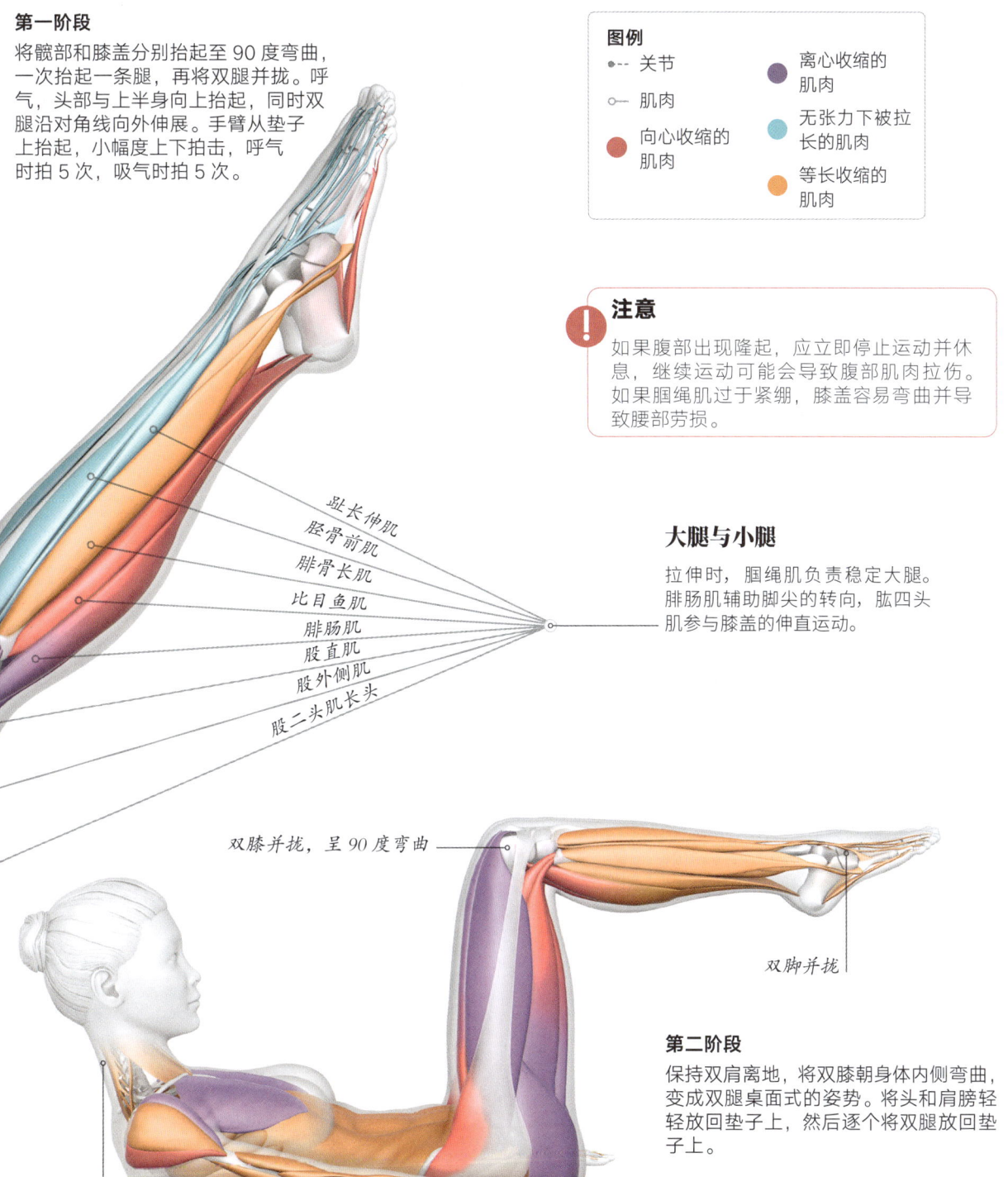

趾长伸肌
胫骨前肌
腓骨长肌
比目鱼肌
腓肠肌
股直肌
股外侧肌
股二头肌长头

大腿与小腿

拉伸时，腘绳肌负责稳定大腿。腓肠肌辅助脚尖的转向，肱四头肌参与膝盖的伸直运动。

双膝并拢，呈 90 度弯曲

双脚并拢

第二阶段

保持双肩离地，将双膝朝身体内侧弯曲，变成双腿桌面式的姿势。将头和肩膀轻轻放回垫子上，然后逐个将双腿放回垫子上。

保持颈部伸展

47

》变式动作

变式动作缩短了腿部杠杆,使头部和颈部处在更舒服的位置,减轻了腹部负荷。这些动作可以安全地锻炼核心肌耐力,改善核心肌群的协调性,是进行正式百次拍击前的绝佳入门。尝试将每个变式动作重复10次,形成一个循环。

百次拍击(单腿桌面式)要求将单腿抬起,膝盖和髋部均呈90度;百次拍击(双腿桌面式)也是一样,只是需要同时抬起两条腿。

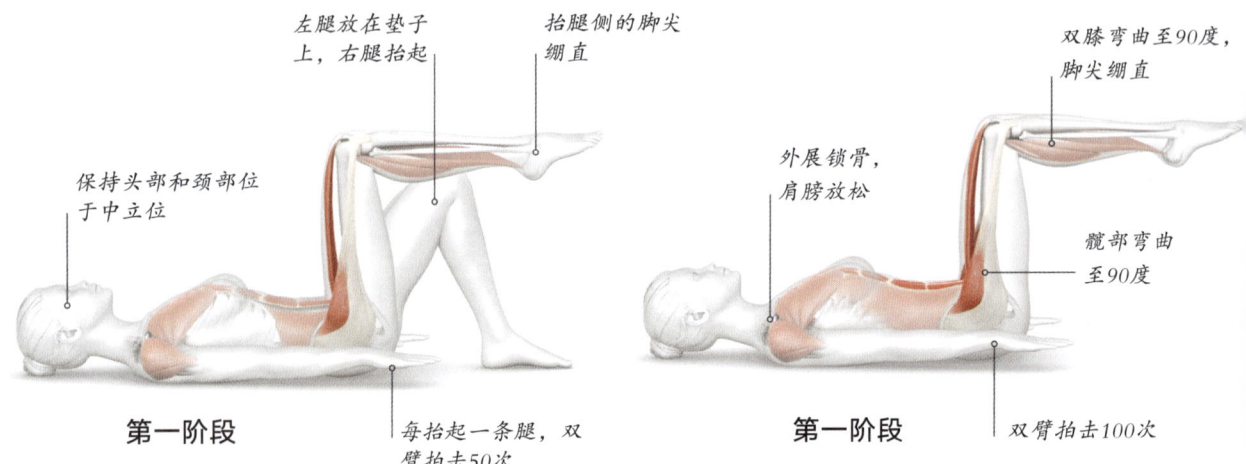

第一阶段

第一阶段

单腿桌面式

将抬起的腿在髋部和膝盖处均呈90度弯曲并保持,同时拍击双臂,并保持骨盆处于中立位。刚开始可以尝试拍击10~20次,随着耐力增强再逐步提高至100次。

预备阶段
与百次拍击预备姿势相同,双膝弯曲,双脚打开与髋同宽,双臂放于身体两侧,掌心朝下。

第一阶段
一条腿抬至桌面式,双臂微微抬离垫子,上下拍击,吸气时拍5次,呼气时拍5次。换另一条腿重复此循环,总共拍击100次。

第二阶段
当完成每条腿的桌面式50次手臂拍击后,恢复至预备姿势,双脚放于垫子上。

双腿桌面式

将双腿抬至桌面式时要控制腹肌。如果感到腹部负荷增加或者腹部向外隆起,可试着更深入地收紧核心肌群,以获得更多支撑。

预备阶段
与百次拍击预备姿势相同,双膝弯曲,双脚打开与髋同宽,手臂放于身体两侧,掌心朝下。

第一阶段
双腿依次抬至桌面式,双臂微微抬离垫子,上下拍击,吸气时拍5次,呼气时拍5次。重复此循环,总共拍击100次。

第二阶段
恢复至预备姿势,双腿依次着地。

双腿桌面式卷腹

在整个动作过程中保持眼睛注视前方,肩膀放松。头部与上半身适度抬起,肩胛骨底部仍留在垫子上,确保脊柱没有全部紧贴在垫子上即可。

图例
- 🔴 主要目标肌肉
- 🔵 次要目标肌肉

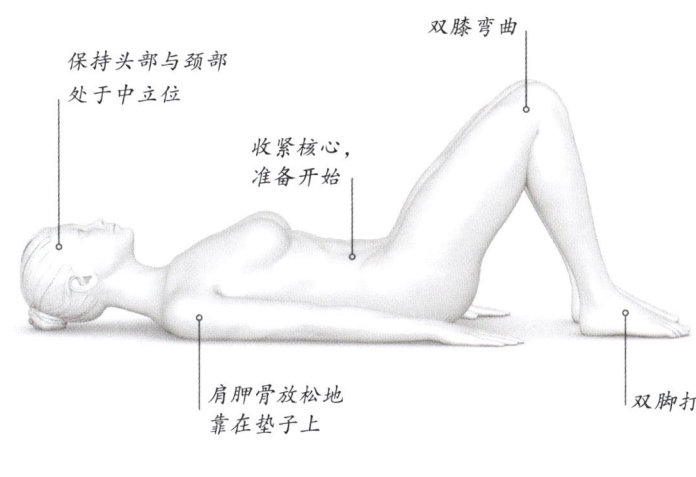

- 保持头部与颈部处于中立位
- 双膝弯曲
- 收紧核心,准备开始
- 肩胛骨放松地靠在垫子上
- 双脚打开与髋同宽

预备阶段
与百次拍击预备姿势相同,双脚打开与髋同宽,双臂放于身体两侧,掌心朝下。

- 保持核心收紧
- 双腿抬高时脚尖绷直
- 双膝呈90度弯曲,两腿并拢
- 肩胛骨放松地靠在垫子上
- 手臂微微抬离垫子

第一阶段
双腿依次抬至桌面式,双臂微微抬离垫子。

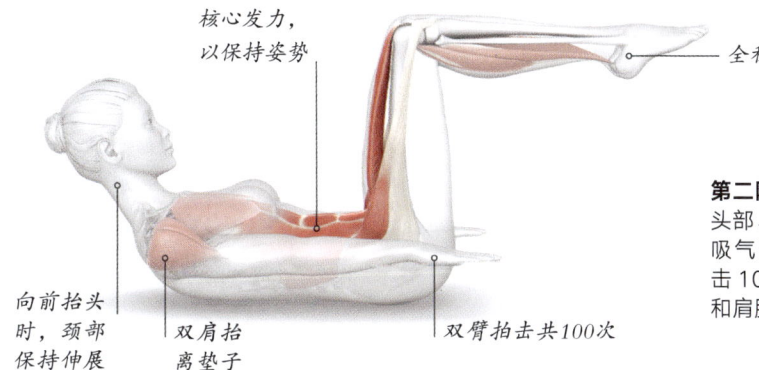

- 核心发力,以保持姿势
- 全程脚尖绷直
- 向前抬头时,颈部保持伸展
- 双肩抬离垫子
- 双臂拍击共100次

第二阶段
头部、颈部和上半身抬起,双臂上下拍击,吸气时拍5次,呼气时拍5次,重复拍击100次,然后恢复至预备姿势,头部和肩膀慢慢放下,接着依次放下双腿。

后滚（滚动如球）

这是一个充满活力与趣味的动作，也被称作滚动如球。该动作可以屈曲腰椎，锻炼腹部力量。滚动的关键在于要用肌肉控制动作而不是依靠惯性。练习该动作之前需要做好充分热身。

动作点睛

后滚需要深层核心肌群发力以支撑脊柱，维持腿部和躯体位置，形成一个完整的C形。翻滚时应直线向后，避免旋转或者向一侧倾斜。呼吸应与动作保持一致，向后和向前翻滚所用的时间应该相同。该动作通过双手抓住小腿，脊柱向后弓起来练习。

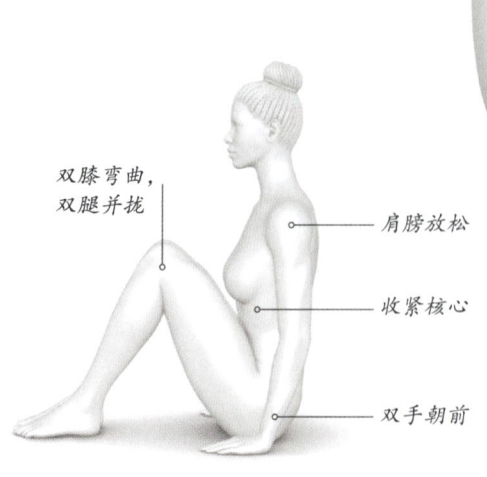

双膝弯曲，双腿并拢

肩膀放松

收紧核心

双手朝前

预备阶段
坐于垫子前端，微微收腹使脊柱呈现弯曲状态。双脚平放在垫子上，双腿并拢，双臂放在身体两侧。吸气，双腿抬起，弯腰并用手轻轻抓住小腿外侧。

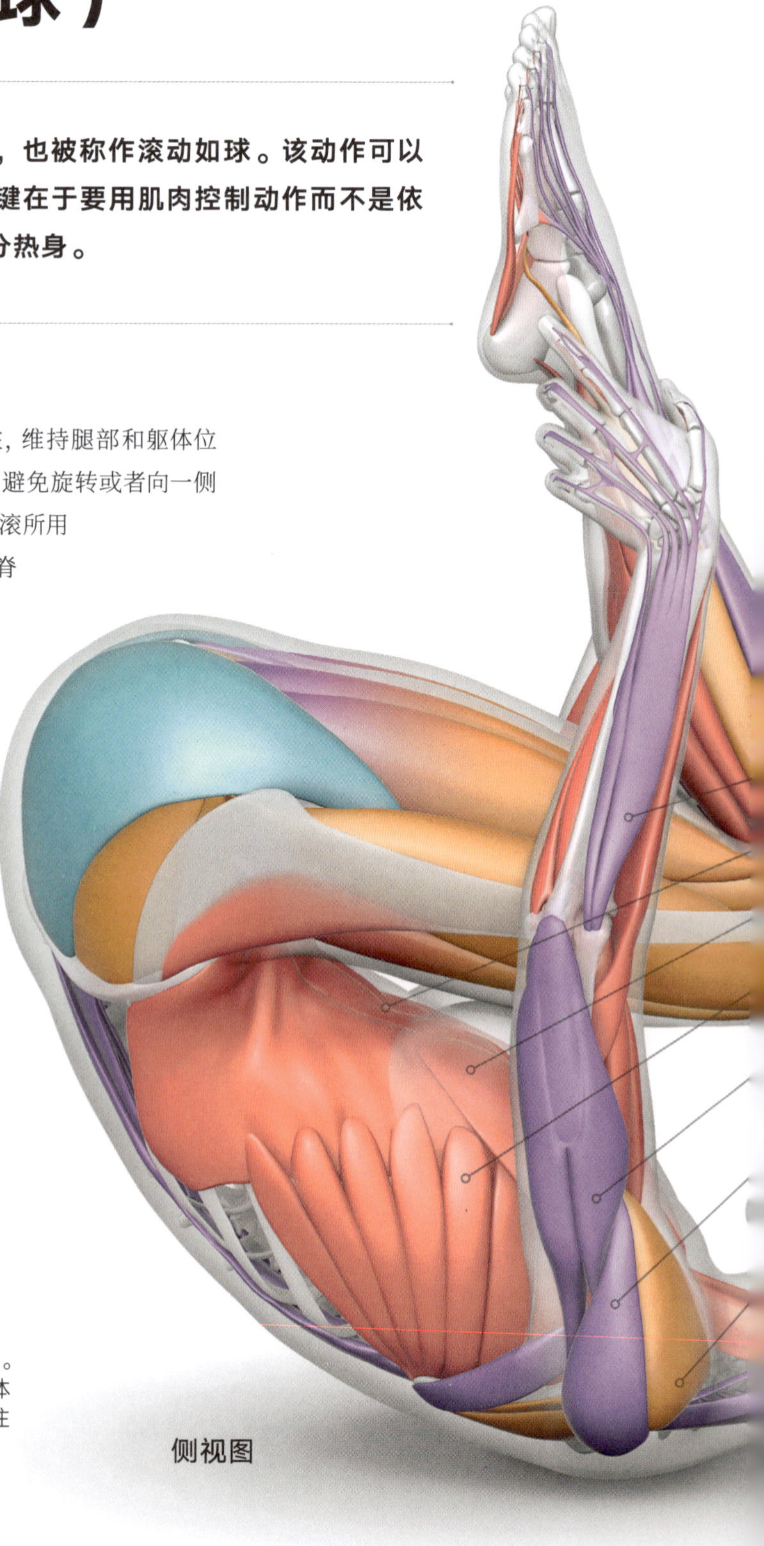

侧视图

!注意

该动作以屈曲姿势为基础,特点在滚动,因此不适合颈部或腰椎不稳定、骨质疏松或脊柱侧弯人群。

图例

- ●-- 关节
- ○— 肌肉
- ● 向心收缩的肌肉
- ● 离心收缩的肌肉
- ● 无张力下被拉长的肌肉
- ● 等长收缩的肌肉

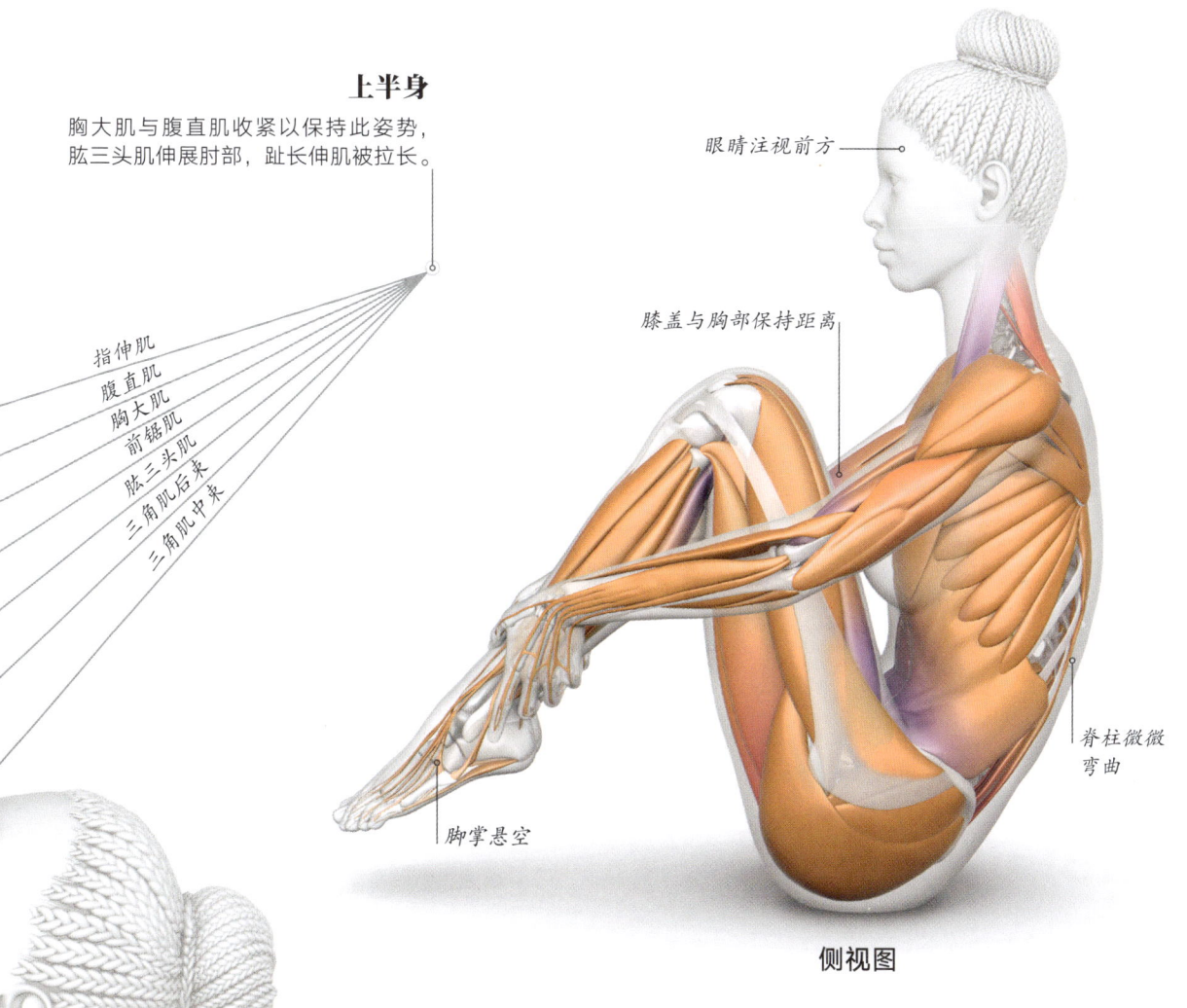

上半身
胸大肌与腹直肌收紧以保持此姿势,肱三头肌伸展肘部,趾长伸肌被拉长。

- 指伸肌
- 腹直肌
- 胸大肌
- 前锯肌
- 肱三头肌后束
- 三角肌后束
- 三角肌中束

眼睛注视前方

膝盖与胸部保持距离

脊柱微微弯曲

脚掌悬空

侧视图

第一阶段
控制身体向后翻滚,保持大腿与小腿之间、膝盖和胸部之间的距离不变,向后翻滚直至肩部支撑身体。

第二阶段
呼气,向前翻滚,回到直立状态,保持脚掌微微悬空,找到平衡点稳定身体。重复6~8次。

»变式动作

变式动作与后滚大体相似，但有些细微的变化。变式动作非常有助于初学者练习起步，可以帮助初学者树立信心、改善技巧。需要注意的是紧缩成球时，应该正确利用核心力量进行滚动而不是依靠惯性。

> 后滚是一种结束锻炼并过渡回站立姿势的有趣方式。

双手支撑式

该变式可以通过双手辅助控制动作、调整脊柱，直至练习者可以使用核心力量保持正确姿势，从而掌握后滚技巧。双手均匀发力，向下按压，身体沿中线持续进行滚动，同时肩膀保持放松。

图例
● 主要目标肌肉　● 次要目标肌肉

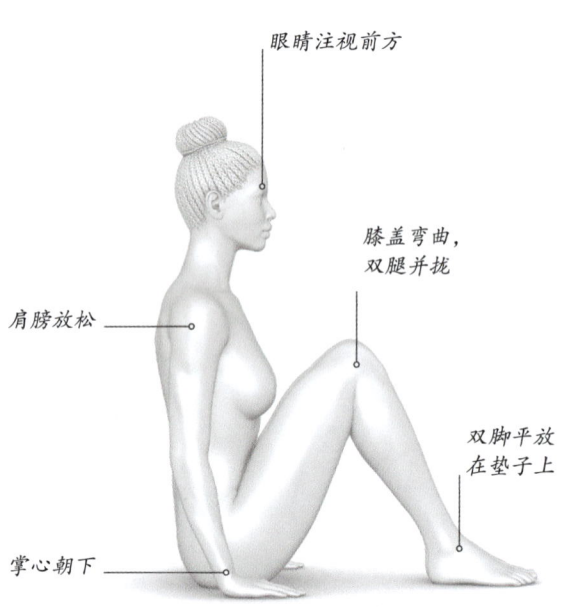

预备阶段

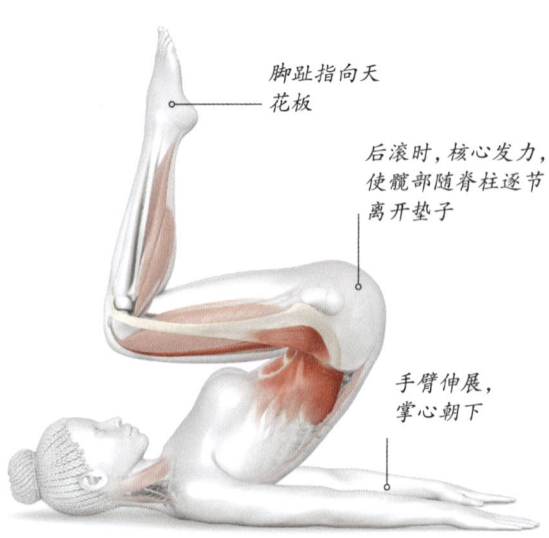

第一阶段

预备阶段
坐于垫子前端，身体挺直，骨盆略微向下收。双脚平放在地板上，膝盖弯曲，双腿并拢，手臂自然放在身体两侧，手掌轻轻放于垫子上。收紧核心。

第一阶段
吸气，向后上方滚动，用手臂控制动作。向后翻滚直至肩部支撑身体，伸展双臂，掌心朝下。

第二阶段
呼气，向前翻滚恢复至坐姿。重复6~8次。

脚尖平衡式

从翻滚状态恢复到坐姿时，可以将脚尖作为平衡的支点，以获得额外的稳定性，在进行下一组后滚动作之前利用脚尖来稳定身体。如果可以持续做到这一点，就可以试着脱离脚尖平衡，完全依靠核心力量来保持身体平衡，从而进阶到原版后滚动作（见第50页）

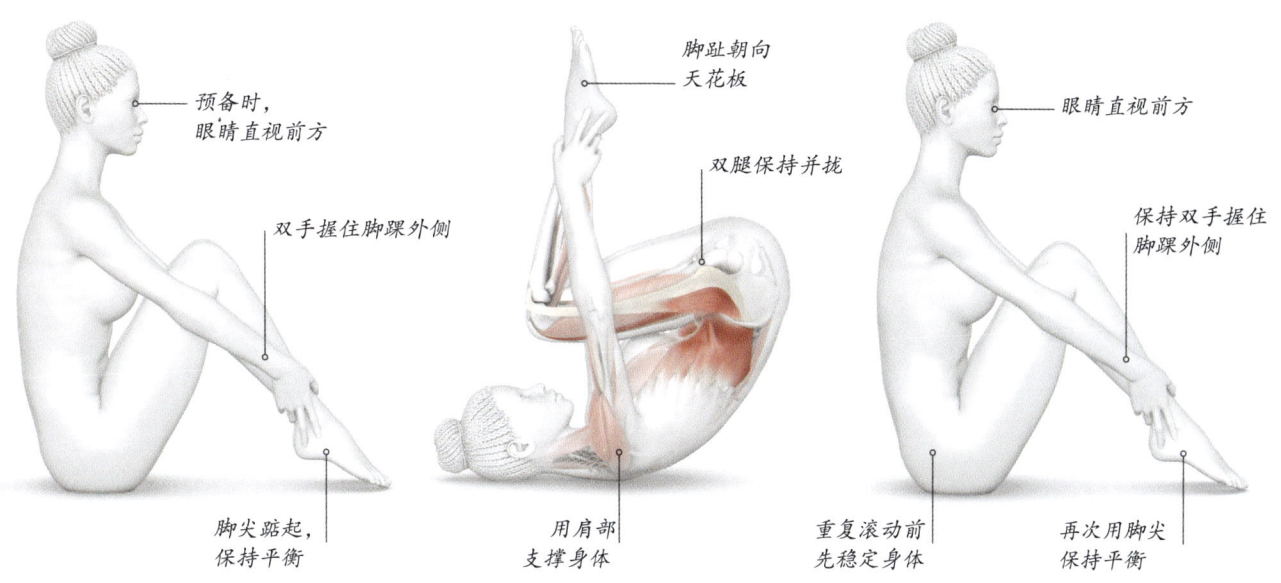

预备阶段

于垫子前端，膝盖弯曲，骨盆稍微向下。脚后跟抬起，踮起脚尖，保持平衡，伸出双手握住脚踝外侧。收紧核心。

第一阶段

吸气，控制身体向后翻滚，大腿与小腿之间、膝盖和胸部之间的距离保持不变。向后翻滚，直至肩部支撑身体。

第二阶段

呼气，向前翻滚，恢复到直立姿势，脚尖踮起，保持平衡，找到轴心稳定身体。吸气，然后重复6~8次。

球上后滚

如果上述变式都不合适，可以使用一个大型健身球来提供支撑，避免实际滚动。该方法可以作为后滚动作的简易版本，用于练习核心控制并保持正确的体态。坐于健身球上，双脚平放在垫子上，小心地仰卧，让球位于骨盆和脊柱下方，头部、颈部和上胸部仍然微微向上抬起。呼气，使用核心力量与腹部肌肉向前屈曲身体，直至达到图示位置。吸气，用核心力量控制动作恢复至起始位置。重复6~8次。

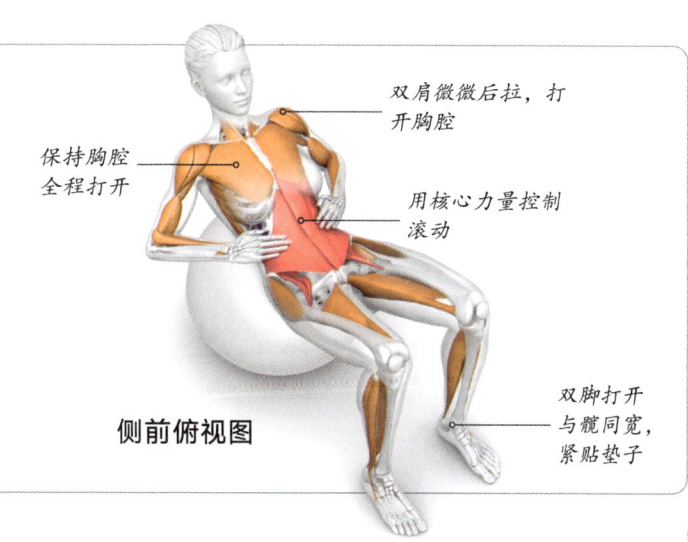

侧前俯视图

单腿拉伸

单腿拉伸属于锻炼腹部肌肉的初级动作,通过交替迈步与核心肌群协同发力完成。练习该动作可以有效提升下肢运动能力,为走路、跑步、骑自行车等日常活动提供力学支撑。

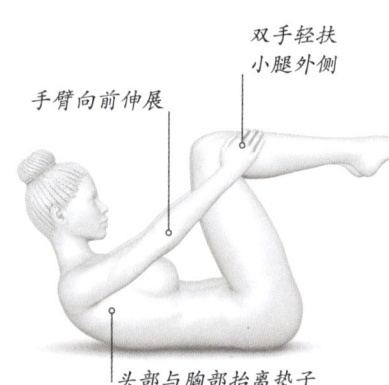

手臂向前伸展
双手轻扶小腿外侧
头部与胸部抬离垫子

动作点睛

该动作可以通过长腿杠杆锻炼核心肌群的力量,还可以为双腿拉伸动作做准备(见第58页)。在整个练习过程中要稳定头部、躯干和骨盆的位置,确保不会侧翻。先熟悉基本动作,再加入呼吸法进行训练。重复8~10次。

预备阶段

平躺在垫子上,膝盖弯曲,双腿打开与髋同宽,双脚平放在垫子上,双臂靠在身体两侧向下肢伸展。依次将腿抬至桌面式(大腿与垫子垂直),脚趾指向前方。呼气,头部与胸部向上抬起,双手轻扶小腿外侧,掌心朝内。吸气,准备下一步动作。

上半身

颈屈肌轻微发力以保持头部直立,此时颈伸肌被拉长。胸大肌收缩使手臂向腿部靠拢。腹直肌、腹内斜肌和腹外斜肌收缩,抬起上半身。

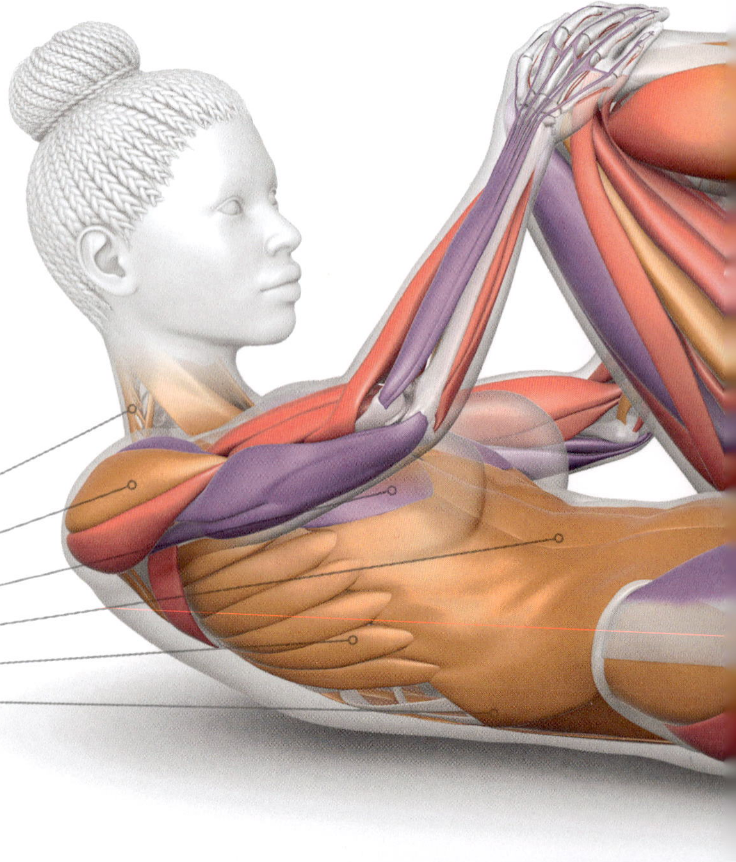

头半棘肌
三角肌
胸大肌
腹直肌
前锯肌
腹外斜肌

图例
- -- 关节
- ○ 肌肉
- ● 向心收缩的肌肉
- ● 离心收缩的肌肉
- ● 无张力下被拉长的肌肉
- ● 等长收缩的肌肉

第二阶段
双膝向胸部靠拢，同时头部和上半身靠回到垫子上。依次放下双腿，完成动作。

依次放下双腿，完成动作

头靠在垫子上，颈部伸直

肩膀放松地靠在垫子上

手臂沿身体两侧伸展，掌心朝下

腿部
股四头肌收缩以伸直膝盖，踝关节背屈肌伸长以控制脚踝方向。腓肠肌收缩使踝关节跖屈。

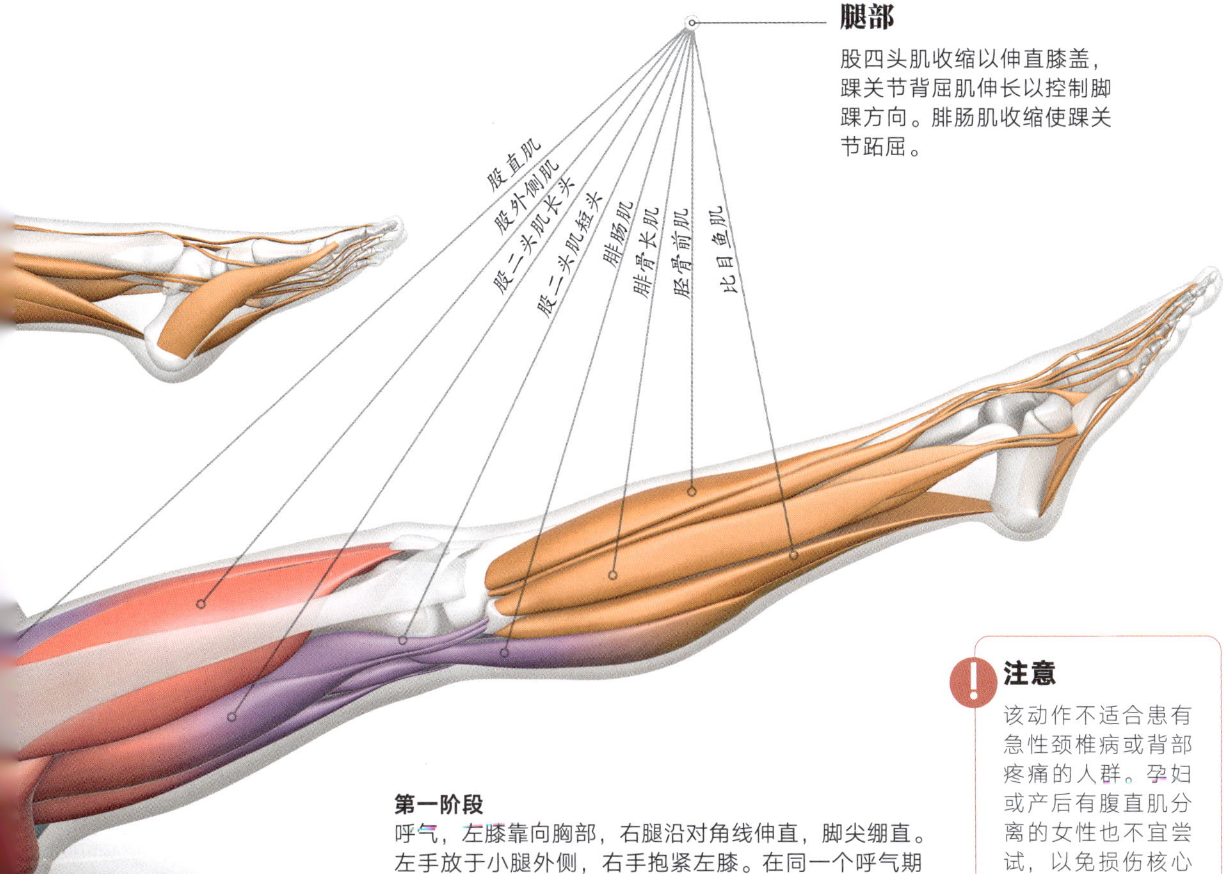

股直肌
股外侧肌
股二头肌长头
股二头肌短头
腓肠肌
腓骨长肌
胫骨前肌
比目鱼肌

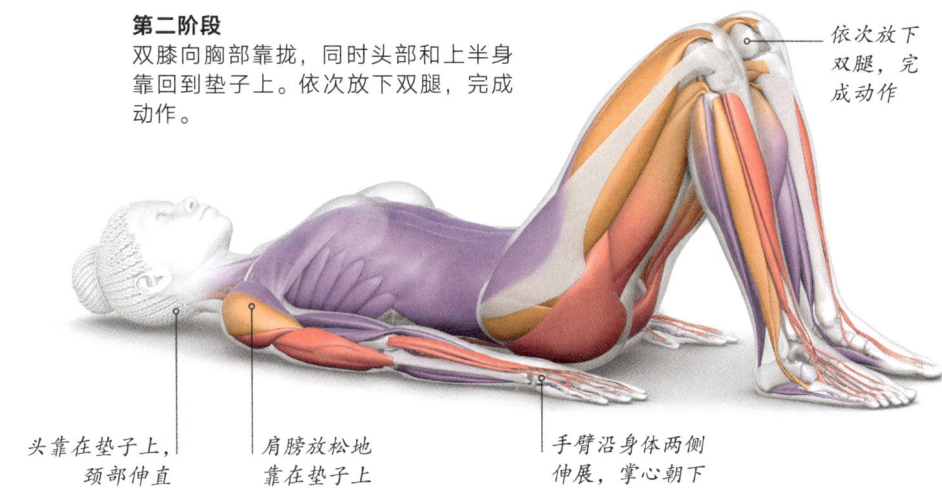

第一阶段
呼气，左膝靠向胸部，右腿沿对角线伸直，脚尖绷直。左手放于小腿外侧，右手抱紧左膝。在同一个呼气期间，换腿重复相同动作。吸气，重复一次双腿动作。双腿交替为一组，吸气时做一组，呼气时做一组。

侧视图

! 注意
该动作不适合患有急性颈椎病或背部疼痛的人群。孕妇或产后有腹直肌分离的女性也不宜尝试，以免损伤核心肌群。

》变式动作

这些简单的变式动作要求你将髋部、膝盖和脚踝保持在一条直线上，同时保持双腿打开与髋同宽以确保正确的身体对线。变式动作可以慢慢增强骨盆稳定性和核心控制力。

图例
- ● 主要目标肌肉
- ● 次要目标肌肉

初级水平式

在该变式中，训练者双腿保持在垫子上，与地面建立闭合运动链。这样的姿势对背部的支撑更大，降低了对核心力量的要求。训练者通过该变式可以先学习腿部的对线方式，再进阶到将腿抬离垫子。

预备阶段

仰卧在垫子上，使脊柱与骨盆处于中立位，腿在髋部和膝盖处弯曲，双脚打开与髋同宽平放在垫子上，双臂靠在身体两侧向下肢伸展。

第一阶段

呼气，一条腿紧靠着垫子向外伸直。

第二阶段

吸气，伸直腿回到起始位置。换另一条腿重复此动作，两腿交替重复8~10次。

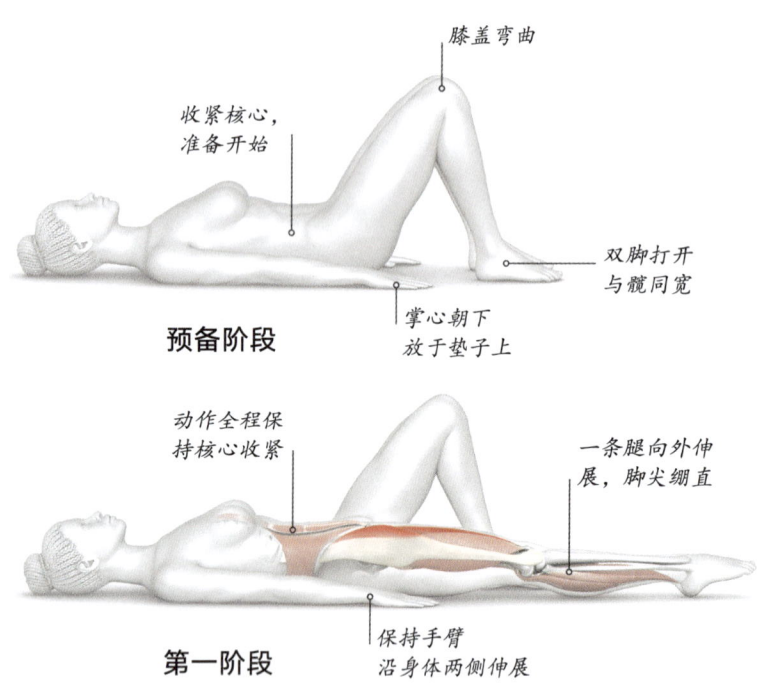

单腿运动式

动作腿向外伸展时，支撑腿用力下压垫子，以保持稳定。沿对角线向外伸腿时，注意收紧核心。

预备阶段

仰卧在垫子上，使脊柱与骨盆处于中立位，双腿在髋部和膝盖处弯曲，双脚打开与髋同宽，双臂靠在身体两侧向下肢伸展。

第一阶段

呼气，一条腿抬至桌面式，然后沿对角线伸展，保持脚尖绷直。

第二阶段

吸气，将动作腿恢复到桌面式，然后放到垫子上。换另一条腿重复此动作，双腿交替重复8~10次。

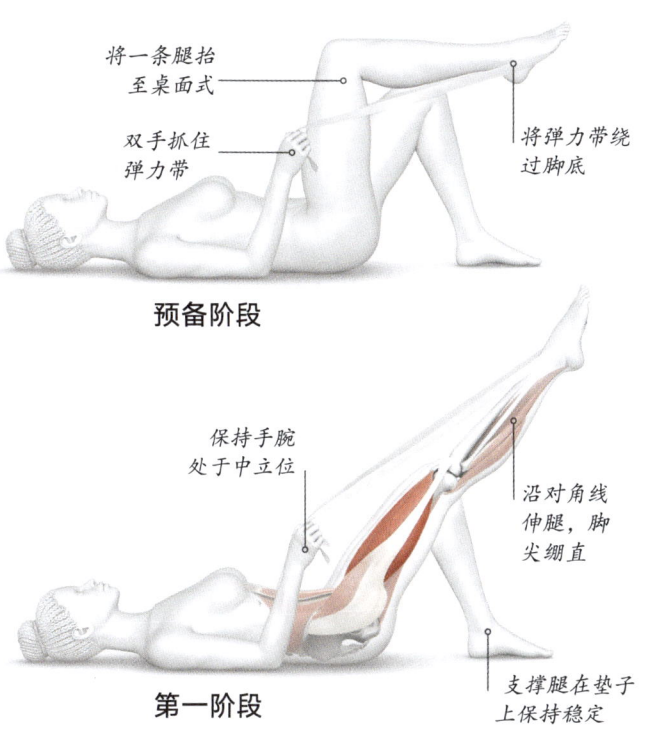

弹力带辅助式

使用弹力带可以更好地稳定臀部和腿部,并增加核心肌群的参与度。

预备阶段
平躺在垫子上,双腿在髋部和膝盖处弯曲,双脚打开与髋同宽,平放在垫子上,手臂靠在身体两侧向下肢伸展。将一条腿抬至桌面式,然后将弹力带绕过脚底。

第一阶段
呼气,将动作腿沿对角线向外伸展,脚尖绷直,对弹力带施力。

第二阶段
吸气,将动作腿恢复到桌面式,重复 8~10 次,然后换另一条腿。

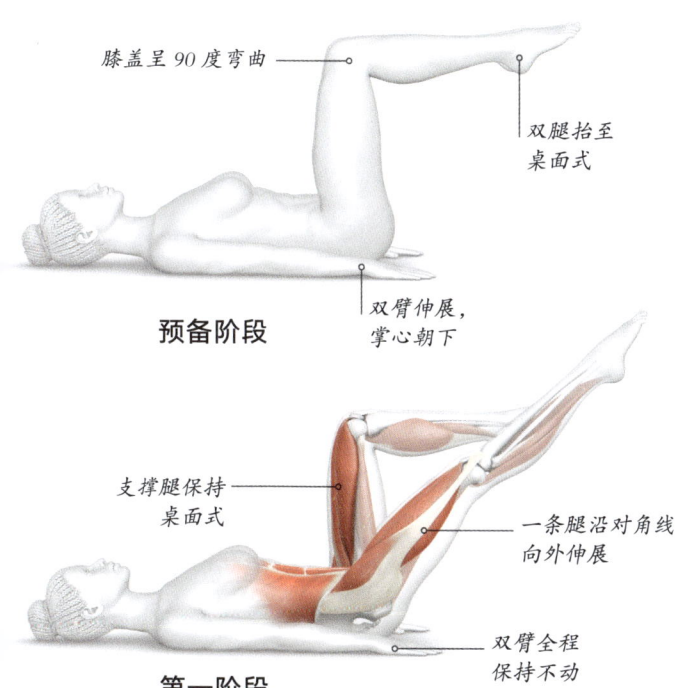

双腿桌面式

该动作对核心力量要求更高,因为双腿全程抬至桌面式,增加了一个长腿杠杆。腿向外伸展时,注意控制腹部肌肉,确保骨盆不向前倾

预备阶段
仰卧在垫子上,使脊柱与骨盆处于中立位。双腿在髋部和膝盖处弯曲,抬至桌面式,与髋同宽。双臂靠在身体两侧向下肢伸展,掌心朝下。

第一阶段
呼气,一条腿沿对角线向外伸展,脚尖绷直。过程中保持头部、颈部舒展与核心收紧。

第二阶段
吸气,将动作腿恢复到桌面式。换另一条腿重复该动作,双腿交替重复 8~10 次。

普拉提运动解剖学

双腿拉伸

　　双腿拉伸以协调性为基础，需要同时控制上下肢，还需要良好的腹部力量。该动作可以活动肩关节、髋关节和膝关节。随着力量的增强，你可以将双腿放得更低，并将手臂举过头顶作为附加挑战。

动作点睛

　　首先掌握单腿拉伸（见第54页），再通过这个练习增加上肢负荷。双腿内侧用力挤压以激活前斜链（见第12页）并为脊柱提供支撑。更简单的方法是将双脚伸向天花板，然后降至对角线高度，确保腹部不会外凸。放松颈部和肩膀，避免紧绷。

图例
- ●— 关节
- ○— 肌肉
- ● 向心收缩的肌肉
- ● 离心收缩的肌肉
- ● 无张力下被拉长的肌肉
- ● 等长收缩的肌肉

侧视图

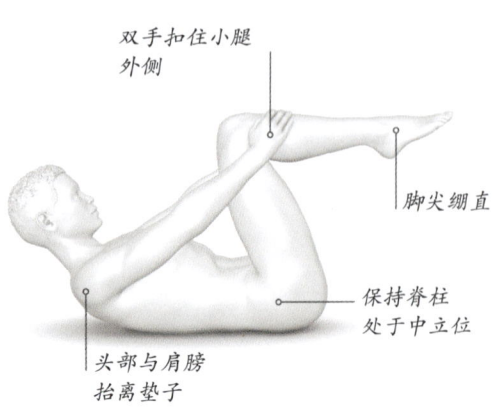

双手扣住小腿外侧

脚尖绷直

保持脊柱处于中立位

头部与肩膀抬离垫子

预备阶段
仰卧，弯曲髋部与膝盖，双脚平放在垫子上，向上抬起头部与胸部，同时膝盖靠向胸部。双臂伸直，双手扣住小腿外侧。收紧核心。

第一阶段
呼气，双腿沿对角线向外伸展，同时双臂抬起于头部两侧向后伸展。

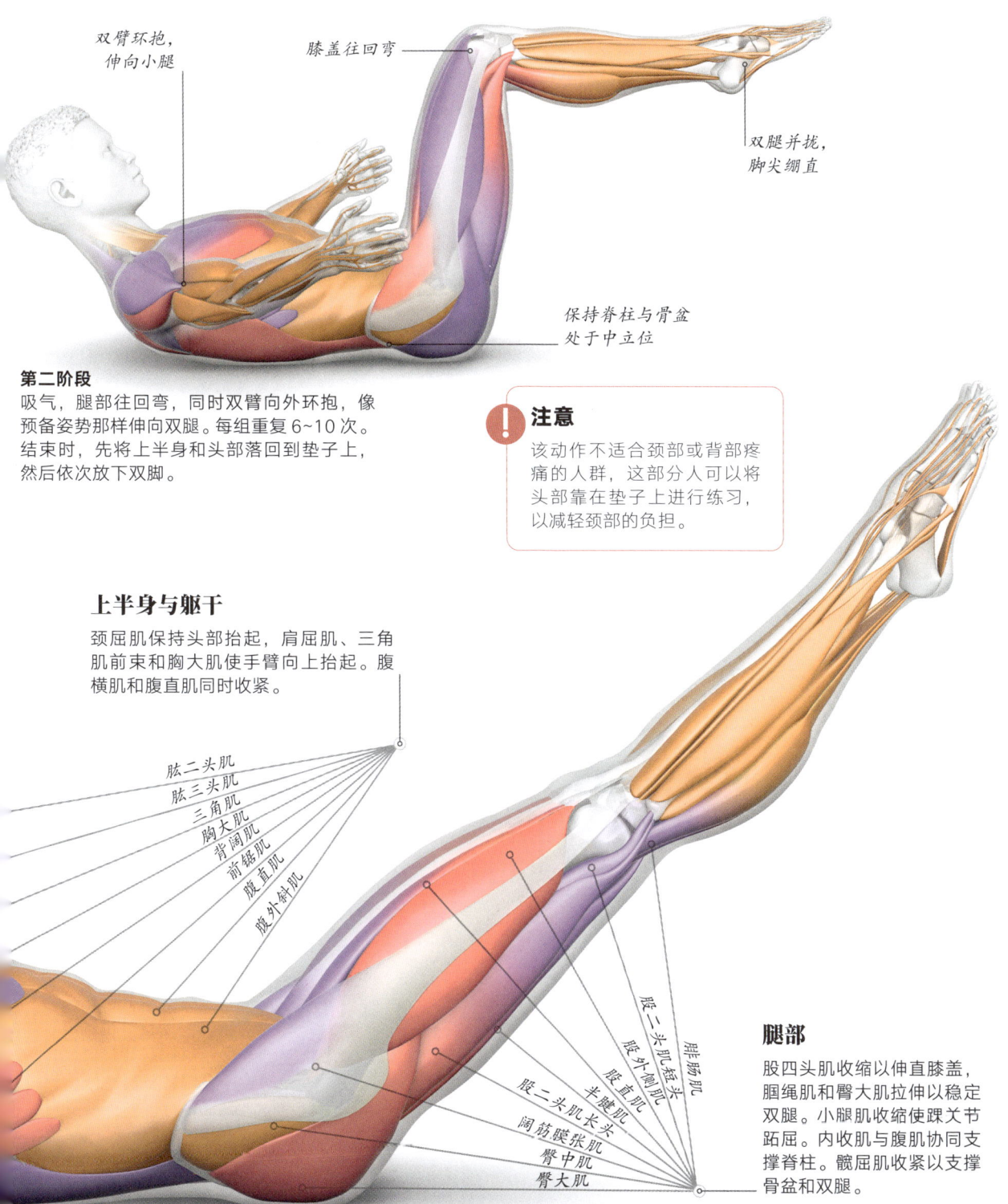

双臂环抱，伸向小腿

膝盖往回弯

双腿并拢，脚尖绷直

保持脊柱与骨盆处于中立位

第二阶段
吸气，腿部往回弯，同时双臂向外环抱，像预备姿势那样伸向双腿。每组重复6~10次。结束时，先将上半身和头部落回到垫子上，然后依次放下双脚。

> **注意**
> 该动作不适合颈部或背部疼痛的人群，这部分人可以将头部靠在垫子上进行练习，以减轻颈部的负担。

上半身与躯干
颈屈肌保持头部抬起，肩屈肌、三角肌前束和胸大肌使手臂向上抬起。腹横肌和腹直肌同时收紧。

肱二头肌
肱三头肌
三角肌
胸大肌
背阔肌
前锯肌
腹直肌
腹外斜肌

腓肠肌
股二头肌短头
股外侧肌
股直肌
半腱肌
股二头肌长头
阔筋膜张肌
臀中肌
臀大肌

腿部
股四头肌收缩以伸直膝盖，腘绳肌和臀大肌拉伸以稳定双腿。小腿肌收缩使踝关节跖屈。内收肌与腹肌协同支撑脊柱。髋屈肌收紧以支撑骨盆和双腿。

变式动作

这些变式可以以不同的强度练习长臂杠杆和腿部杠杆动作,然后再加入卷腹动作(见第42页)。在进阶到具有挑战性的双腿拉伸动作之前,要确定你已经掌握了正确的呼吸模式。

图例
● 主要目标肌肉　● 次要目标肌肉

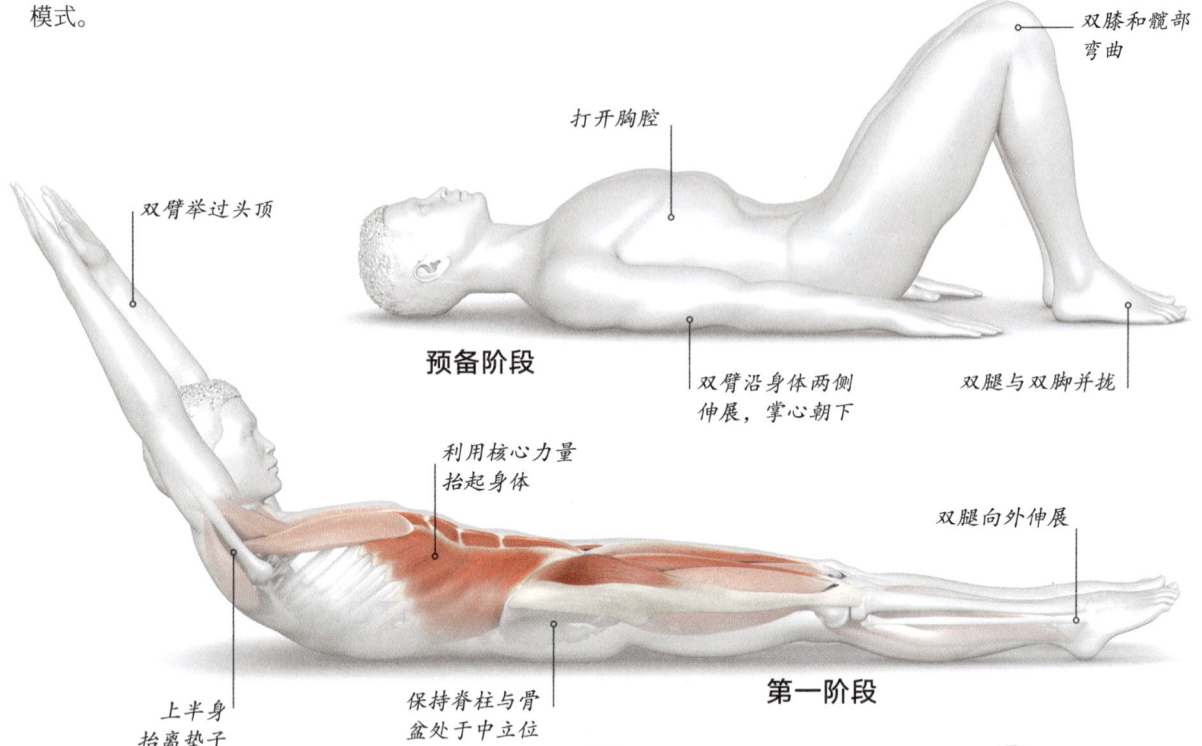

双腿拉伸预备式

虽然双腿没有抬离垫子,但该动作需要很强的核心力量才能在腿部向外伸展时保持脊柱中立位。可以在练习时将头部和上半身平放在垫子上以降低难度。

预备阶段
仰卧,使脊柱和骨盆处于中立位,髋部和膝盖弯曲,双腿内侧贴紧,双臂靠在身体两侧向下肢伸展。

第一阶段
头部、颈部和上半身抬离垫子,双臂前伸。呼气,双腿贴着垫子向外伸展,同时双臂举过头顶。

第二阶段
吸气,双臂前伸,双腿弓起至起始位置,双手轻触小腿,重复6~10次。

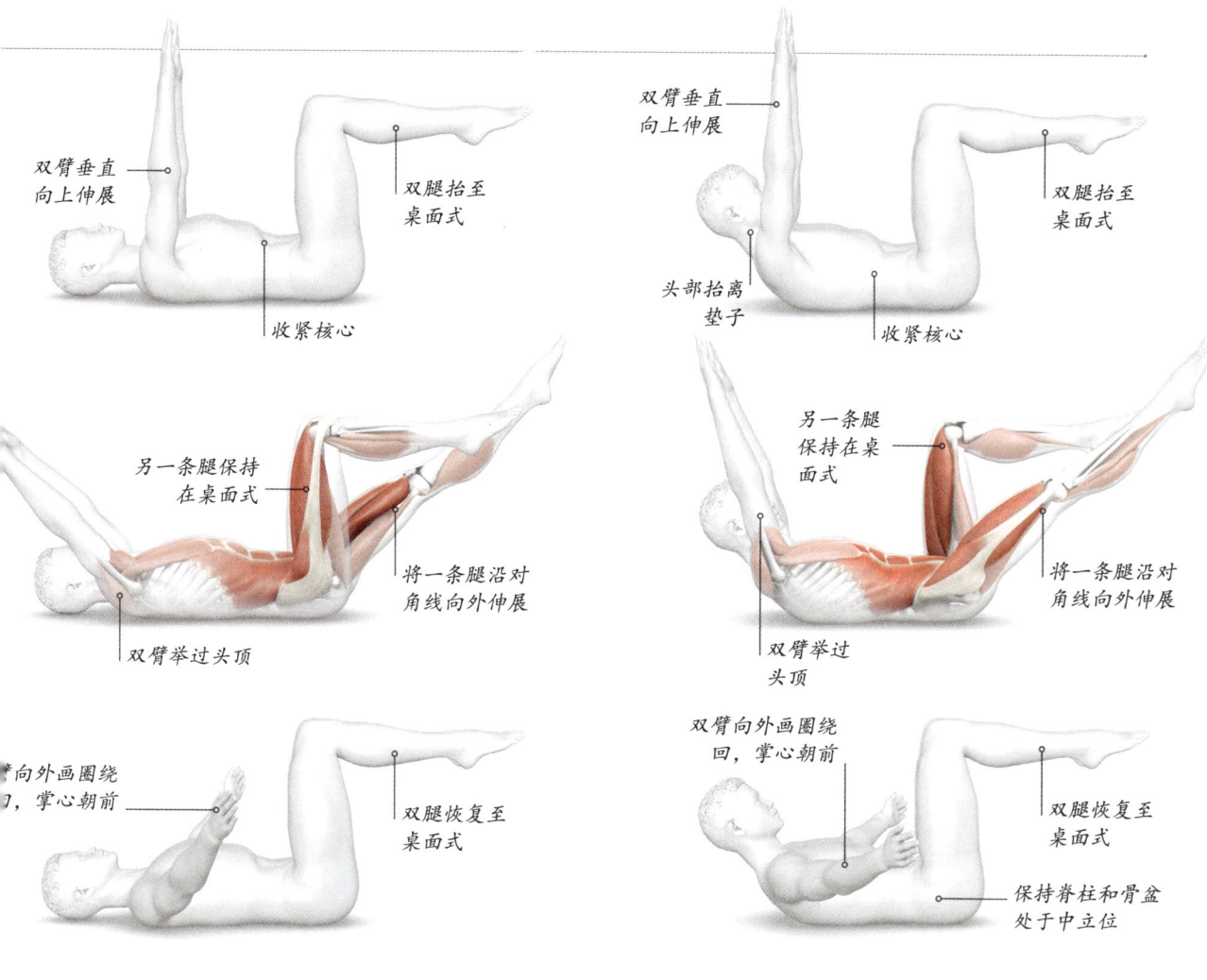

单腿协调式

该变式在移动双臂的同时只动单腿,对身体协调性的要求较高。伸展时,用核心肌群支撑身体。保持伸展的腿在高位对角线位置。

预备阶段
仰卧,使脊柱和骨盆处于中立位,双腿抬至桌面式,与髋同宽,双臂垂直向上伸展,收紧核心。

第一阶段
呼气,一条腿沿对角线向外伸展,同时双臂举过头顶。

第二阶段
吸气,双臂向外画圈绕回,双腿恢复至桌面式。换另一条腿重复此动作,交替双腿重复6~10次。然后回到预备姿势。

卷腹式

该变式与单腿协调式相同,但是需要抬起头部与上半身,以增加腹部的负荷。保持颈部伸直,眼睛看向膝盖。

预备阶段
仰卧,使脊柱和骨盆处于中立位,双腿抬至桌面式,与髋同宽。头部与上半身抬离垫子,双臂垂直向上伸展。

第一阶段
收紧核心。呼气,一条腿沿对角线向外伸展,同时双臂举过头顶。

第二阶段
吸气,手臂向外画圈绕回,双腿恢复至桌面式,换另一条腿重复该动作,交替双腿重复6~10次。

普拉提运动解剖学

分腿摇摆

分腿摇摆的难度在于保持相同基本姿势的同时，身体平稳地前后摆动。该动作对腹部力量以及脊柱和腘绳肌的伸展性都有要求，对于既需要锻炼力量又需要提升柔韧性的人来说是很好的练习。

动作定睛

在进行分腿摇摆时，保持身体部位之间的距离和肌肉的收紧非常重要。比如，要确保手臂和双腿之间保持距离，可以防止双腿举过头顶时向头部方向倒下。同时腹部肌肉也要保持收紧，以稳定躯干。

图例
- ●-- 关节
- ○— 肌肉
- ● 向心收缩的肌肉
- ● 离心收缩的肌肉
- ● 无张力下被拉长的肌肉
- ● 等长收缩的肌肉

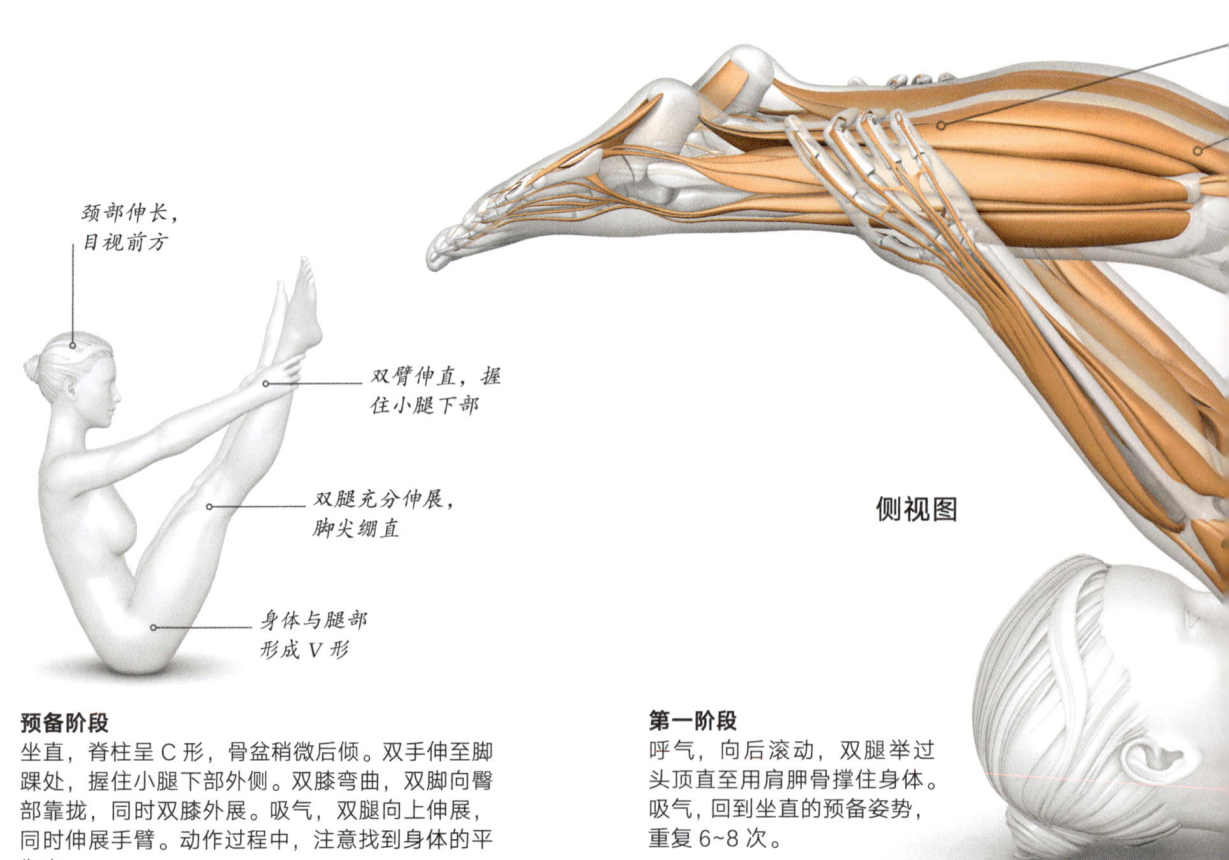

颈部伸长，目视前方

双臂伸直，握住小腿下部

双腿充分伸展，脚尖绷直

身体与腿部形成 V 形

侧视图

预备阶段
坐直，脊柱呈 C 形，骨盆稍微后倾。双手伸至脚踝处，握住小腿下部外侧。双膝弯曲，双脚向臀部靠拢，同时双膝外展。吸气，双腿向上伸展，同时伸展手臂。动作过程中，注意找到身体的平衡点。

第一阶段
呼气，向后滚动，双腿举过头顶直至用肩胛骨撑住身体。吸气，回到坐直的预备姿势，重复 6~8 次。

> **注意**
> 该动作需要滚动，所以不适合骨质疏松、脊柱侧弯及颈椎或腰椎有问题的人群。在练习分腿摇摆之前，请检查腿筋的伸展性和身体呈V形时的舒适度。如果双手够不到脚踝，可以放到膝盖后方。和所有倒立动作一样，该动作也不建议孕妇进行练习。

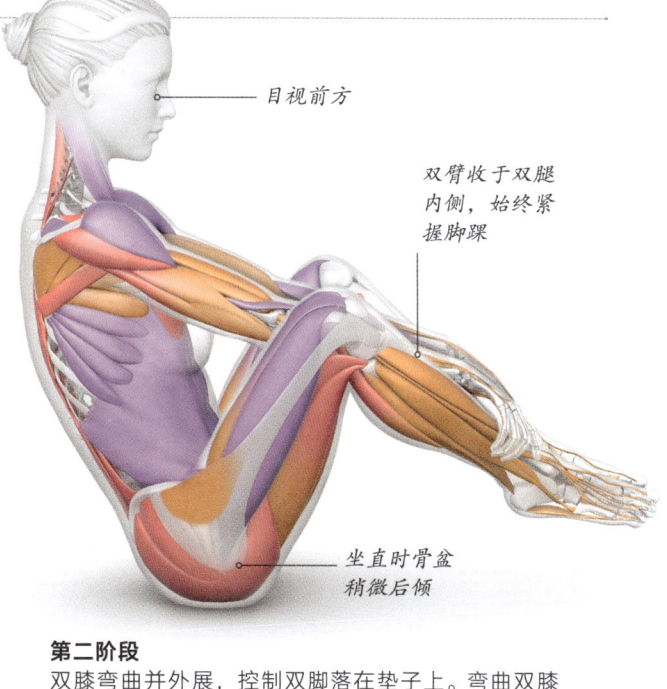

腿部
腘绳肌使膝盖伸直，股四头肌稳定大腿。腓肠肌收缩使脚尖绷直。髋外展肌保持双腿分开，同时内收肌被拉伸。

标注：比目鱼肌、腓肠肌、半腱肌、股二头肌长头、股外侧肌、股直肌、阔筋膜张肌、臀大肌、臀中肌

- 目视前方
- 双臂收于双腿内侧，始终紧握脚踝
- 坐直时骨盆稍微后倾

第二阶段
双膝弯曲并外展，控制双脚落在垫子上。弯曲双膝时，双臂收于双腿内侧，始终紧握脚踝。松开双手，结束动作。

> 通过脊柱进行平稳地滚动，双腿绷直并分开以保持此姿势。

标注：髂肋肌、腰方肌、腹外斜肌、腹直肌、胸大肌、肱三头肌、前锯肌、大圆肌、三角肌

上半身
当双臂内收握住脚踝时，胸大肌被激活。肱三头肌负责保持肘部伸直。腹横肌激活以稳定脊柱，腹直肌激活使脊柱弯曲。脊柱伸肌被拉伸。

普拉提运动解剖学

天鹅潜水

　　天鹅潜水是一个优雅的普拉提高级动作，对身体惯性控制能力要求极高。该动作可以强化背部力量，打开胸腔，伸展躯干前侧肌肉。做该动作前，建议先做一组眼镜蛇式动作（见第164页），让脊柱为大幅度的伸展动作做好准备。

动作点睛

　　该动作要求从上背部到脚部的全身后侧肌肉都参与进来，以确保身体在摇摆时能够保持稳定的姿势。训练者在前后摇摆时应努力保持平稳的节奏，防止动作不协调或往前倾倒。在完成该脊柱伸展动作之后，进行婴儿式伸展（见第41页）可以很好地放松身体。

大腿和小腿

髋伸肌帮助抬起双腿，髋屈肌拉长。股四头肌伸展膝关节，腘绳肌激活。小腿后群肌发力，使踝关节跖屈。

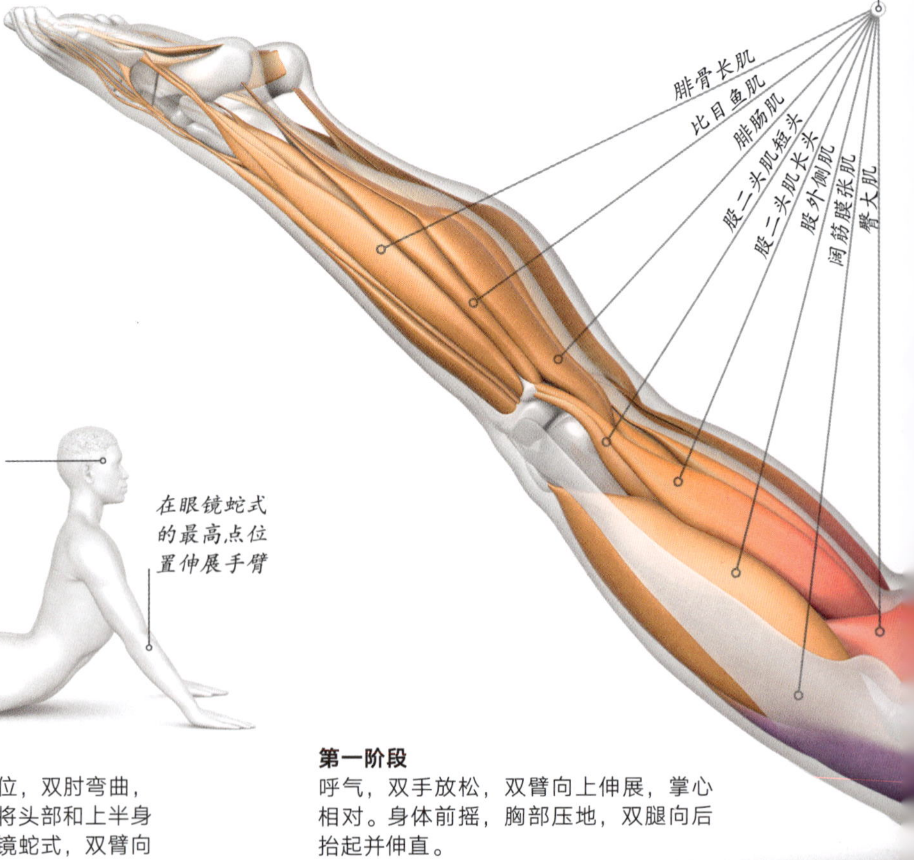

- 腓骨长肌
- 比目鱼肌
- 腓肠肌
- 股二头肌长头
- 股二头肌短头
- 股外侧肌
- 阔筋膜张肌
- 臀大肌

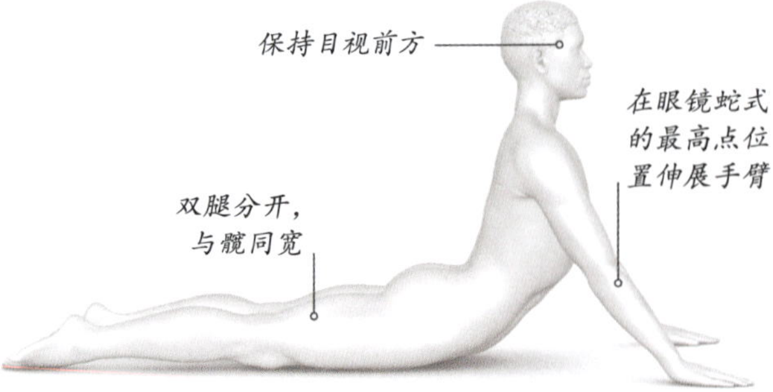

- 保持目视前方
- 在眼镜蛇式的最高点位置伸展手臂
- 双腿分开，与髋同宽

预备阶段
俯卧，使脊柱和骨盆处于中立位，双肘弯曲，将双手放在肩部下方。吸气，将头部和上半身从垫子上抬起并拉长，变成眼镜蛇式，双臂向外伸展。

第一阶段
呼气，双手放松，双臂向上伸展，掌心相对。身体前摇，胸部压地，双腿向后抬起并伸直。

天鹅潜水的重点在于双腿向上抬起，向远处延伸。

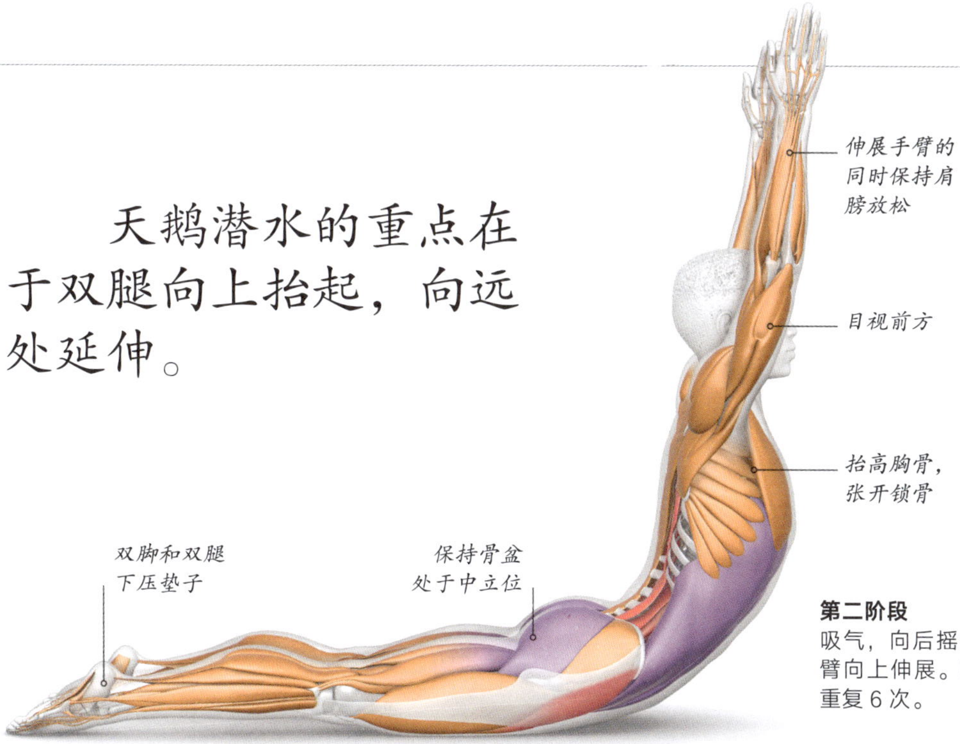

伸展手臂的同时保持肩膀放松

目视前方

抬高胸骨，张开锁骨

图例
- -- 关节
- ○— 肌肉
- 🔴 向心收缩的肌肉
- 🟣 离心收缩的肌肉
- 🔵 无张力下被拉长的肌肉
- 🟠 等长收缩的肌肉

双脚和双腿下压垫子

保持骨盆处于中立位

第二阶段
吸气，向后摇摆，胸部向上抬起，手臂向上伸展。同时，双腿下压垫子。重复6次。

躯干和手臂

三角肌前束抬高肩膀，胸大肌发力打开胸腔。斜方肌与菱形肌激活使肩胛骨内收，前锯肌稳定肩胛骨。肱三头肌使肘关节伸展。

! 注意

天鹅潜水动作要求训练者具有一定的身体控制力，因此不适合颈椎或腰椎有问题的人群。做该动作时，确保脊柱全程伸展以及保持核心收紧来避免脊柱受伤。如果感到轻微的背部不适，可以尝试加大双腿分开距离以减少对骨盆的压迫。

指伸肌
肱三头肌
三角肌
斜方肌
大圆肌
胸大肌
前锯肌
腰方肌
腹外斜肌

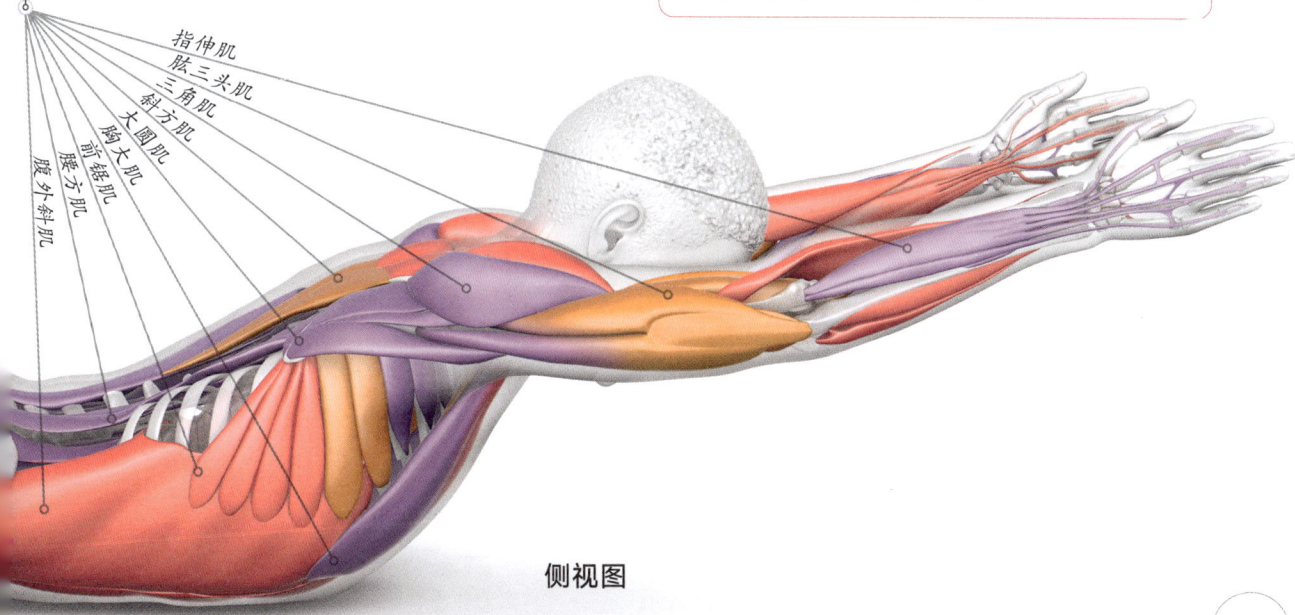

侧视图

》变式动作

本页的两种变式侧重于激活颈部和肩胛骨肌肉,这是在身体摇摆时维持上半身稳定的基本技巧。天鹅潜水预备式侧重于提高身体控制力,以控制身体轻轻摇摆。

图例
- 主要目标肌肉
- 次要目标肌肉

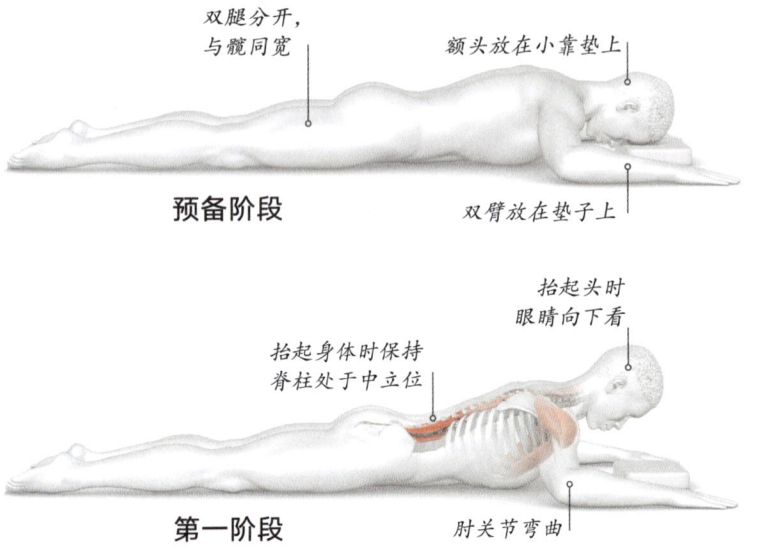

预备阶段
- 双腿分开,与髋同宽
- 额头放在小靠垫上
- 双臂放在垫子上

第一阶段
- 抬起身体时保持脊柱处于中立位
- 抬起头时眼睛向下看
- 肘关节弯曲

上半身式

抬头时,下巴微收,颈部伸长。在整个运动过程中,放松肩胛骨并保持动作。仅通过手臂施加轻微压力。

预备阶段
俯卧,保持脊柱和骨盆处于中立位,双腿分开与髋同宽。手臂向前,肘关节弯曲,前臂放在垫子上,掌心朝下。额头放在小靠垫上,保持颈椎处于中立位。

第一阶段
呼气,将头部、颈部和胸部抬离垫子,保持这个姿势直至完成一次深呼吸。

第二阶段
呼气,将头部、颈部和胸部放回到垫子上,重复6~8次。

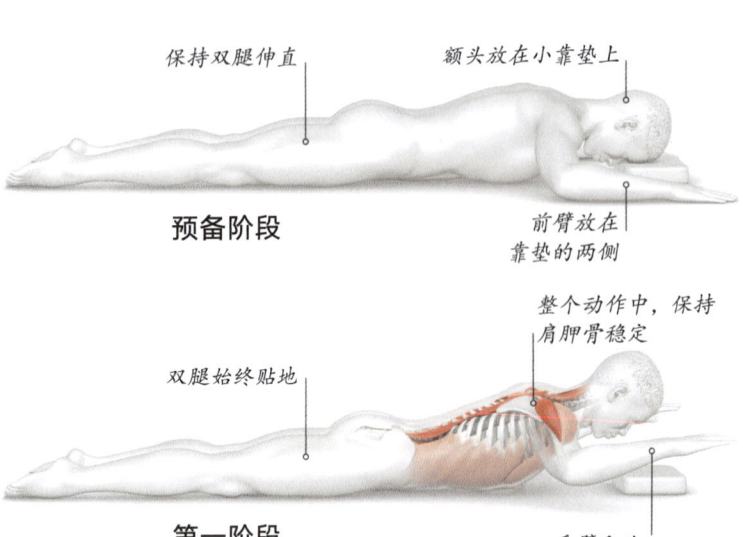

预备阶段
- 保持双腿伸直
- 额头放在小靠垫上
- 前臂放在靠垫的两侧

第一阶段
- 双腿始终贴地
- 整个动作中,保持肩胛骨稳定
- 手臂和头一起抬离垫子

上半身与手臂式

头和手臂向上抬起时,专注于收紧核心肌群。做该动作时,注意不要伸展下背部。

预备阶段
俯卧,使脊柱和骨盆处于中立位,双腿分开与髋同宽。手臂向前,肘关节弯曲,前臂放在垫子上,掌心向下。注意保持颈部伸长。

第一阶段
呼气,将头部、颈部、胸部以及手臂抬离垫子,保持这个姿势直至完成一次深呼吸。

第二阶段
呼气,将头部、颈部、胸部以及手臂放回到垫子上。重复6~8次。

天鹅潜水预备式

保持脊柱伸展,以免下背部受压,双腿向远处伸展。身体向前摆动时,核心肌群和臀肌发力,使双腿继续向后上方伸展。轻轻地通过双臂支撑上半身。

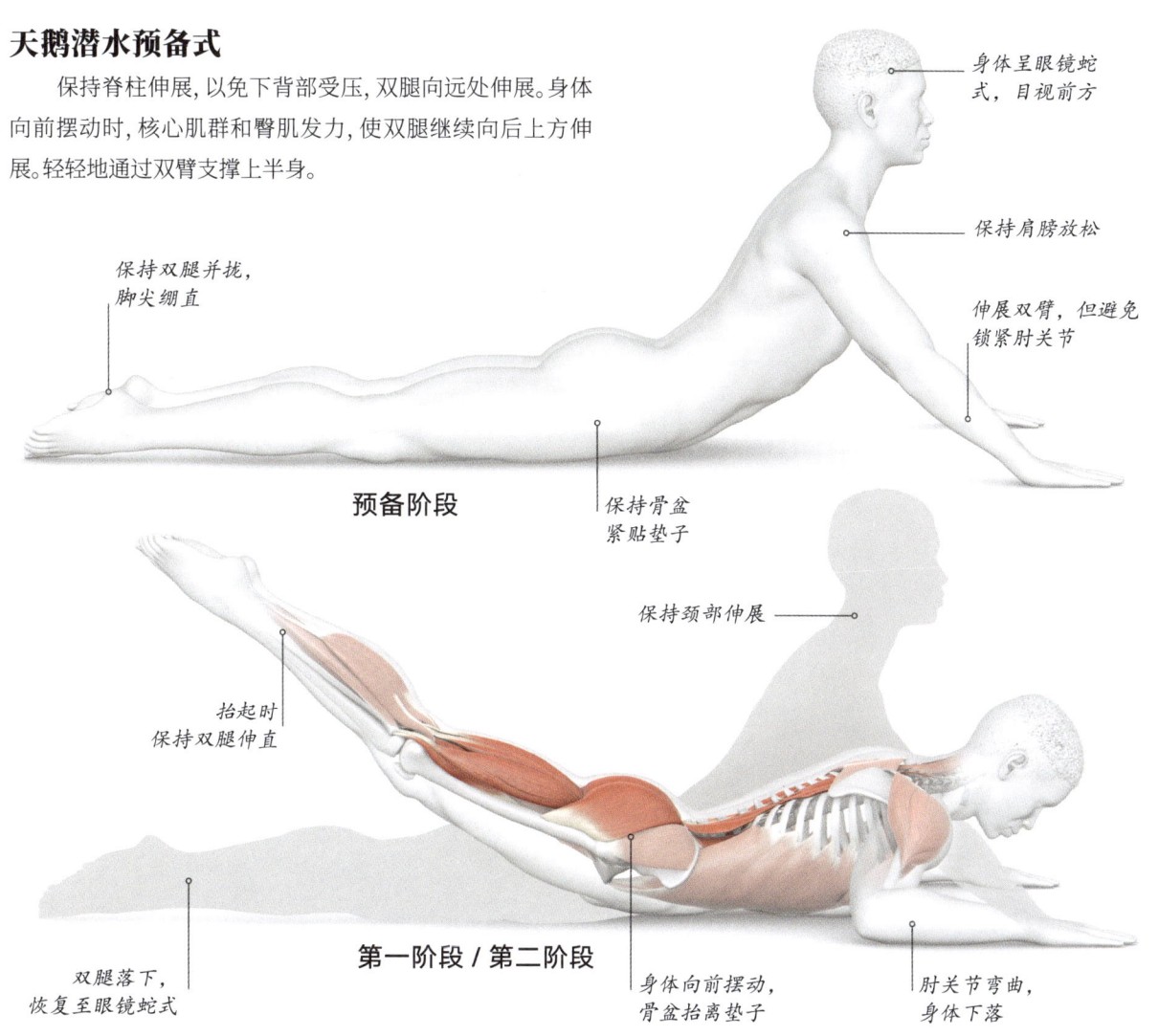

预备阶段
俯卧在垫子上,上半身抬起呈眼镜蛇式(见第164页)。

第一阶段
呼气,肘关节弯曲,上半身靠向垫子。身体前倾至胸部紧贴垫子,双腿向后伸直并抬起。

第二阶段
吸气,上半身抬起,恢复至眼镜蛇式,双手下压垫子,使胸部向上抬起,双腿回落至垫子上。重复6次。

保持稳定的姿势和平稳的呼吸有助于身体在前后摇摆时保持平稳的节奏。

普拉提运动解剖学

单腿上踢

单腿上踢属于下肢练习，可以强化臀肌和腘绳肌，同时拉伸髋部并伸展股四头肌。该动作需要保持骨盆稳定，避免脊柱受腿部运动的影响，适合那些需要训练下肢力量和增强骨盆稳定性的人群。

动作点睛

通过枕骨与尾骨的反向牵伸，建立核心神经肌肉控制链接。收紧核心肌群，以防止躯干下塌并避免下背部受压。在整个动作中，手臂始终下压垫子以保持身体稳定，上背部肌肉收紧以打开胸腔。如果难以保持胸部抬高，可以将头放在前臂上，从初阶版单腿上踢开始练习。

图例
- ●-- 关节
- ○— 肌肉
- ● 向心收缩的肌肉
- ● 离心收缩的肌肉
- ● 无张力下被拉长的肌肉
- ● 等长收缩的肌肉

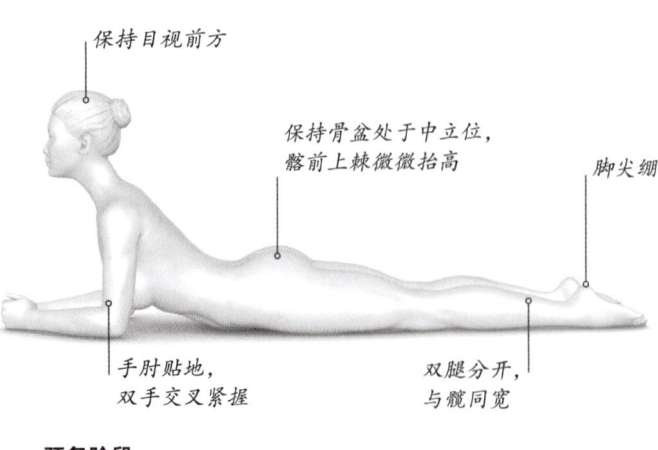

保持目视前方

保持骨盆处于中立位，髂前上棘微微抬高

脚尖绷直

手肘贴地，双手交叉紧握

双腿分开，与髋同宽

预备阶段

俯卧，胸部抬起，肘关节放在肩膀下方，两肘之间的距离略宽于肩。脊柱向上延展，胸部和髂前上棘抬离垫子。双腿向后伸直，与髋同宽，脚尖绷直。双手在身前交叉紧握。

> **注意**
>
> 这个动作适合大部分人,但是剧烈背痛患者应尽量避免该动作,以防腿部的冲击力牵连到脊柱。如果难以保持骨盆中立位,可以试着在骨盆下面放一个小垫子,帮助骨盆和脊柱保持中立位,并为脊柱提供更多支撑。

变式动作

初阶版单腿上踢

头部放在前臂上

第一阶段

预备阶段
俯卧,前臂叠放在一起,额头靠在上面。保持骨盆和脊柱处于中立位。双腿向后伸直,与髋同宽,脚尖绷直。

第一阶段
呼气,左膝弯曲,脚跟向臀部靠拢,然后左腿向臀部方向弹动 3 次。

第二阶段
吸气,将左腿放回垫子上。换右腿重复这个动作,双腿交替重复 6 次。

上半身

颈伸肌伸展颈部,颈深屈肌支撑头部。胸大肌拉伸以打开胸腔。下斜方肌使肩胛骨后缩,前锯肌使肩胛骨保持稳定。

- 髂肋肌
- 颈夹肌
- 三角肌前束
- 三角肌中束
- 胸大肌
- 肱肌

大腿和小腿

臀肌负责稳定骨盆。腘绳肌使膝关节弯曲,同时髋屈肌和股四头肌拉长。小腿后肌群发力使踝关节跖屈,背屈肌拉长。

- 腓骨长肌
- 腓肠肌
- 臀大肌
- 肱二头肌长头
- 阔筋膜张肌
- 股外侧肌

第一阶段
呼气,左膝弯曲,脚跟向臀部靠拢,然后左腿向臀部方向弹动 3 次。吸气,将左腿放回垫子上。换右腿重复这个动作,双腿交替重复 6 次。

侧前视图

双腿上踢

该动作可以打开胸腔，同时激活全身肌肉，强化上背部肌肉和髋伸肌的力量。做该动作时上、下半身需相互协调以保持训练节奏稳定。

动作点睛

在整个动作过程中通过收紧核心来保持骨盆稳定，防止躯干随上下半身动作移动。控制双腿下放速度，以充分锻炼腘绳肌，并保持骨盆稳定。在第二阶段，专注于胸部抬起动作，保持颈部与脊柱处于同一条直线上，避免颈部因伸展过度造成拉伤。

图例
- ●-- 关节
- ○— 肌肉
- ● 向心收缩的肌肉
- ● 离心收缩的肌肉
- ● 无张力下被拉长的肌肉
- ● 等长收缩的肌肉

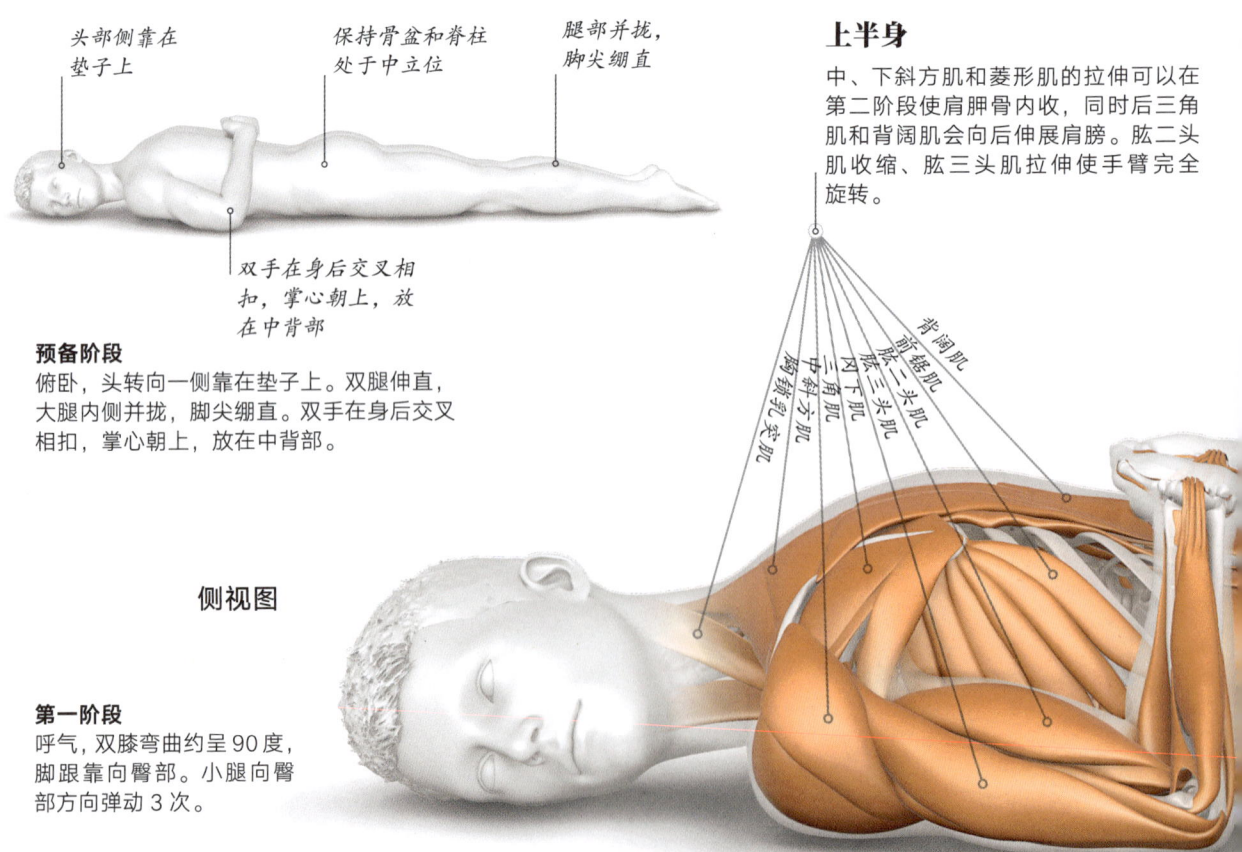

头部侧靠在垫子上

保持骨盆和脊柱处于中立位

腿部并拢，脚尖绷直

双手在身后交叉相扣，掌心朝上，放在中背部

预备阶段
俯卧，头转向一侧靠在垫子上。双腿伸直，大腿内侧并拢，脚尖绷直。双手在身后交叉相扣，掌心朝上，放在中背部。

侧视图

第一阶段
呼气，双膝弯曲约呈90度，脚跟靠向臀部。小腿向臀部方向弹动3次。

上半身
中、下斜方肌和菱形肌的拉伸可以在第二阶段使肩胛骨内收，同时后三角肌和背阔肌会向后伸展肩膀。肱二头肌收缩、肱三头肌拉伸使手臂完全旋转。

背阔肌
竖脊肌
肱三头肌
冈下肌
三角肌
中斜方肌
胸锁乳突肌

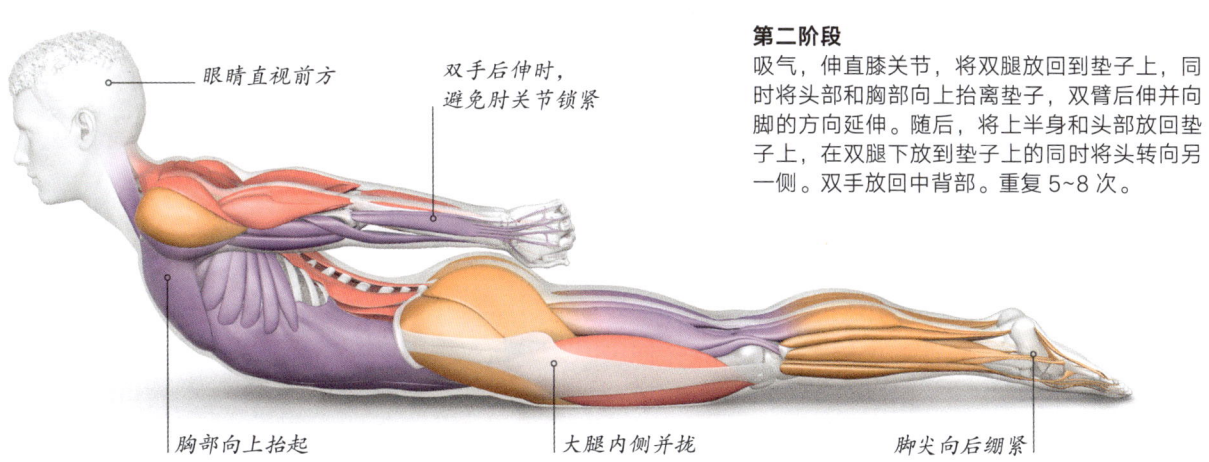

第二阶段

吸气，伸直膝关节，将双腿放回到垫子上，同时将头部和胸部向上抬离垫子，双臂后伸并向脚的方向延伸。随后，将上半身和头部放回垫子上，在双腿下放到垫子上的同时将头转向另一侧。双手放回中背部。重复5~8次。

- 眼睛直视前方
- 双手后伸时，避免肘关节锁紧
- 胸部向上抬起
- 大腿内侧并拢
- 脚尖向后绷紧

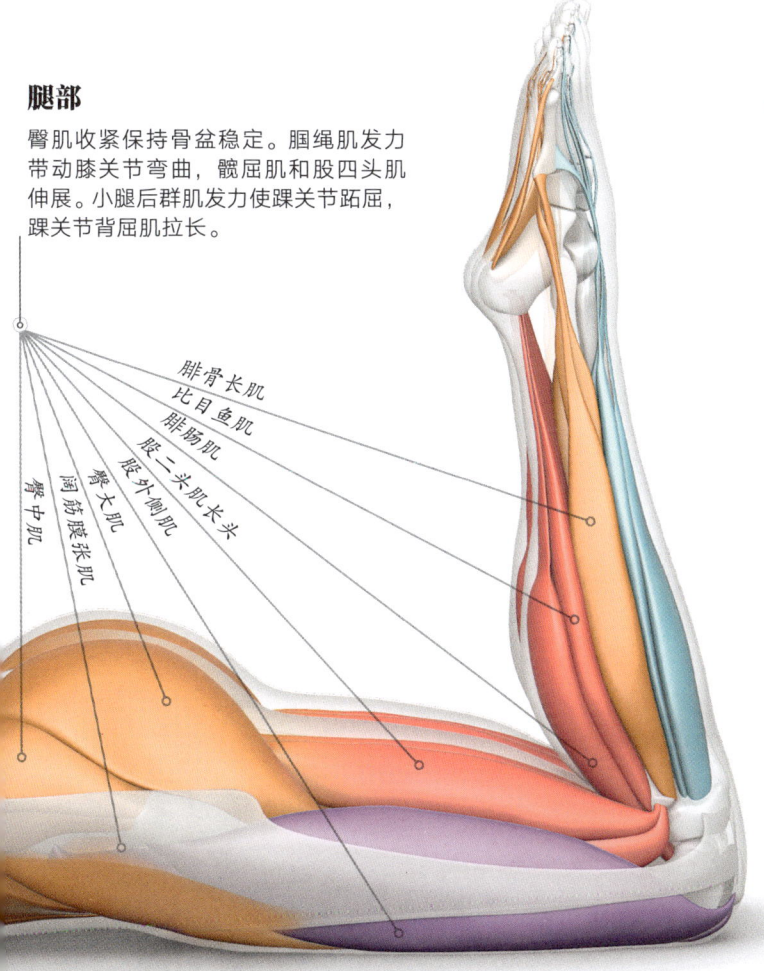

腿部

臀肌收紧保持骨盆稳定。腘绳肌发力带动膝关节弯曲，髋屈肌和股四头肌伸展。小腿后群肌发力使踝关节跖屈，踝关节背屈肌拉长。

- 腓骨长肌
- 比目鱼肌
- 腓肠肌
- 股二头肌长头
- 股外侧肌
- 阔筋膜张肌
- 臀中肌

❗ 注意事项

下背部疼痛患者不适合做这个动作。该动作属于深度伸展练习，可以通过脊柱伸展等屈曲动作来进行平衡（见第158页）。

> 注重呼吸与动作相协调，保持动作流畅、节奏稳定。

普拉提运动解剖学

空中剪刀

空中剪刀是普拉提的经典动作之一，其有助于增强核心肌群和骨盆的稳定性。做该动作时，双腿交叉呈剪刀状。该动作包含倒立和长腿杠杆姿势，难度较大，初学者可以从一些较为简单的变式动作开始练习。

> **! 注意**
> 如果你患有下背部疼痛，那么单腿抬起式和交替抬腿式是最适合你的变式动作。要想完成第一阶段动作（见下图）和交替抬腿伸展式（见第 75 页），腘绳肌需要具备良好的柔韧性。

动作点睛

先在预备阶段找到平衡点，身体稳定后再进行腿部动作。双腿均匀发力沿反向伸展。确保身体重量均匀分布在肩胛骨上，而不是落在头部和颈部上。核心肌群发力支撑并稳定躯干，避免将重量集中在手肘上。

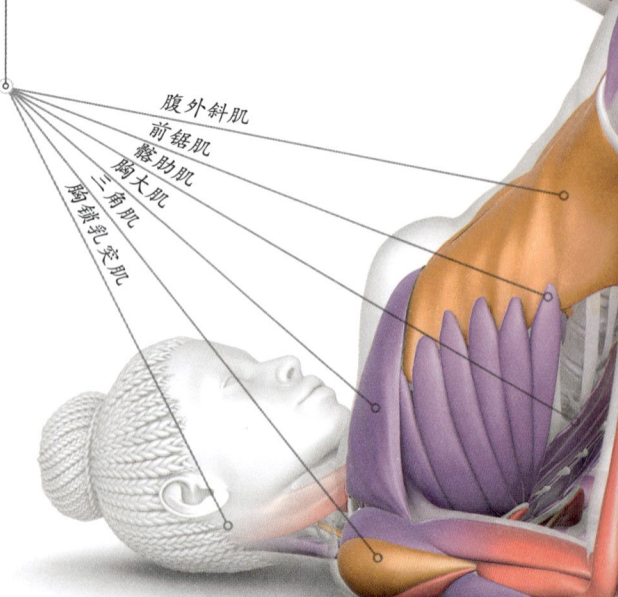

上半身和躯干
胸大肌和前锯肌负责打开胸腔。脊柱伸肌离心收缩，支撑躯干抬起。腹肌收紧以维持姿势。

腹外斜肌
前锯肌
肋间肌
胸大肌
三角肌
胸锁乳突肌

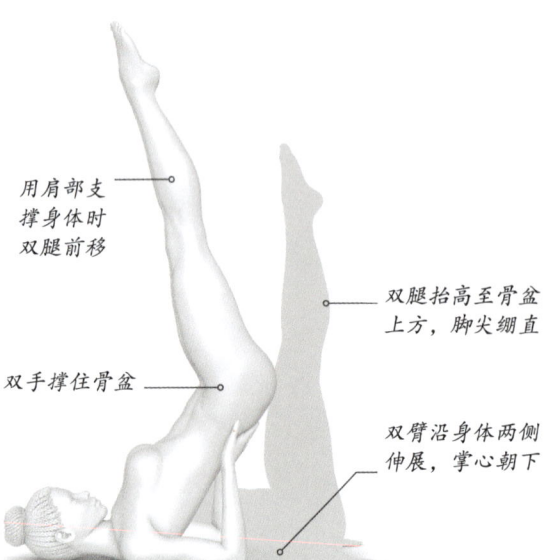

用肩部支撑身体时双腿前移

双手撑住骨盆

双腿抬高至骨盆上方，脚尖绷直

双臂沿身体两侧伸展，掌心朝下

预备阶段
仰卧，髋关节和膝关节均弯曲 90 度，呈桌面式。吸气，双腿向上伸展，骨盆抬高，身体重量落在肩胛骨上。双手支撑身体抬起。

第一阶段
呼气，双腿分开，一条腿向前伸，越过头顶，另一条腿向后伸。

腿部

髋屈肌收缩以稳定髋部。股四头肌收缩让膝关节伸展,而腘绳肌和臀大肌伸展以支撑髋部。髋外展肌激活使双腿分开。

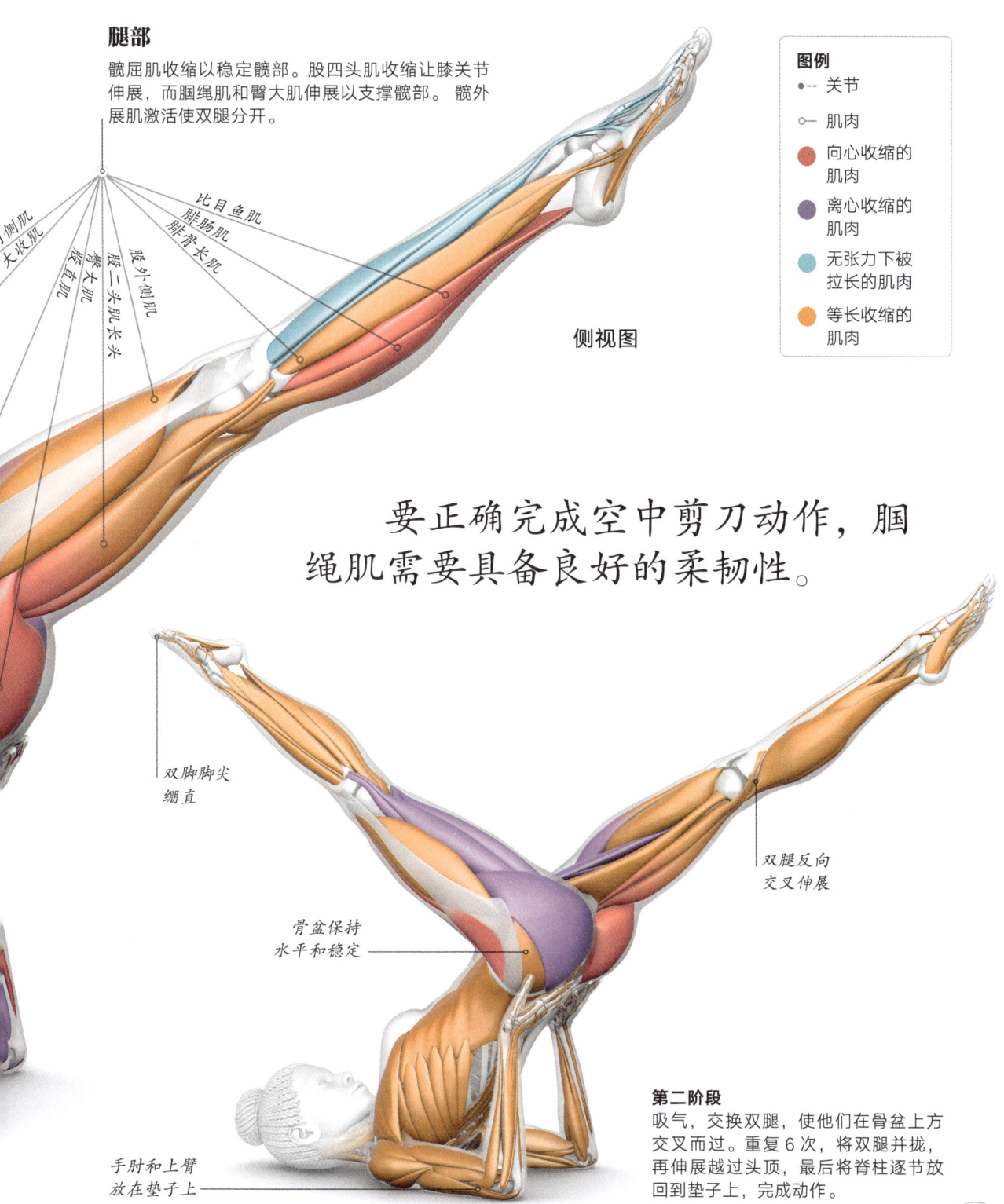

内侧肌
大收肌
比目鱼肌
腓肠肌
胫骨前肌
股外侧肌
股二头肌长头
臀大肌
股直肌

侧视图

要正确完成空中剪刀动作,腘绳肌需要具备良好的柔韧性。

双脚脚尖绷直

双腿反向交叉伸展

骨盆保持水平和稳定

手肘和上臂放在垫子上

第二阶段

吸气,交换双腿,使他们在骨盆上方交叉而过。重复6次,将双腿并拢,再伸展越过头顶,最后将脊柱逐节放回到垫子上,完成动作。

图例
- ●-- 关节
- ○— 肌肉
- ● 向心收缩的肌肉
- ● 离心收缩的肌肉
- ● 无张力下被拉长的肌肉
- ● 等长收缩的肌肉

》变式动作

这些变式动作训练的是双腿交替运动的控制力,但去掉了空中剪刀中的倒立姿势。因此,这些变式(尤其是前两种变式)非常适合初学者,以及不能或不适合倒立的人群,例如孕妇、高血压患者或脊柱有问题的人群。

图例
● 主要目标肌肉   ● 次要目标肌肉

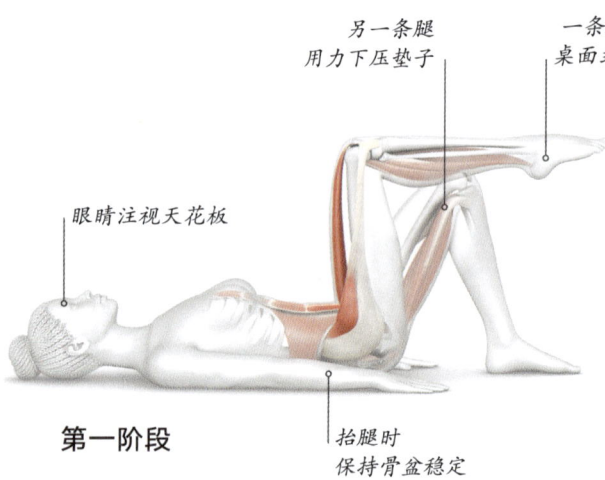

第一阶段 — 眼睛注视天花板；另一条腿用力下压垫子；一条腿抬高至桌面式；抬腿时保持骨盆稳定

第一阶段 — 双腿在空中像剪刀一样交叉运动；保持头部和颈部稳定并处于中立位；手臂沿身体两侧伸展,掌心朝下

单腿抬起式

该变式适合作为任何核心稳定性和骨盆稳定性训练的起始动作。通过将腿抬离垫子,使其成为一个开链运动,适合所有练习者用来提高身体控制力。

预备阶段
仰卧,膝关节弯曲,双脚分开与髋同宽并平放在地上,双臂放在身体两侧,掌心朝下。

第一阶段
呼气,抬起一条腿至桌面式,大小腿呈90度角,另一条腿用力下压垫子。

第二阶段
吸气,将抬起的腿放回垫子。双腿交替,重复8~10次。

交替抬腿式

双腿持续运动可以增强核心的力量和耐力。为了让动作更轻松,可以在脚尖点地时让脚跟更加靠近臀部;为了增加难度,也可以让脚远离臀部。

预备阶段
仰卧,双膝弯曲,依次将双腿向上抬起至桌面式。

第一阶段
呼气,一只脚放低至脚尖着地,然后重新抬起至桌面式,同时放低另一只脚,使双腿像剪刀一样交叉移动。

第二阶段
双腿交替,重复8~10次,呼气时做2次动作,吸气时做2次动作。

空中剪刀动作可以拉伸双腿的前后侧肌肉，从而提高髋关节和腿部关节的活动性。

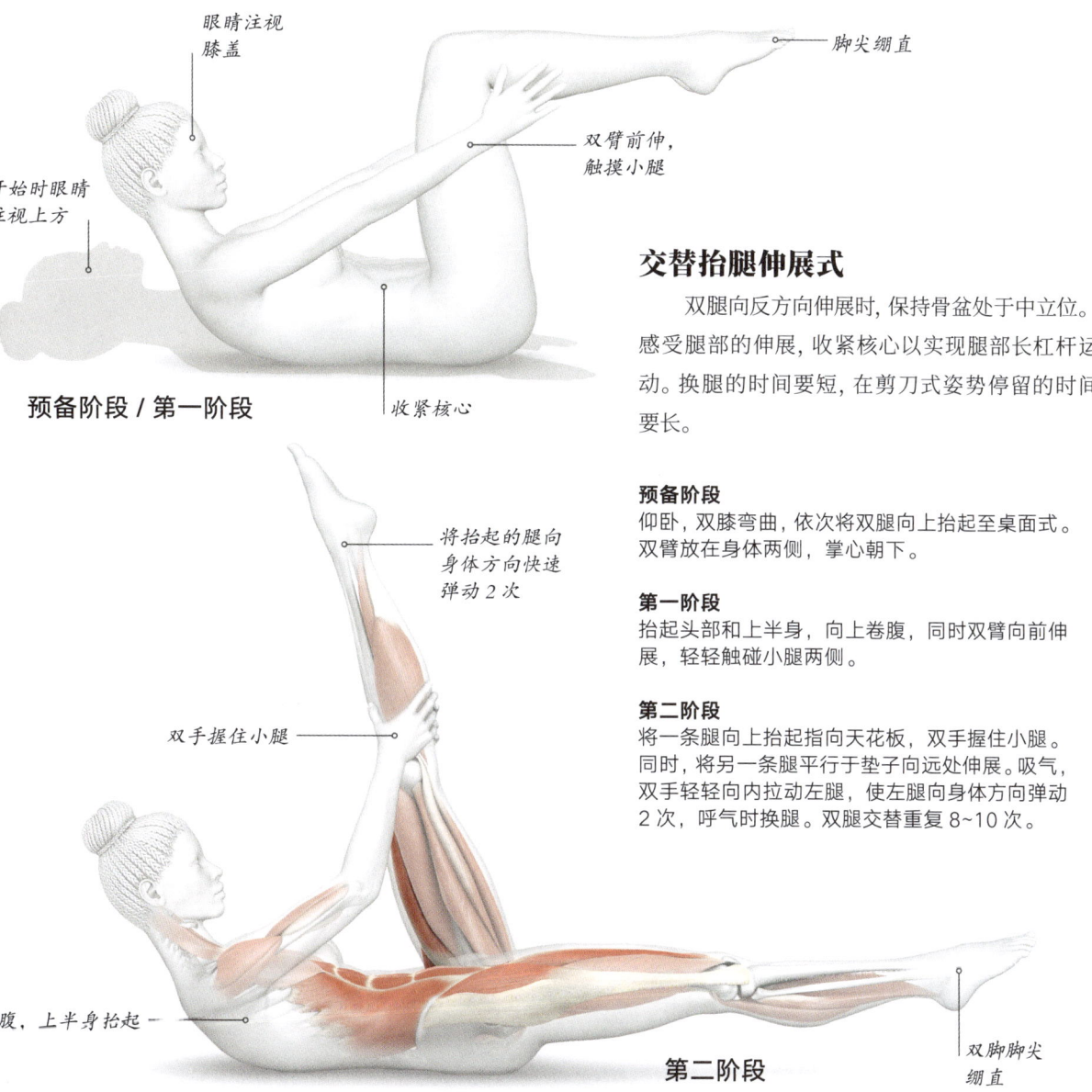

交替抬腿伸展式

双腿向反方向伸展时，保持骨盆处于中立位。感受腿部的伸展，收紧核心以实现腿部长杠杆运动。换腿的时间要短，在剪刀式姿势停留的时间要长。

预备阶段
仰卧，双膝弯曲，依次将双腿向上抬起至桌面式。双臂放在身体两侧，掌心朝下。

第一阶段
抬起头部和上半身，向上卷腹，同时双臂向前伸展，轻轻触碰小腿两侧。

第二阶段
将一条腿向上抬起指向天花板，双手握住小腿。同时，将另一条腿平行于垫子向远处伸展。吸气，双手轻轻向内拉动左腿，使左腿向身体方向弹动2次，呼气时换腿。双腿交替重复8~10次。

普拉提运动解剖学

倒踩单车

倒踩单车模仿了骑自行车的动作，是由普拉提的空中剪刀动作（见第72页）改编而来。该动作是普拉提高级动作之一，主要通过长腿杠杆来锻炼骨盆和核心肌群在倒立时的稳定性。

动作点睛

该动作需要连接核心肌群和骨盆，以保持躯干稳定。胸部和腿之间要留有空间，确保腿不会落向头部或在膝关节处弯曲。上臂下压垫子，通过激活身体后斜链来增强稳定性（见第12页）。两条腿交替10次为一个倒踩单车动作循环。如果感到肩膀难以支撑身体倒立，可以从变式开始练习。

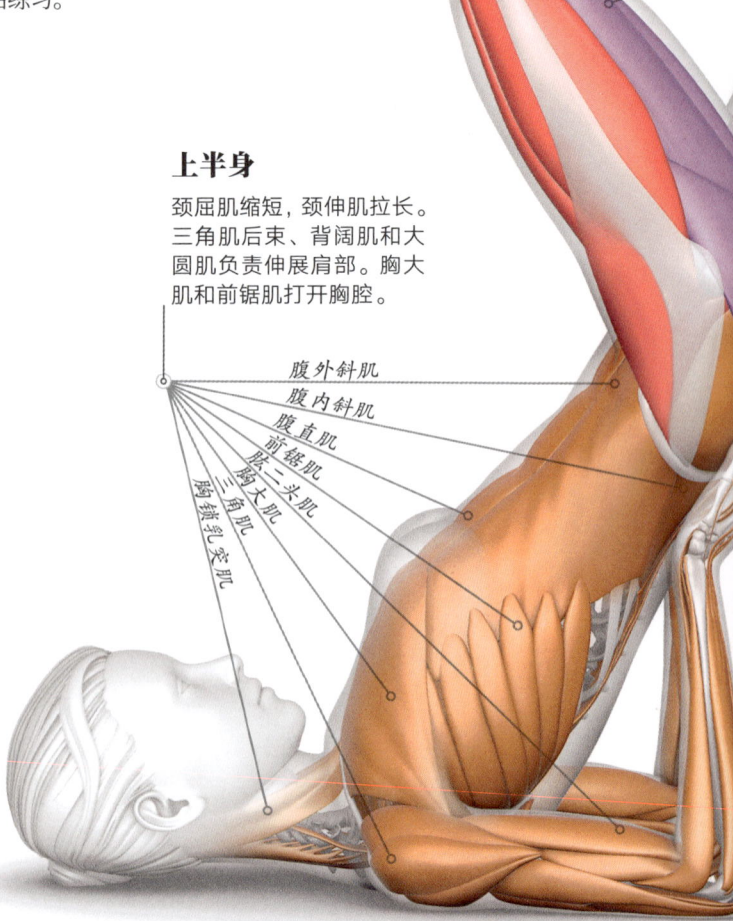

上半身

颈屈肌缩短，颈伸肌拉长。三角肌后束、背阔肌和大圆肌负责伸展肩部。胸大肌和前锯肌打开胸腔。

腹外斜肌
腹内斜肌
腹直肌
前锯肌
肱三头肌
胸大肌
胸锁乳突肌

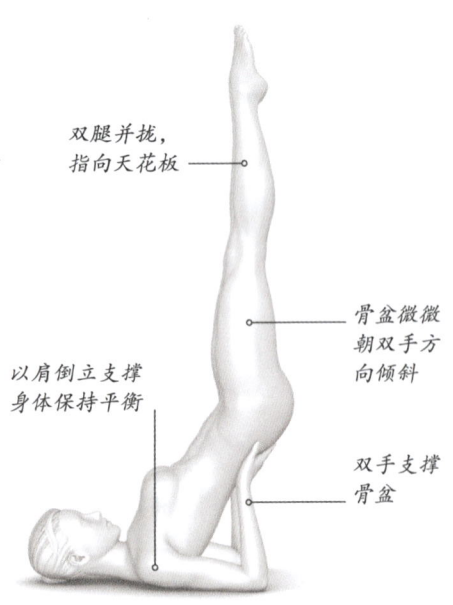

双腿并拢，指向天花板

骨盆微微朝双手方向倾斜

以肩倒立支撑身体保持平衡

双手支撑骨盆

预备阶段
仰卧，将双腿抬至桌面式，使大腿垂直于垫子。双腿向上伸展，抬至骨盆上方，吸气，然后抬起骨盆，将脊柱逐节向上卷起，使身体重量落在肩胛骨上。双手放于骨盆处。

腿部

髋屈肌在伸展腿上做向心收缩以稳定髋部，在弯曲腿上做离心收缩。股四头肌收缩使膝关节伸展，腘绳肌和臀大肌负责支撑髋部。腘绳肌使小腿屈曲。内收肌负责稳定腿部，腓肠肌收缩使脚尖绷直向下。

- 比目鱼肌
- 胫骨前肌
- 股外侧肌
- 股二头肌长头
- 股内侧肌
- 大收肌
- 臀大肌
- 腓肠肌

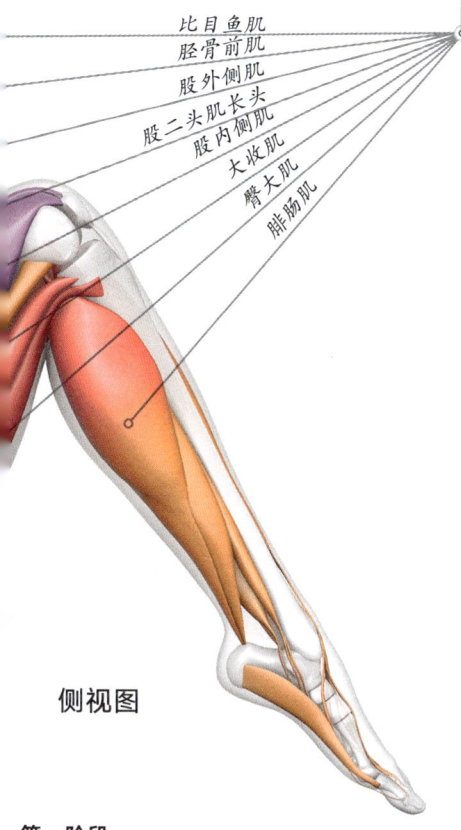

侧视图

第一阶段
呼气，双腿分开，左腿朝垫子方向下落，右腿朝身体上方伸展。弯曲左膝，脚跟靠向臀部，右腿继续向上伸展。

第二阶段
吸气，左膝靠向身体，直至位于左髋上方。同时右腿朝垫子方向下落。弯曲右膝，左腿向上伸展，双腿交替模仿踩单车的动作。

图例
- ●-- 关节
- ○— 肌肉
- ● 向心收缩的肌肉
- ● 离心收缩的肌肉
- ● 无张力下被拉长的肌肉
- ● 等长收缩的肌肉

》变式动作
初阶版倒踩单车

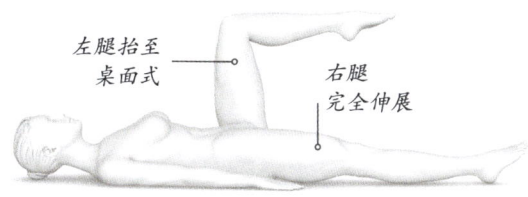

预备阶段（左腿抬至桌面式，右腿完全伸展）

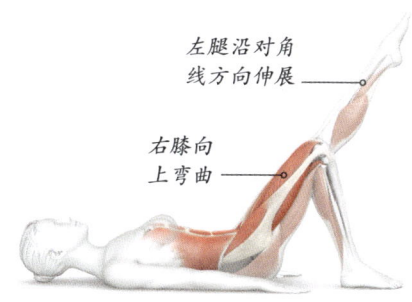

第一阶段（左腿沿对角线方向伸展，右膝向上弯曲）

预备阶段
仰卧，保持脊柱和骨盆处于中立位，髋关节和膝关节弯曲，双脚平放在垫子上。左腿抬高至桌面式，右腿贴着垫子完全伸展。

第一阶段
呼气，左腿沿对角线向斜上方伸展，同时右膝向上弯曲，右脚跟向臀部移动。

第二阶段
吸气，左腿回到桌面式，右腿回到垫子上完全伸展。重复6~8次，然后换腿，完成同样的动作。

> **！ 注意**
> 背痛或颈痛患者，以及腘绳肌柔韧性不足的人群，不适合练习该动作，因为该动作可能导致骨盆错位和下背部拉伤。

普拉提运动解剖学

肩桥

肩桥动作几乎可以锻炼到身体所有的肌肉链，无论是专业人士还是初学者都可以尝试这个动作。肩桥可以逐节活动脊柱，强化核心力量，还可以增强臀大肌的力量和耐力。

动作点睛

骨盆向上抬起呈桥状，身体保持中立位。这个姿势可以打开胸部和髋关节，并激活整个背部。注意腰椎不要过度伸展，以免拉伤。身体重量应均匀分布在肩胛骨上，避免颈部紧张。可以在双膝之间放一块泡沫砖以增加稳定性，或者双手用力下压垫子以激活背部肌肉，从而获取额外的支撑力。将脚尽量向外伸展，可以进一步锻炼腘绳肌。

下半身

腘绳肌拉长以稳定抬起的大腿。腓肠肌收缩使踝关节跖屈。股四头肌激活以稳定小腿。内收肌发力保持大腿平行。臀大肌发力维持肩桥动作。

> 肩桥动作可以增强核心力量，有利于改善体态，最大程度地减少下背部疼痛。

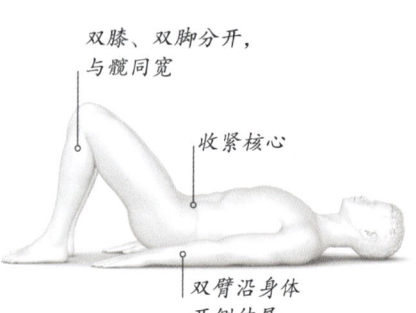

预备阶段一
仰卧，双膝、双脚分开，与髋同宽，手臂放在身体两侧。掌心朝下放在垫子上，保持头部和颈部处于中立位。慢慢收紧核心。

双膝、双脚分开，与髋同宽
收紧核心
双臂沿身体两侧伸展

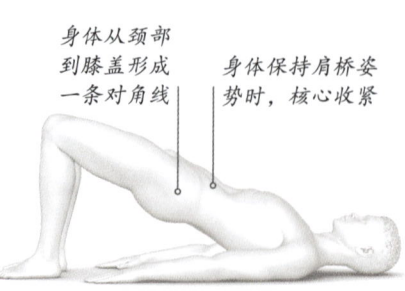

预备阶段二
呼气，慢慢地将脊柱从垫子上逐节卷起，直到身体重心落在肩胛骨上，身体呈一条对角线。

身体从颈部到膝盖形成一条对角线
身体保持肩桥姿势时，核心收紧

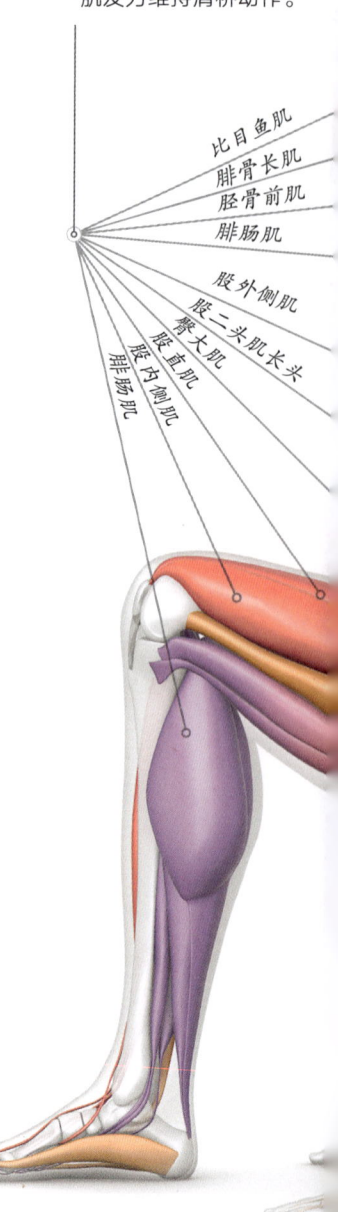

比目鱼肌
腓骨长肌
胫骨前肌
腓肠肌
股外侧肌
股二头肌长头
臀大肌
股直肌
股内侧肌
腓肠肌

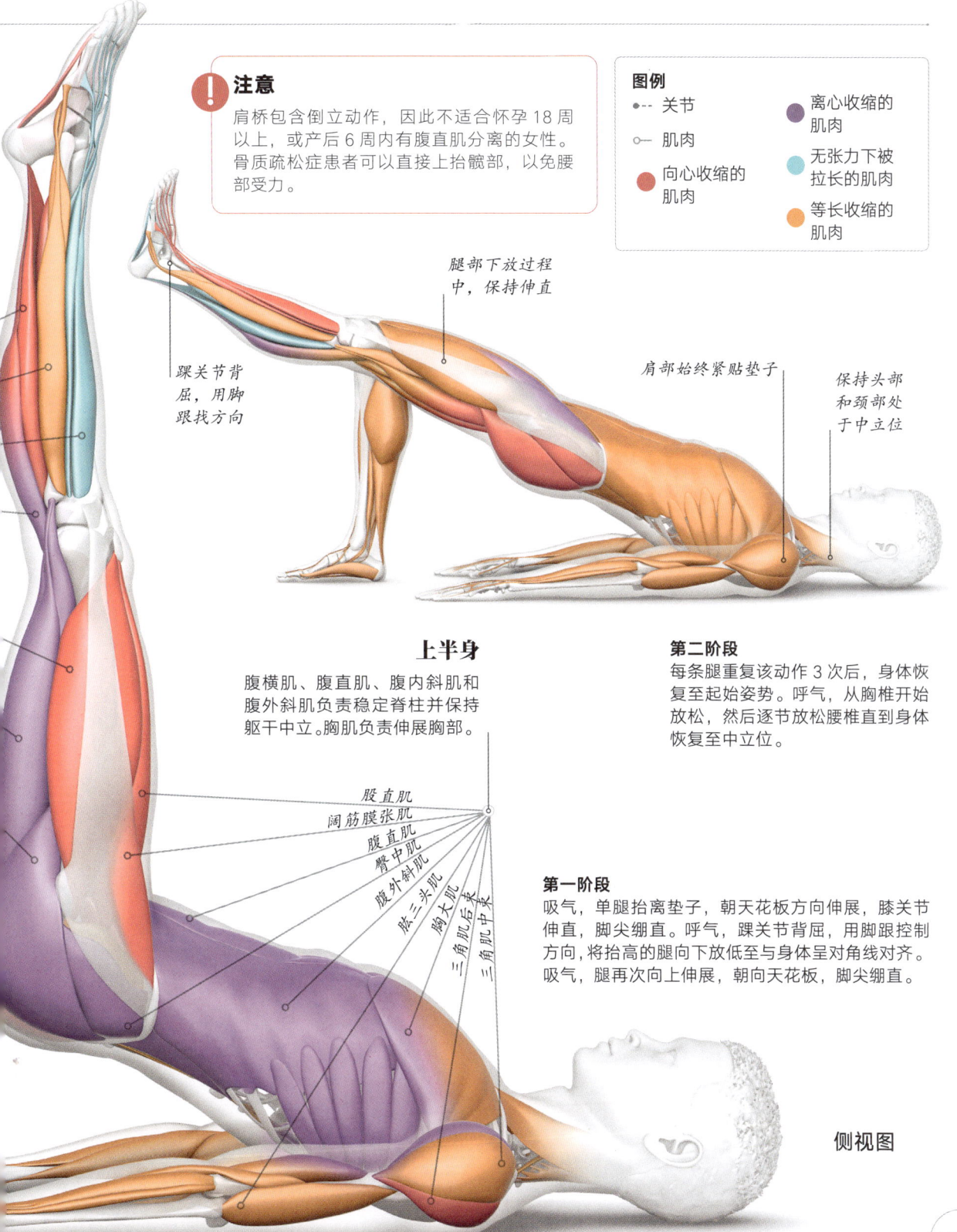

> **注意**
> 肩桥包含倒立动作,因此不适合怀孕18周以上,或产后6周内有腹直肌分离的女性。骨质疏松症患者可以直接上抬髋部,以免腰部受力。

图例
- 关节
- 肌肉
- 向心收缩的肌肉
- 离心收缩的肌肉
- 无张力下被拉长的肌肉
- 等长收缩的肌肉

踝关节背屈,用脚跟找方向

腿部下放过程中,保持伸直

肩部始终紧贴垫子

保持头部和颈部处于中立位

上半身
腹横肌、腹直肌、腹内斜肌和腹外斜肌负责稳定脊柱并保持躯干中立。胸肌负责伸展胸部。

股直肌
阔筋膜张肌
腹直肌
臀中肌
腹外斜肌
肱三头肌
胸大肌后束
三角肌
三角肌中束

第二阶段
每条腿重复该动作3次后,身体恢复至起始姿势。呼气,从胸椎开始放松,然后逐节放松腰椎直到身体恢复至中立位。

第一阶段
吸气,单腿抬离垫子,朝天花板方向伸展,膝关节伸直,脚尖绷直。呼气,踝关节背屈,用脚跟控制方向,将抬高的腿向下放低至与身体呈对角线对齐。吸气,腿再次向上伸展,朝向天花板,脚尖绷直。

侧视图

变式动作

这些变式可以更好地帮助锻炼者提高肌肉耐力，锻炼髋部外侧肌肉，最终完成低强度的肩桥动作。这些基础动作是普拉提训练的关键，可以让核心肌群、臀肌和腿部肌肉都得到锻炼。

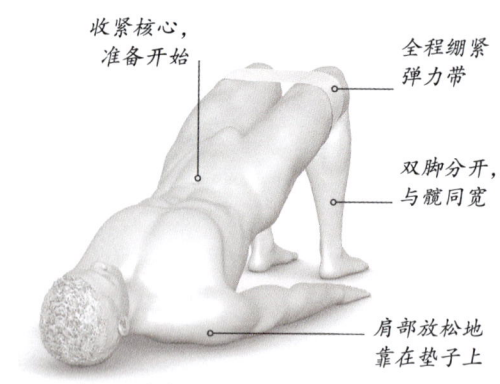

第一阶段

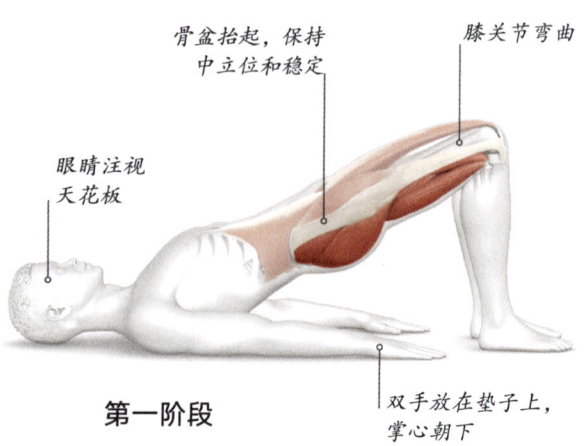

第一阶段

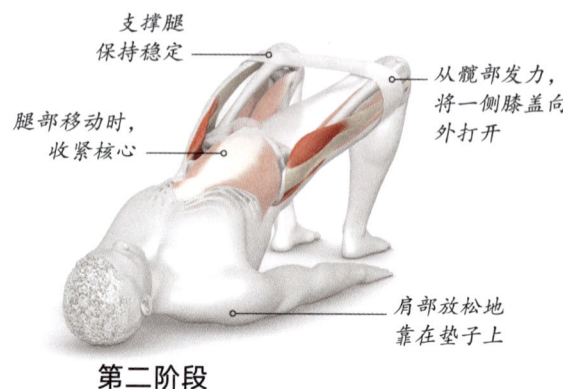

第二阶段

基础版肩桥

该变式侧重于训练脊柱的活动性和掌握动作的顺序性。想象有一条魔术贴粘在脊柱上，试着按顺序撕掉它，然后再按顺序粘回去。

预备阶段
从中立位开始，双膝、双脚分开，与髋同宽，手臂放在身体两侧。保持头部和颈部处于中立位，核心肌群微微发力。

第一阶段
呼气，背部贴紧垫子，将脊柱逐节抬起，直至身体重量落在肩胛骨上。

第二阶段
吸气，保持姿势，然后呼气，将脊柱逐节落下。每组动作重复6次。

髋部外展式

该变式用弹力带来增加双侧髋关节外旋肌转动的阻力。一条腿需拉伸弹力带使髋关节外展，同时另一条腿对抗弹力带的拉力，保持稳定。

预备阶段
在膝盖偏上位置放置一条弹力带。从中立位开始，双膝、双脚分开，与髋同宽，双臂在身体两侧伸展。

第一阶段
将脊柱逐节抬离垫子，直至身体重量落在肩胛骨上，保持弹力带拉紧。吸气，保持。

第二阶段
呼气，以髋关节为轴心将一侧膝盖向外移动，尽可能远地向外打开，同时保持躯干和骨盆稳定。吸气，将腿恢复到起始位置，双腿交替重复6次。

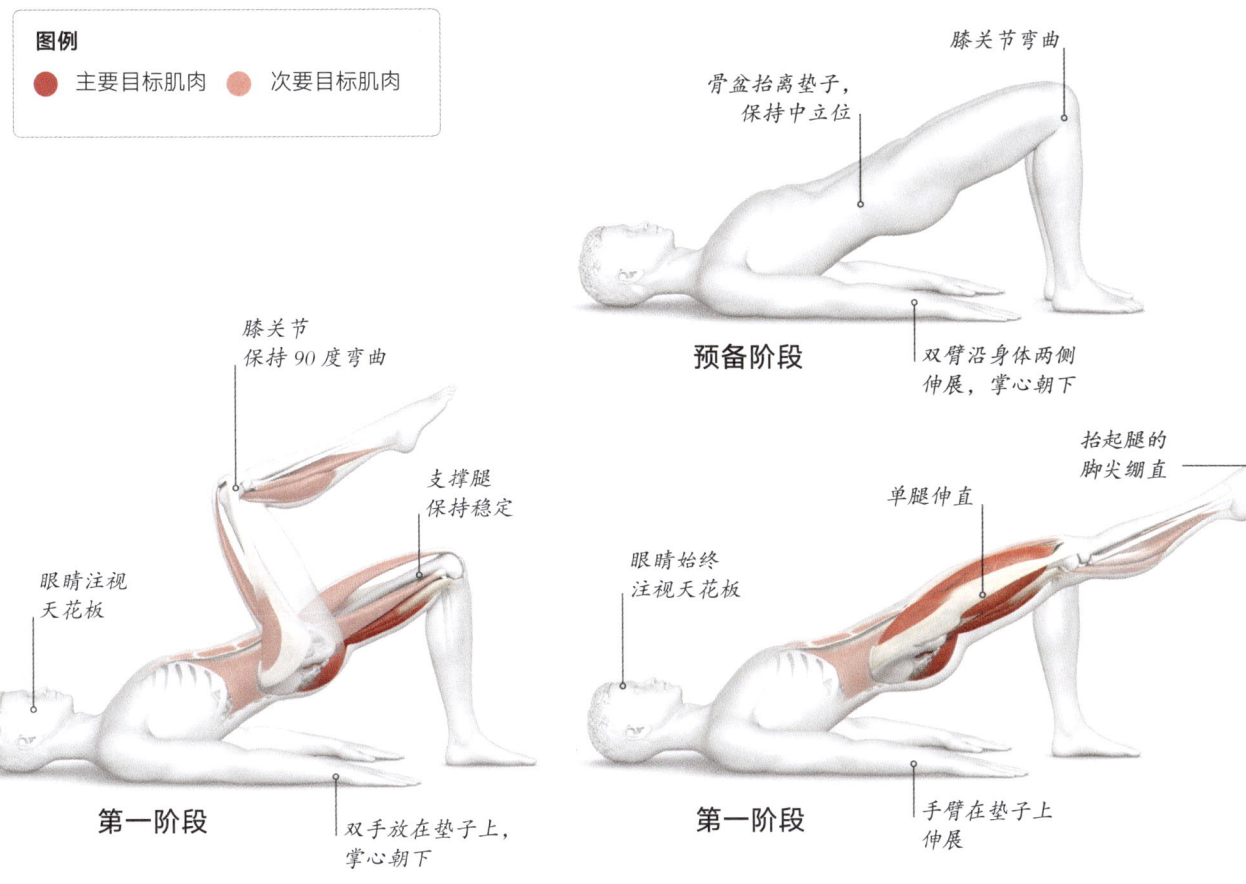

膝盖抬升式

该动作要将一侧脚抬离垫子,需具备良好的平衡性和稳定性。身体平衡后,慢慢抬起一侧脚,另一侧的臀肌也收紧发力,避免髋部向一侧下垂。

预备阶段
从中立位开始,双膝、双脚分开,与髋同宽,手臂放在身体两侧。保持头部和颈部处于中立位,慢慢收紧核心。

第一阶段
控制身体抬起至肩桥姿势,然后吸气,一条腿抬离垫子,与髋关节呈 90 度,保持膝关节弯曲。

第二阶段
呼气,将这条腿放回到垫子上,然后换另一条腿重复相同动作。双腿交替,每侧重复至多 6 次。

单腿伸展式

腿部向远处伸展时保持躯干中立和稳定,可以进一步强化核心肌群和臀大肌力量。可以试着在膝盖之间放一个垫子,通过用力挤压垫子来更好地锻炼肌肉。

预备阶段
从中立位开始,双膝、双脚分开,与髋同宽,手臂放在身体两侧。脊柱逐节抬起,直至呈肩桥姿势。

第一阶段
吸气,一只脚抬离垫子,伸直膝盖,将腿向远处伸展,使两条大腿平行。支撑腿保持屈膝,脚放在垫子上。

第二阶段
呼气,伸展腿屈膝,将脚放回到垫子上。另一条腿重复上述动作。双腿交替,重复至多 6 次。

泳式

泳式动作可以伸展脊柱，增强全身平衡能力，通过上下肢的反向运动和脊柱的稳定性来协调全身动作。泳式可以打开胸部和髋关节，加强上背部和臀部肌肉，还可以强化身体后链，增强骨盆稳定性，因此所有健康人群都可以锻炼该动作。

动作点睛

通过拉长头顶到尾骨的距离来伸展脊柱。抬起手臂和腿时，尽量让手臂和腿向远处延伸。保持骨盆中立位，避免向一侧倾斜，以获得更好的骨盆稳定性。泳式是很好的反向伸展动作，可以放在屈曲的普拉提动作之后，比如单腿拉伸（见第54页）和长躯席卷（见第116页）。在屈曲后，做泳式动作可以提高平衡力。

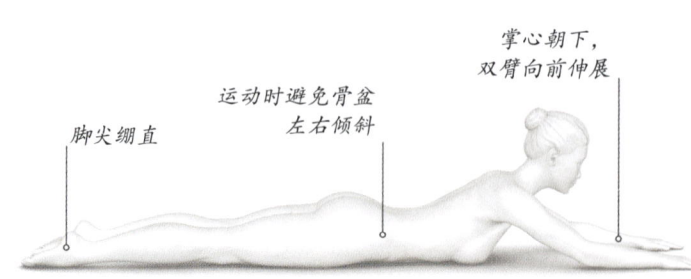

预备阶段
俯卧，双腿分开与髋同宽，双臂前伸与肩同宽，掌心向下，放在垫子上。头部和胸部微微抬起，眼睛注视前方，颈部伸长。

下半身

髋伸肌抬起大腿，髋屈肌被拉长。股四头肌使膝关节伸展。腓肠肌和比目鱼肌使踝关节弯曲，胫骨前肌和踝背肌伸展。

第一阶段
呼气，肩胛骨和臀肌发力抬起一侧手臂和对侧腿。向下放回时，抬起另一侧的手臂和腿。以快速摆动的方式交替手臂和腿，模仿游泳的动作，不要触碰到垫子。吸气时抬起5次，呼气时抬起5次，重复8~10次。

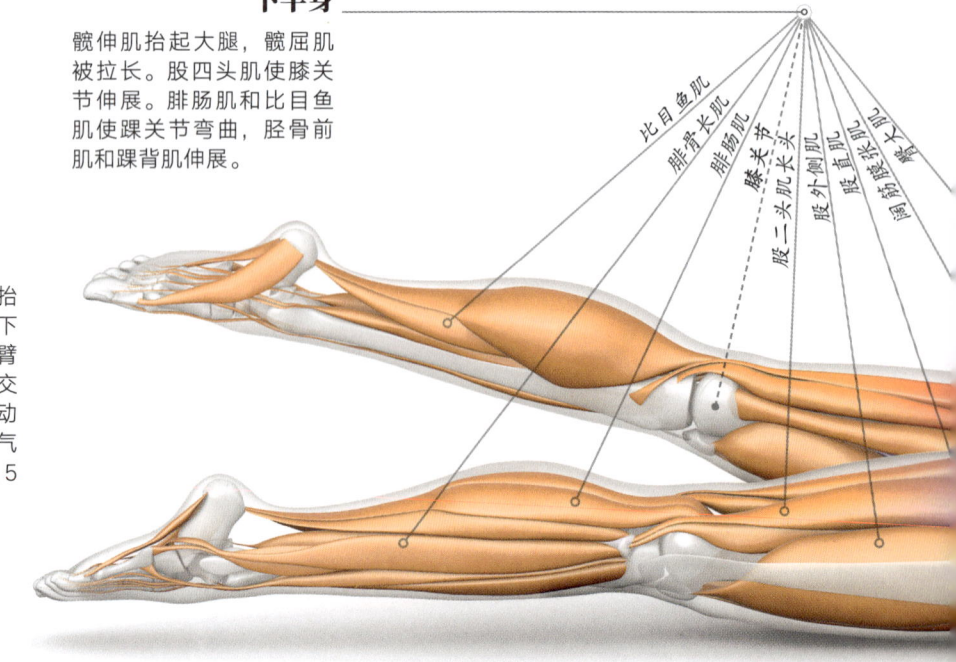

图例
- ●-- 关节
- ○— 肌肉
- ● 向心收缩的肌肉
- ● 离心收缩的肌肉
- ● 无张力下被拉长的肌肉
- ● 等长收缩的肌肉

泳式动作练习对绝大多数的日常活动都有所助益。

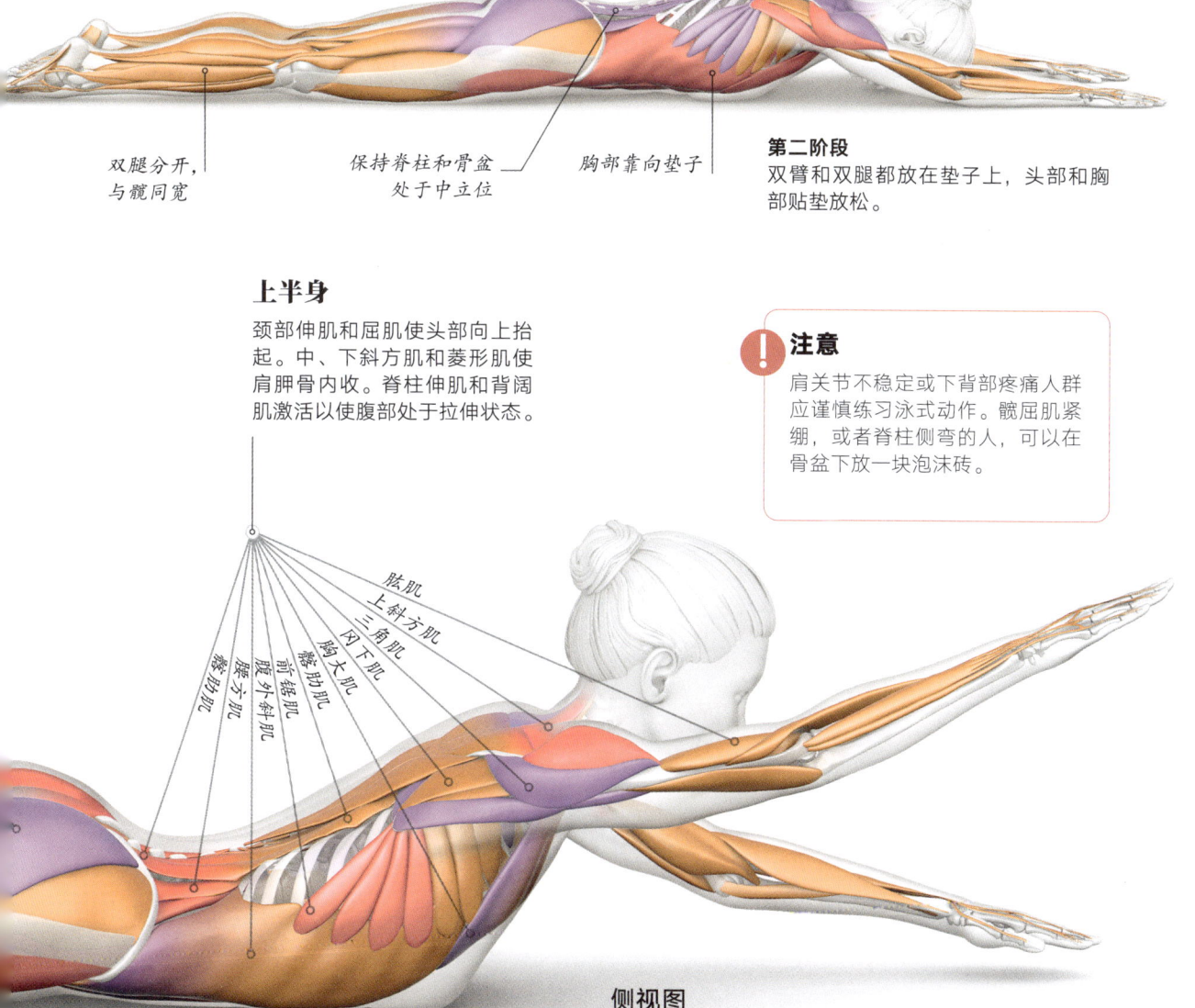

双腿分开，与髋同宽

保持脊柱和骨盆处于中立位

胸部靠向垫子

第二阶段
双臂和双腿都放在垫子上，头部和胸部贴垫放松。

上半身
颈部伸肌和屈肌使头部向上抬起。中、下斜方肌和菱形肌使肩胛骨内收。脊柱伸肌和背阔肌激活以使腹部处于拉伸状态。

!注意
肩关节不稳定或下背部疼痛人群应谨慎练习泳式动作。髋屈肌紧绷，或者脊柱侧弯的人，可以在骨盆下放一块泡沫砖。

肱肌
上斜方肌
三角肌
冈下肌
胸大肌
前锯肌
腹外斜肌
腰方肌
臀肋肌

侧视图

普拉提运动解剖学

》变式动作

对一部分人来说，采取俯卧姿势进行锻炼可能会不舒服。耻骨疼痛的人在锻炼时可以在骨盆下放一个小垫子。锻炼下面两种变式时，需将手臂和腿抬起，各自向远处伸展，核心肌群向上发力以稳定脊柱。

图例	
●	主要目标肌肉
●	次要目标肌肉

低头慢速版

该变式动作与泳式主体动作相同，但是可以将头部放在垫子上，以减轻颈部的压力。另外，在该变式中，四肢的移动速度要慢，左右侧动作变换时要有停顿，以便控制躯干。

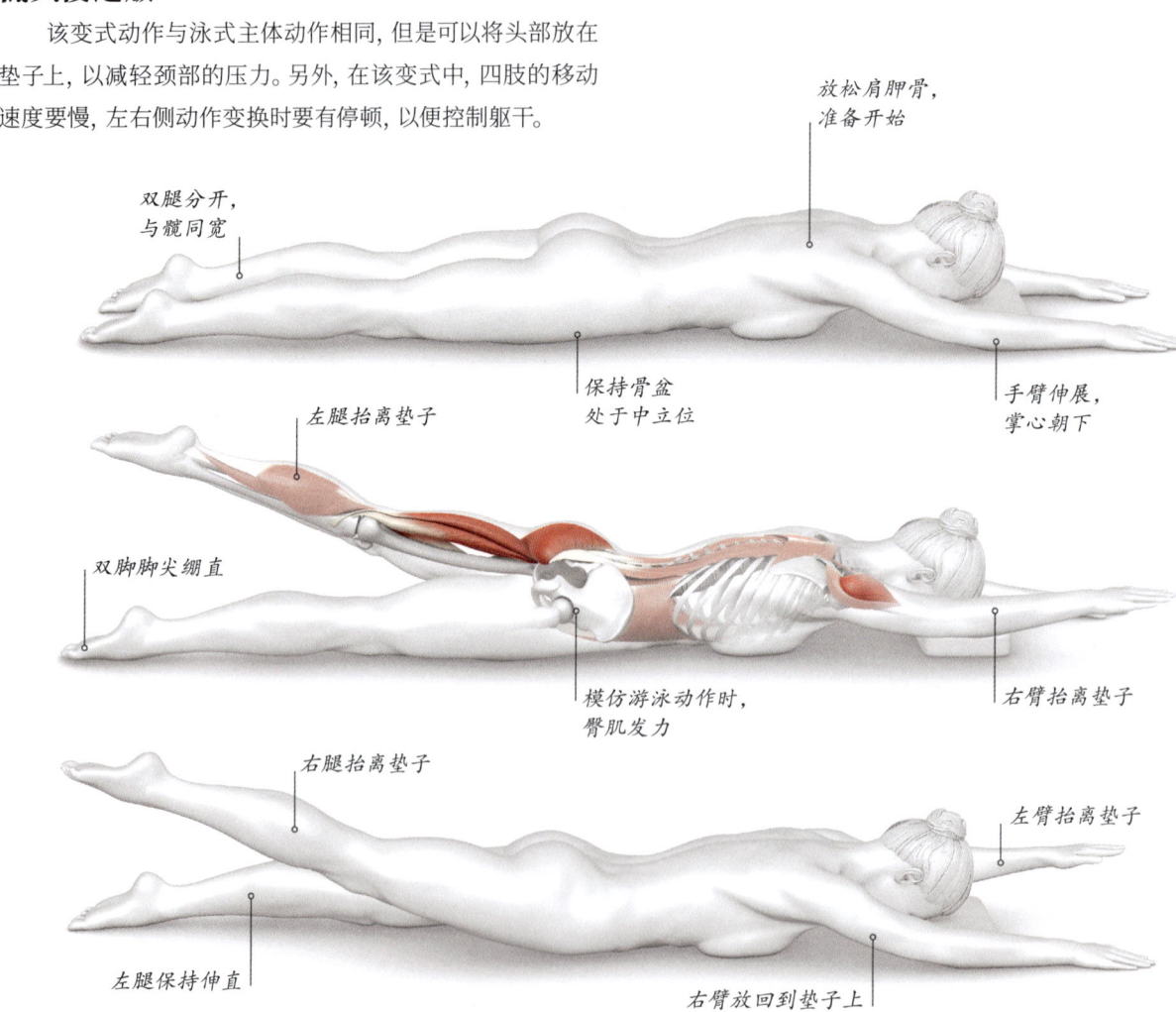

预备阶段
俯卧，双腿伸直并分开，与髋同宽。双臂向前伸直，与肩同宽，掌心朝下放在垫子上。前额放在小垫子上，颈部伸长，肩胛骨放松。

第一阶段
呼气，肩胛骨肌肉和臀肌发力将一侧手臂和对侧腿抬离垫子。核心肌群发力。吸气，手臂和腿放回到垫子上。

第二阶段
换另一侧重复上述动作，交替进行，重复8~10次。

四点跪姿版

该变式的支撑点减少,因此需要更强的平衡力抬起一侧手臂和对侧腿。下压垫子,确保胸部高度保持不变,背部始终保持中立位。

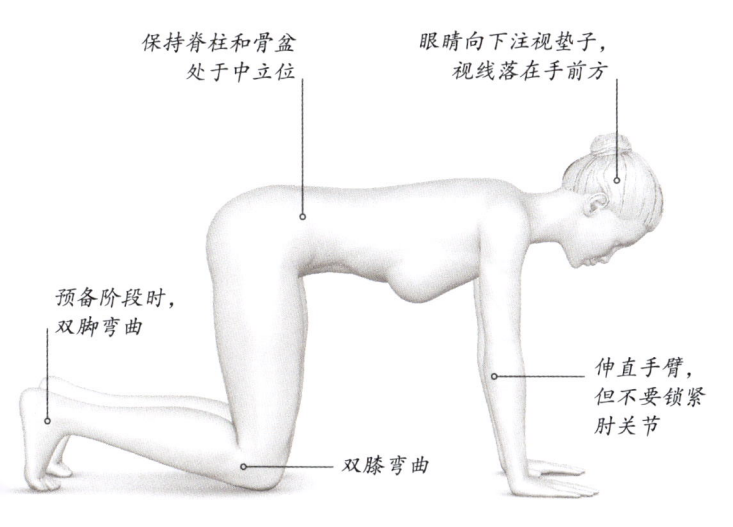

- 保持脊柱和骨盆处于中立位
- 眼睛向下注视垫子,视线落在手前方
- 预备阶段时,双脚弯曲
- 伸直手臂,但不要锁紧肘关节
- 双膝弯曲

预备阶段
将身体重量均匀地分散在双膝和双手上,身体呈四点跪姿。保持脊柱和骨盆处于中立位,颈部伸直,眼睛注视下方,视线落在双手前方。吸气准备开始。

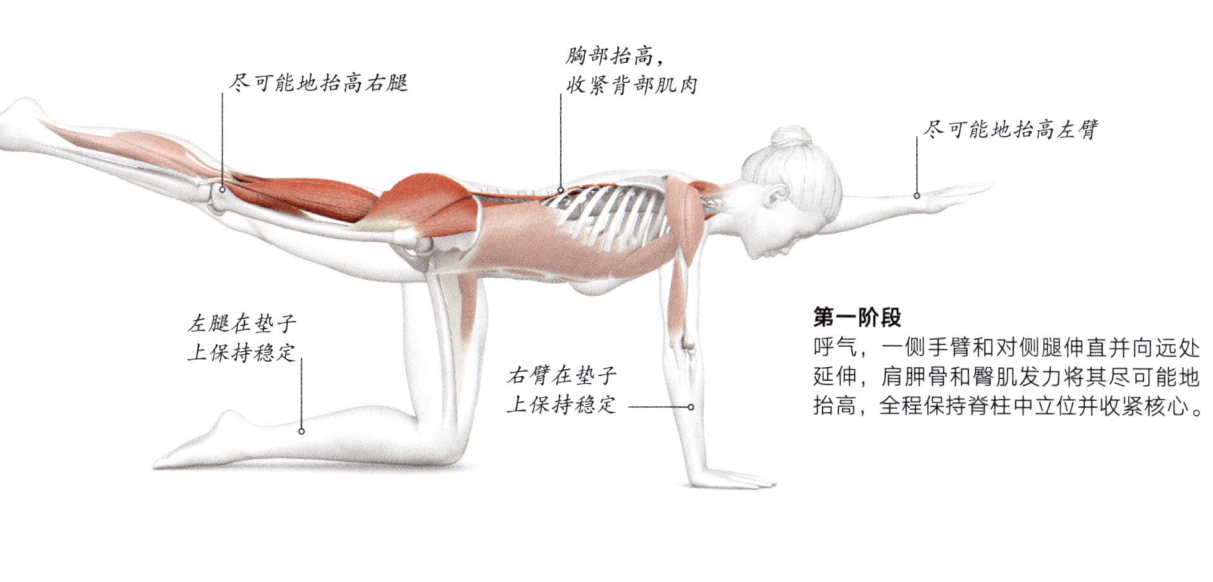

- 尽可能地抬高右腿
- 胸部抬高,收紧背部肌肉
- 尽可能地抬高左臂
- 左腿在垫子上保持稳定
- 右臂在垫子上保持稳定

第一阶段
呼气,一侧手臂和对侧腿伸直并向远处延伸,肩胛骨和臀肌发力将其尽可能地抬高,全程保持脊柱中立位并收紧核心。

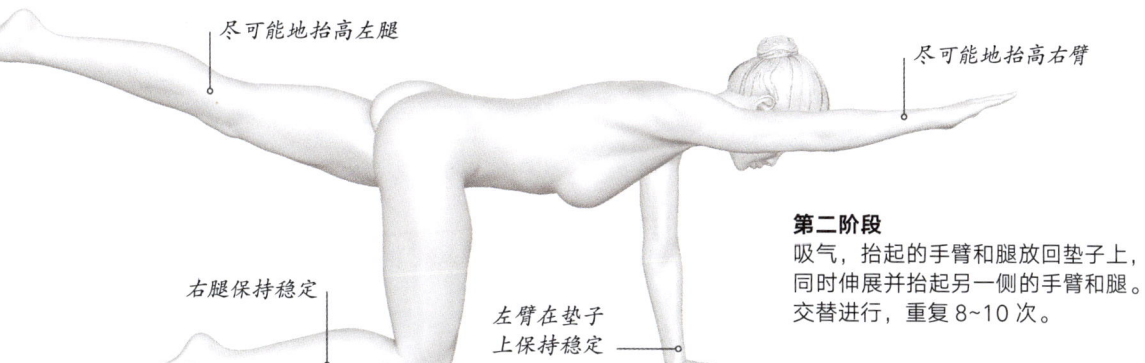

- 尽可能地抬高左腿
- 尽可能地抬高右臂
- 右腿保持稳定
- 左臂在垫子上保持稳定

第二阶段
吸气,抬起的手臂和腿放回垫子上,同时伸展并抬起另一侧的手臂和腿。交替进行,重复8~10次。

海豹拍鳍

海豹拍鳍通过身体滚动、旋转和屈曲来锻炼脊柱稳定性。该动作能够锻炼出强大的核心控制力,以确保滚动时不偏离C形曲线,并有利于保持身体的对称性。

动作点睛

预备姿势一旦摆好,只需调整滚动时脊柱的弯曲弧度,其他保持不变。练习时应专注于核心的控制以及身体形状的固定。前后滚动的速度应该相同,滚动至最高点时停顿并保持平衡,将身体重心放在坐骨上。双脚并拢,躯干保持直立。

图例
- ●-- 关节
- ○— 肌肉
- ● 向心收缩的肌肉
- ● 离心收缩的肌肉
- ● 无张力下被拉长的肌肉
- ● 等长收缩的肌肉

侧视图

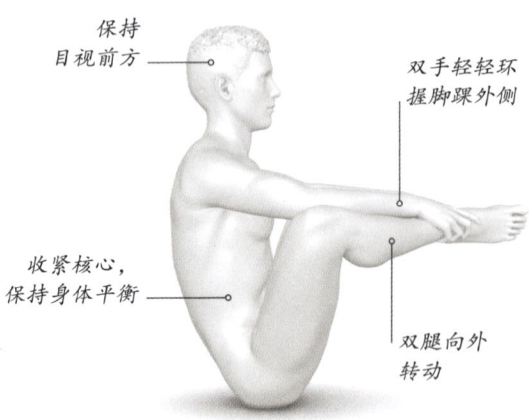

保持目视前方
双手轻轻环握脚踝外侧
收紧核心,保持身体平衡
双腿向外转动

预备阶段
坐直,骨盆位于身体正下方,身体稍微向后倾斜。双腿在髋关节和膝关节处弯曲,并向上抬起,从髋关节处向外转动。脚心相对,双臂向前伸展。

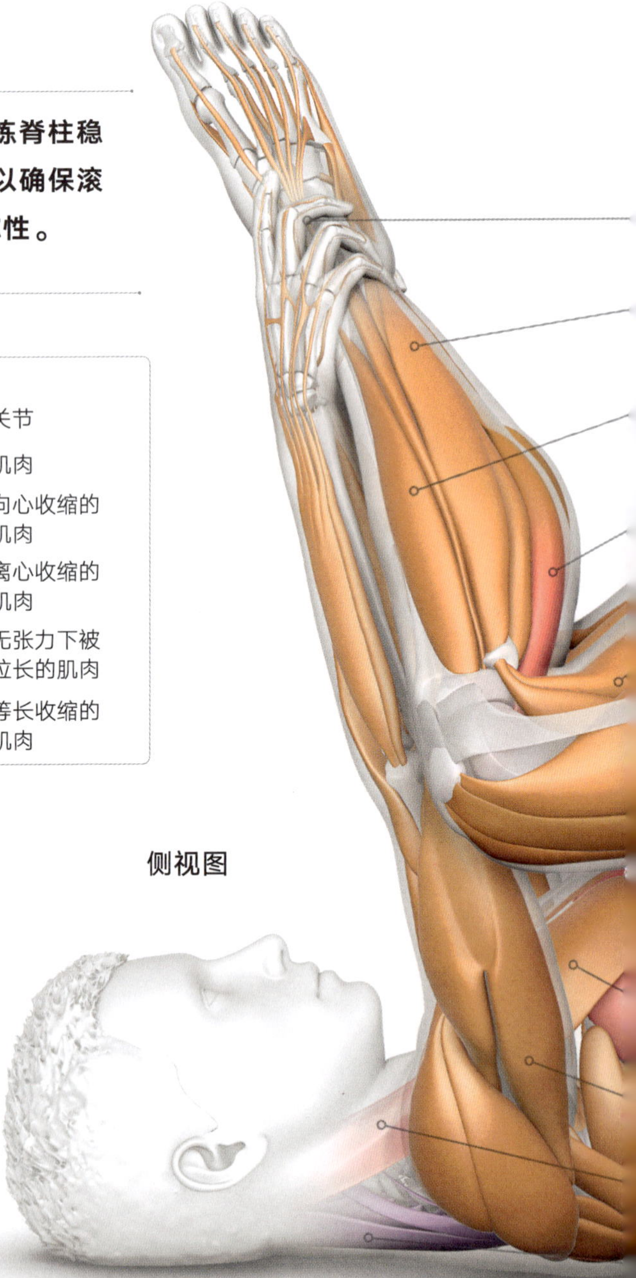

第一阶段
呼气,脊柱弯曲呈C形,轻轻向后带动骨盆、脊柱和双腿一起滚动。保持脊柱曲线不变,直到重心落在上半身,手肘放于膝盖之间。

腿部

髋屈肌全程激活，回旋肌群使髋关节外旋，两侧膝盖分开。股四头肌伸展，腘绳肌和小腿肌激活，保持膝关节弯曲角度不变。

- 趾长伸肌
- 腓骨长肌
- 胫骨前肌
- 腓肠肌
- 股二头肌长头
- 股外侧肌
- 阔筋膜张肌
- 臀大肌
- 臀中肌

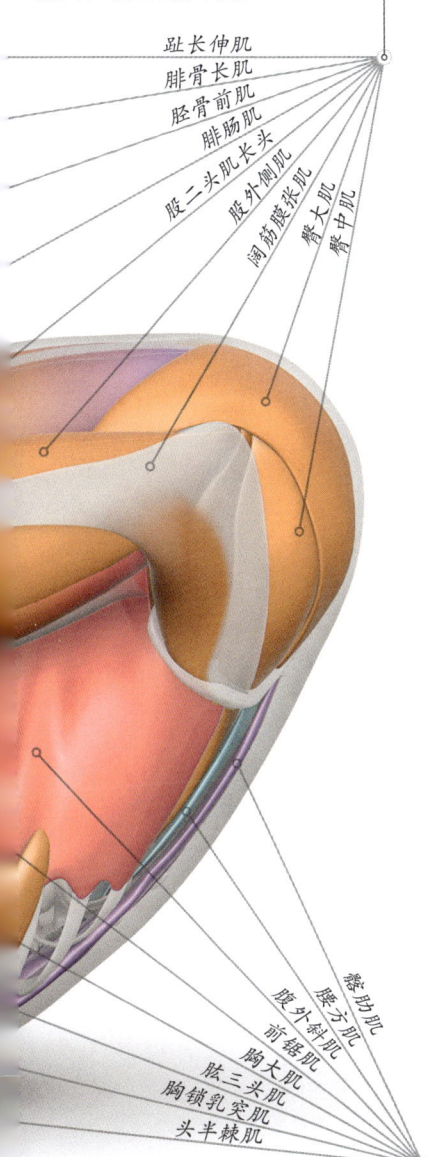

 注意

滚动动作会给椎骨施加压力，因此海豹拍鳍不适合颈椎、腰椎不稳定或患有骨质疏松症的人群。

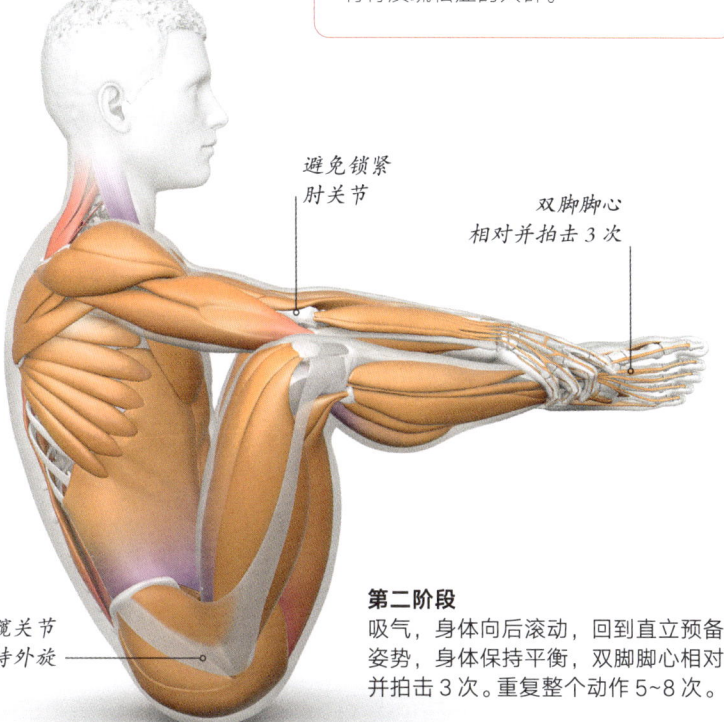

- 避免锁紧肘关节
- 双脚脚心相对并拍击3次
- 髋关节保持外旋

第二阶段

吸气，身体向后滚动，回到直立预备姿势，身体保持平衡，双脚脚心相对并拍击3次。重复整个动作5~8次。

> 在整个运动过程中，躯干和腿部之间要留有空间，这点非常关键。

- 髂肋肌
- 腰方肌
- 腹外斜肌
- 前锯肌
- 胸大肌
- 肱三头肌
- 胸锁乳突肌
- 头半棘肌

躯干和颈部

脊柱伸肌和颈部伸肌伸展，颈部屈肌激活以防止后滚时头部向后倾斜。手臂内收环握脚踝时，胸大肌激活。

旋转
训练

　　本节中的训练通过旋转来提升关节稳定性，并通过锻炼更小的特定肌肉群来强化关节功能。这些动作既能增加关节的活动范围，又能强化相关肌肉。旋转力对于骨盆和髋部尤其重要，因为骨盆和髋部是我们整个下肢功能发挥作用的区域，负责支撑我们的侧向稳定性，同时也是在躯干与下肢之间传递和转移能量的区域。

普拉提运动解剖学

单腿画圈

单腿画圈对身体的要求是全方位的,核心肌群和骨盆既需要良好的稳定性,也需要足够的耐力,因此在普拉提中具有独特的地位。该动作可以拉长身体后侧的腘绳肌,锻炼前侧的髋屈肌。该动作是一个很好的康复练习,适用于内收受损或受伤运动后的恢复训练。

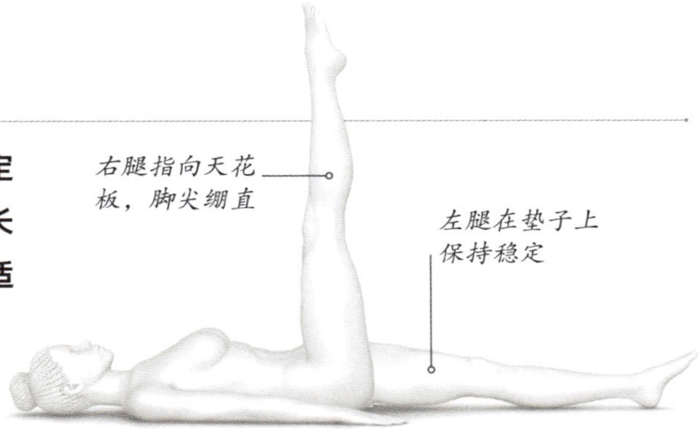

动作点睛

从画小圈开始,控制躯干不稳定后,逐渐扩大画圈范围。手臂下压垫子以增加稳定性,激活背部和核心肌群以保持身体平衡。腿向侧面旋转时,收紧另一侧髋部肌肉和核心肌群以固定骨盆,防止躯干随腿部偏移。

右腿指向天花板,脚尖绷直

左腿在垫子上保持稳定

预备阶段

仰卧,双腿伸直并分开,与髋同宽,保持脊柱和骨盆处于中立位,手臂放在身体两侧,掌心朝下。一条腿向上抬起,朝向天花板,脚尖绷直。

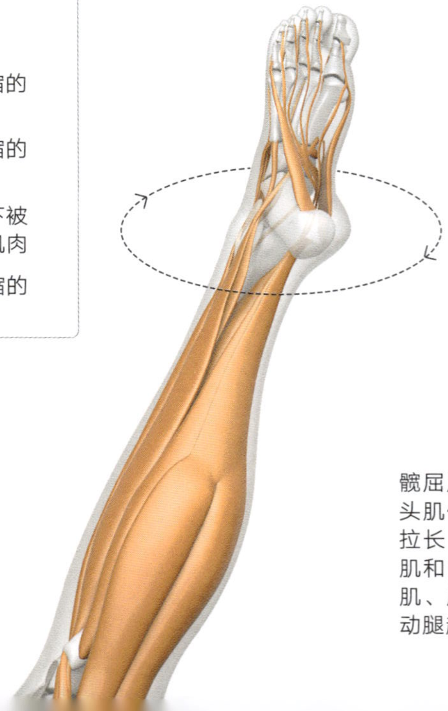

图例
- 关节
- 肌肉
- 向心收缩的肌肉
- 离心收缩的肌肉
- 无张力下被拉长的肌肉
- 等长收缩的肌肉

腿部

髋屈肌使髋关节屈曲。股四头肌向膝关节伸展,腘绳肌拉长。当髂胫束激活,内收肌和阔筋膜张肌激活,内收肌、股薄肌和耻骨肌发力带动腿越过身体中线。

腿部画圈时,用腹肌发力来保持躯干稳定。

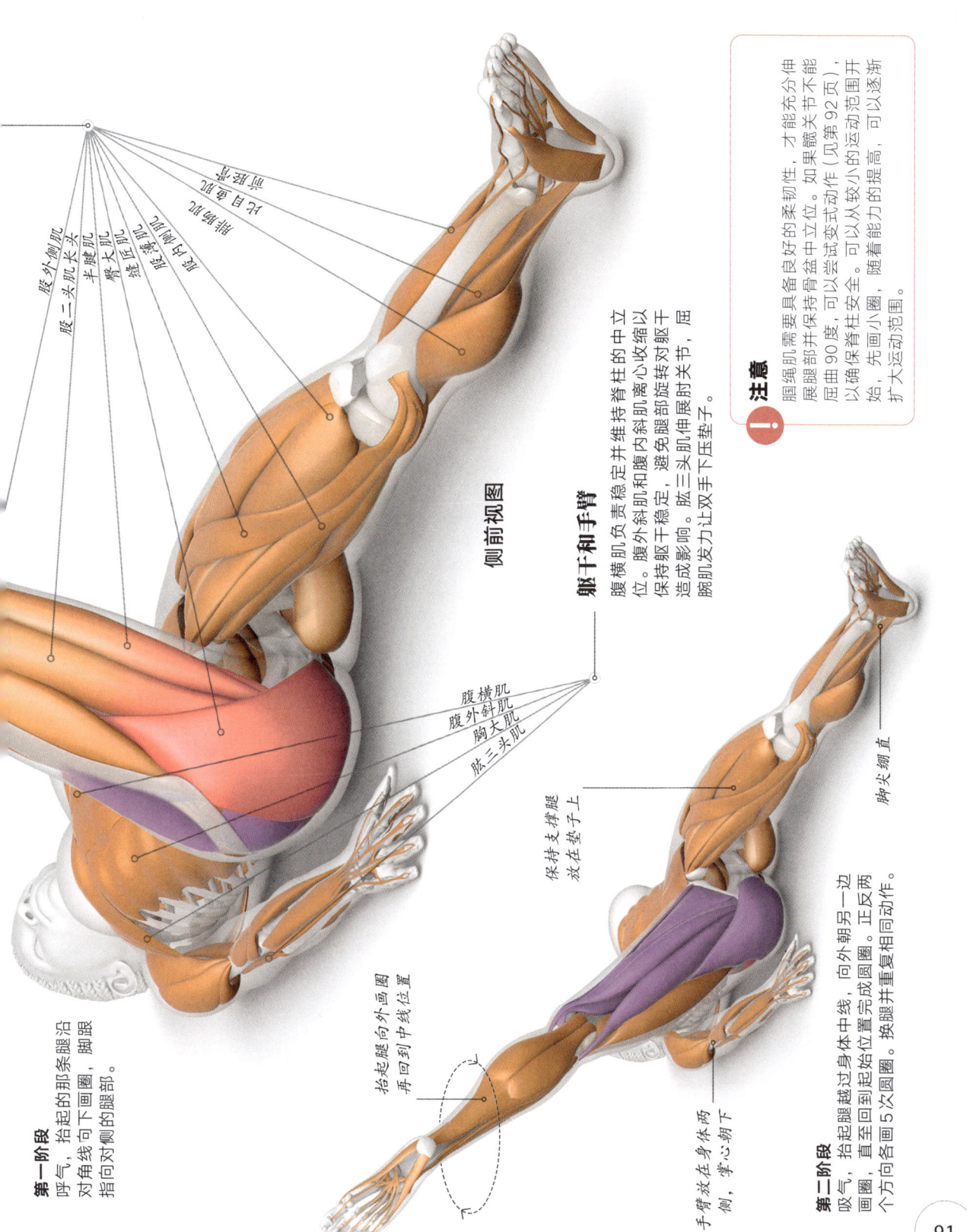

》变式动作

这些变式动作都要求支撑腿弯曲并把脚放在垫子上,以增加骨盆稳定性。当另一侧腿向外画圈时,支撑腿进一步下压垫子以增加稳定性。在尝试单腿画圈动作之前,最好能掌握这些变式动作,并能在这些动作中保持骨盆稳定。

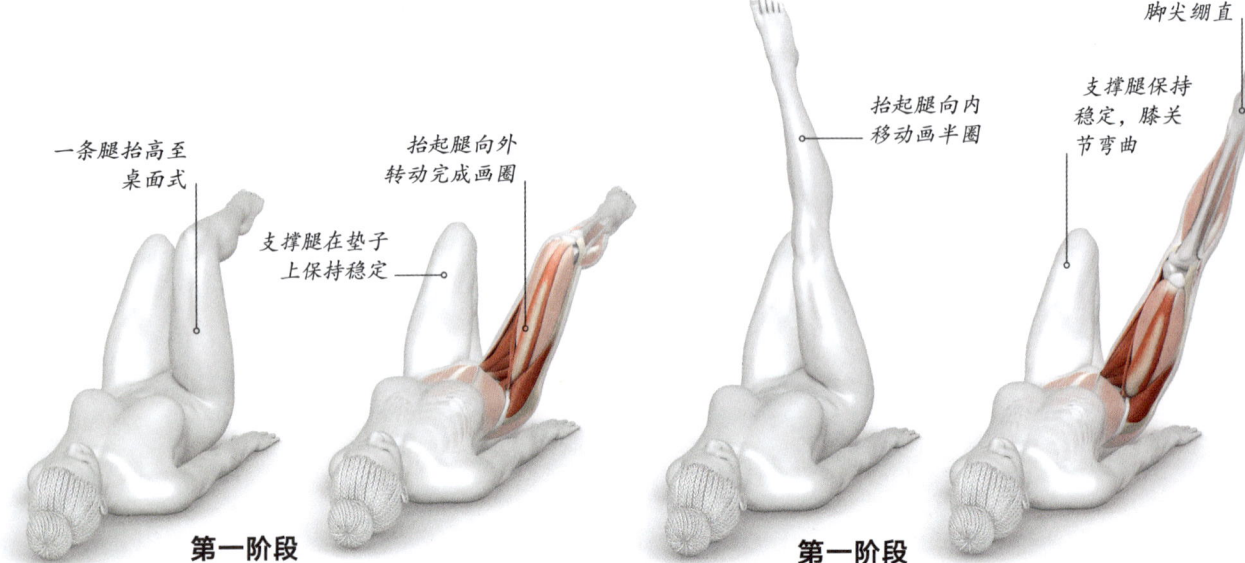

膝盖弯曲式

该变式采用的是短腿杠杆,在腿部旋转时,能更好地稳定骨盆,收紧核心。髋关节和膝关节旋转,带动小腿旋转。

预备阶段
仰卧,双腿分开与髋同宽,髋关节和膝关节弯曲,双脚平放在垫子上。脊柱和骨盆保持中立位,手臂放在身体两侧,掌心朝下。头部和颈部也保持中立位。

第一阶段
一条腿抬高至桌面式,从髋关节处开始画圈。呼气,抬起腿向内转动先画半圈,吸气,抬起腿向外转动完成画圈。两个方向各重复5~8次。

第二阶段
换腿,另一条腿完成同样的动作。

单腿撑地式

在该变式中,一条腿伸直并向远处伸展,先在高处均匀地画小圆圈。随着熟练程度和骨盆稳定性的提高,腿部扩大画圈范围。

预备阶段
仰卧,双腿分开与髋同宽,髋关节和膝关节弯曲,双脚平放在垫子上。保持脊柱和骨盆处于中立位,手臂放在身体两侧,掌心朝下。保持头部和颈部处于中立位。

第一阶段
一条腿向上伸直,朝向天花板,脚尖绷直,从髋关节处开始画圈。呼气,抬起腿向内移动先画半圈,吸气,抬起腿向外移动完成画圈。两个方向各重复5~8次。

第二阶段
换腿,另一条腿完成同样的动作。

弹力带辅助式

加入弹力带可以扩大腿部的运动范围,画出更大的圆圈。手肘放在垫子上支撑身体,双手拉住弹力带,腿尽可能远地转动。

> **图例**
> ● 主要目标肌肉　● 次要目标肌肉

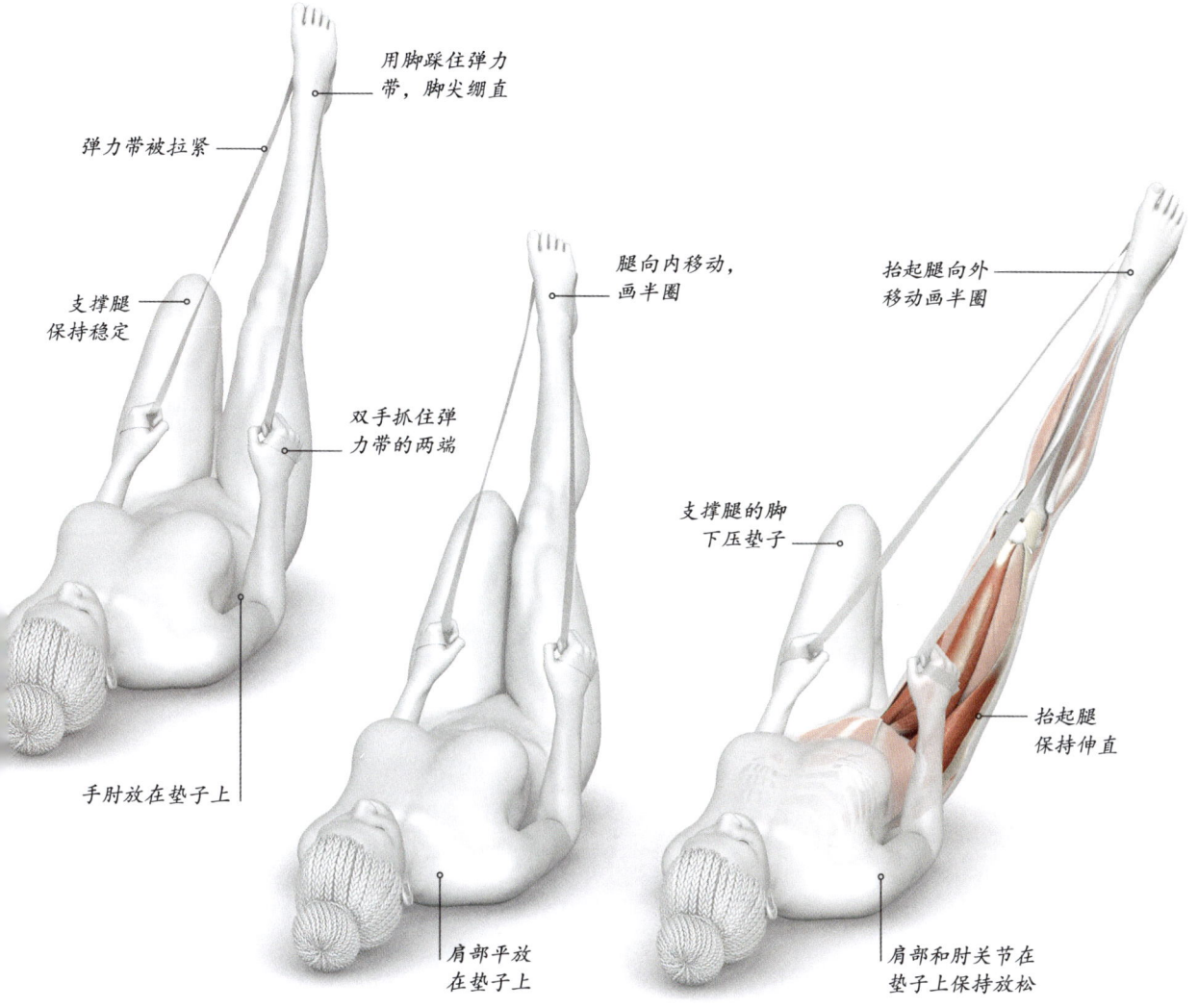

预备阶段
仰卧,双腿分开与髋同宽,髋关节和膝关节弯曲,双脚平放在垫子上。将弹力带绑在一只脚上,然后向上抬腿朝向天花板,脚尖绷直。

第一阶段
从髋关节处开始画圈。呼气,腿向内移动先画半圈,吸气,腿向外移动完成画圈。两个方向各重复5~8次。

第二阶段
换腿,另一条腿完成同样的画圈动作。

普拉提运动解剖学

侧踢

侧踢动作可以很好地提高骨盆的旋转稳定性,并大幅提升臀肌力量和耐力。同时这一动作还可以锻炼侧卧时的身体平衡力,强化腹斜肌力量。在腿部移动时,腹斜肌发力以保持躯干稳定。

踝关节背屈,用脚跟控制方向

动作点睛

侧踢要求上侧腿与髋部保持同高,以保持身体的对齐性和稳定性,同时有效激活相关肌群。前踢时,脚尽可能地向前伸展。后踢时,踝关节弯曲、脚跟伸展以拉长腘绳肌。刚开始练习时,可以减少腿部活动范围,熟练后,再扩大活动范围。

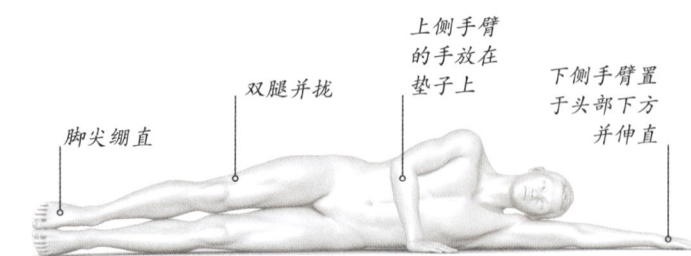

预备阶段

侧卧,保持脊柱和骨盆处于中立位,髋关节略微向前弯曲,双腿尽可能地往远处伸展。两侧肩关节、髋关节和踝关节垂直于垫子。下侧手臂伸直,下耳靠在肩头。上侧手臂弯曲,手轻轻放在垫子上。

下半身

内收肌、臀肌和腘绳肌发力以保持下侧腿稳定。髋屈肌发力使上侧腿前踢,臀肌和腘绳肌在后踢时发力。股四头肌全程发力。

第一阶段

呼气,上侧腿抬至与髋关节同高,上下两条腿保持平行,脚尖绷直。上侧腿尽可能地向前伸展。保持躯干和骨盆稳定。

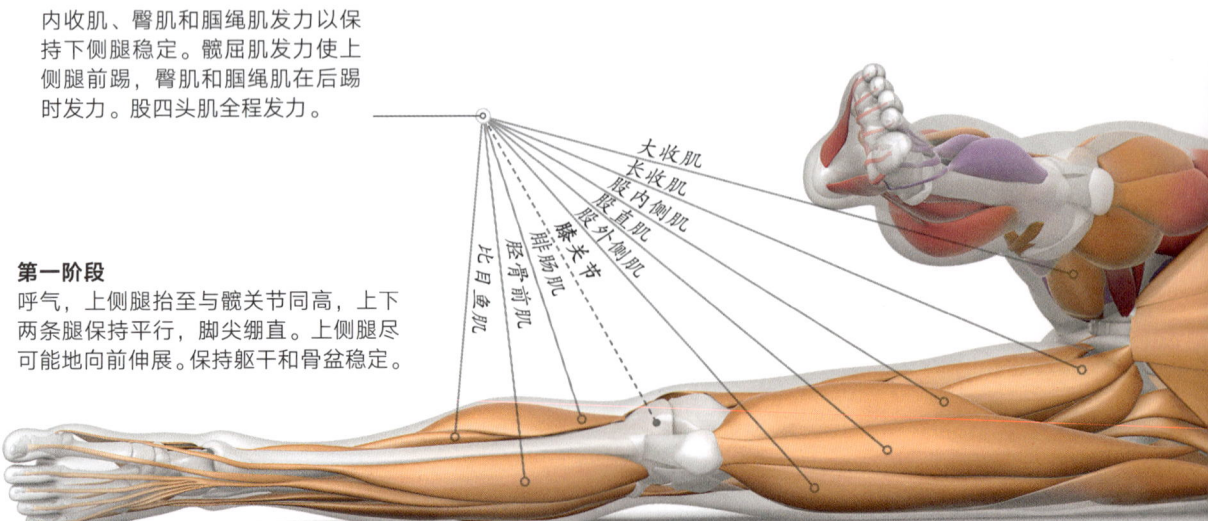

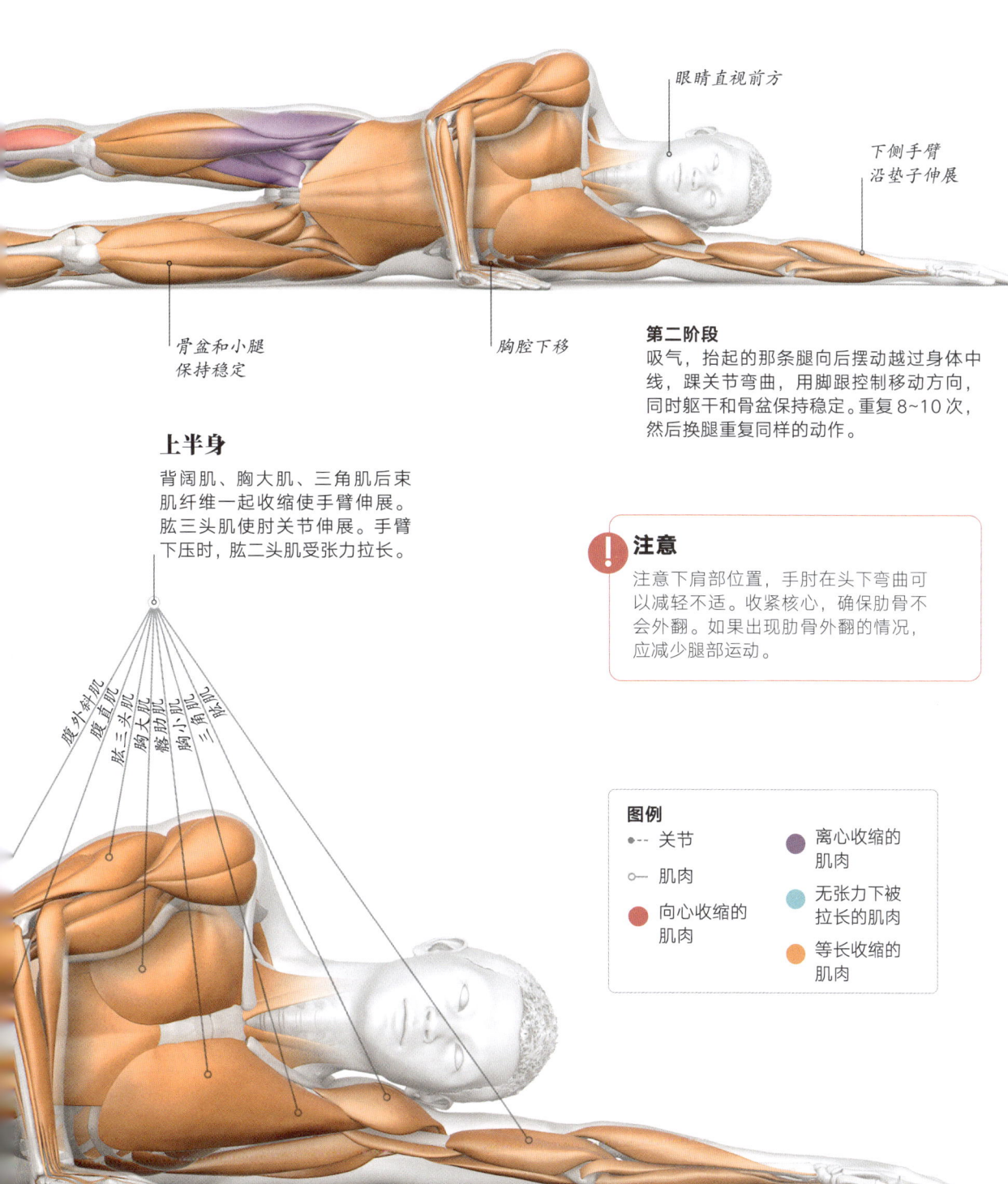

眼睛直视前方

下侧手臂沿垫子伸展

骨盆和小腿保持稳定

胸腔下移

第二阶段

吸气，抬起的那条腿向后摆动越过身体中线，踝关节弯曲，用脚跟控制移动方向，同时躯干和骨盆保持稳定。重复8~10次，然后换腿重复同样的动作。

上半身

背阔肌、胸大肌、三角肌后束肌纤维一起收缩使手臂伸展。肱三头肌使肘关节伸展。手臂下压时，肱二头肌受张力拉长。

> **! 注意**
>
> 注意下肩部位置，手肘在头下弯曲可以减轻不适。收紧核心，确保肋骨不会外翻。如果出现肋骨外翻的情况，应减少腿部运动。

腹外斜肌
腹直肌
肱三头肌
胸大肌
髂肋肌
胸小肌
三角肌

图例
- •-- 关节
- ○— 肌肉
- ● 向心收缩的肌肉
- ● 离心收缩的肌肉
- ● 无张力下被拉长的肌肉
- ● 等长收缩的肌肉

侧视图

》变式动作

侧踢包含腿部的弯曲和伸展。即使是走路，也需要腿部的屈伸才能完成，屈伸是腿部日常运动的基础。初学者可以从屈膝式练起，有经验后则可以练习另外两种变式。这些变式都能进一步强化斜肌和臀肌力量。最后一种变式还给上半身增加了难度，适合专业人士练习。

屈膝式

该变式缩短了腿部杠杆，更容易增强肌肉耐力。在前后踢腿过程中，应尽量保持腿的高度不变。在膝关节后方夹一个普拉提软球，可以进一步激活臀肌和腘绳肌。

图例
● 主要目标肌肉　● 次要目标肌肉

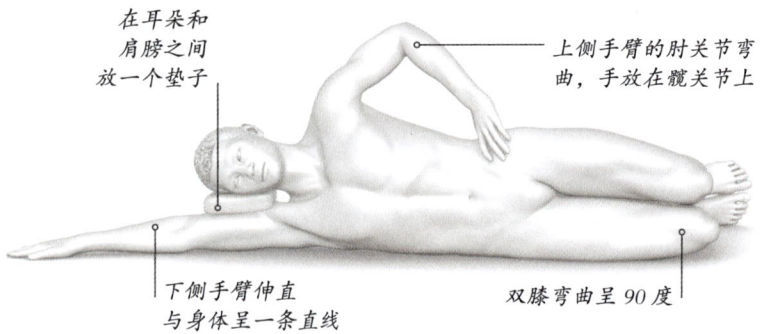

预备阶段
侧卧，保持脊柱和骨盆处于中立位，髋关节微微弯曲，双膝弯曲 90 度。两侧肩关节、髋关节和踝关节垂直于垫子。下侧手臂伸直与身体呈一条直线，在耳朵和肩膀之间放一个垫子。

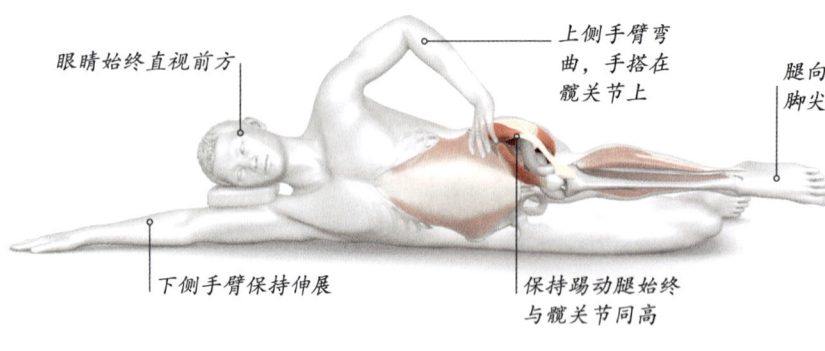

第一阶段
呼气，抬起上侧腿，并尽可能地向前伸展，脚尖绷直，下侧腿保持静止。膝关节弯曲角度保持不变，髋关节和膝关节保持水平。

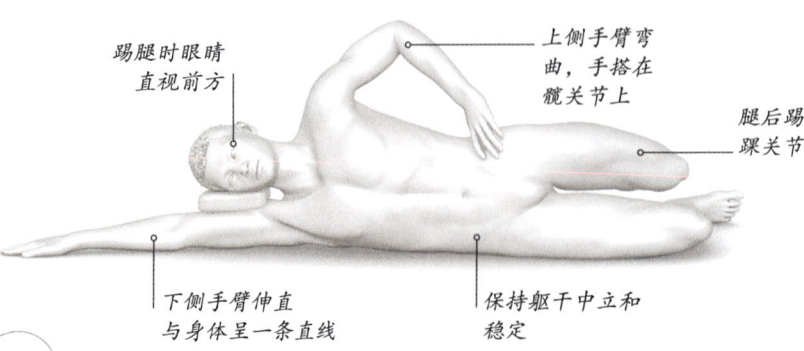

第二阶段
吸气，腿越过身体中线向后踢。重复 5~8 次，然后换腿，完成同样的动作。

双腿抬高式

该变式在侧踢的基础上,将下侧腿也抬离垫子,减少了支撑,增加了平衡难度。该变式更多的是用斜肌和臀肌的力量来支撑身体平衡。练习该变式之前,需要确保髋关节没有外侧疼痛。

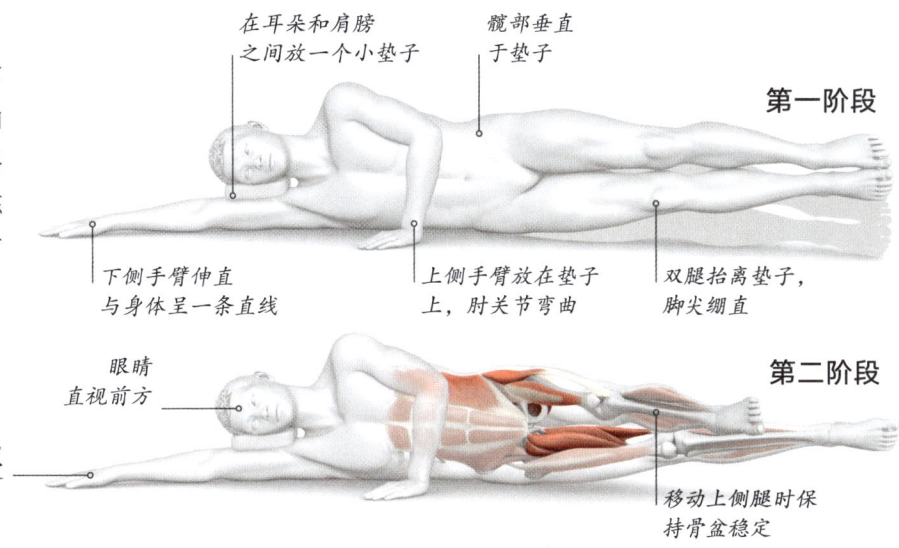

预备阶段
侧卧,保持脊柱和骨盆处于中立位,髋关节略微向前弯曲,双腿尽可能地往远处伸展。两侧肩关节、髋关节和踝关节垂直于垫子。下侧手臂伸直与身体呈直线。

第一阶段
上侧腿抬起与髋关节同高,下侧腿抬起触碰上侧腿,上下侧腿在空中并拢。在整个练习中,双腿始终停留在半空中。

第二阶段
呼气,上侧腿尽可能地向前伸展,用脚跟控制方向。吸气,上侧腿后踢。重复5~8次,然后换腿完成同样的动作。

手肘撑地双腿抬高式

该变式需要肩关节具有较强的稳定性。肩胛骨轻轻后拉以激活肩胛骨肌肉,上侧肩胛骨抬起,与下侧肩胛骨保持距离。颈椎放松。

预备阶段
侧卧,保持脊柱和骨盆处于中立位,髋关节略微向前弯曲,双腿往远处伸展。两侧髋关节和踝关节垂直于垫子。左手前臂放在垫子上,手肘弯曲置于肩关节下方,下腰部提起使躯干拉长。右手始终放在髋关节上。

第一阶段
呼气,上侧腿抬至与髋关节同高,下侧腿抬起触碰上侧腿,上下侧腿在空中并拢。

第二阶段
呼气,上侧腿尽可能地向前伸展,保持躯干和骨盆稳定。吸气,上侧腿越过身体中线向后踢,踝关节弯曲,用脚跟控制方向。重复8~10次,然后换腿完成相同的动作。

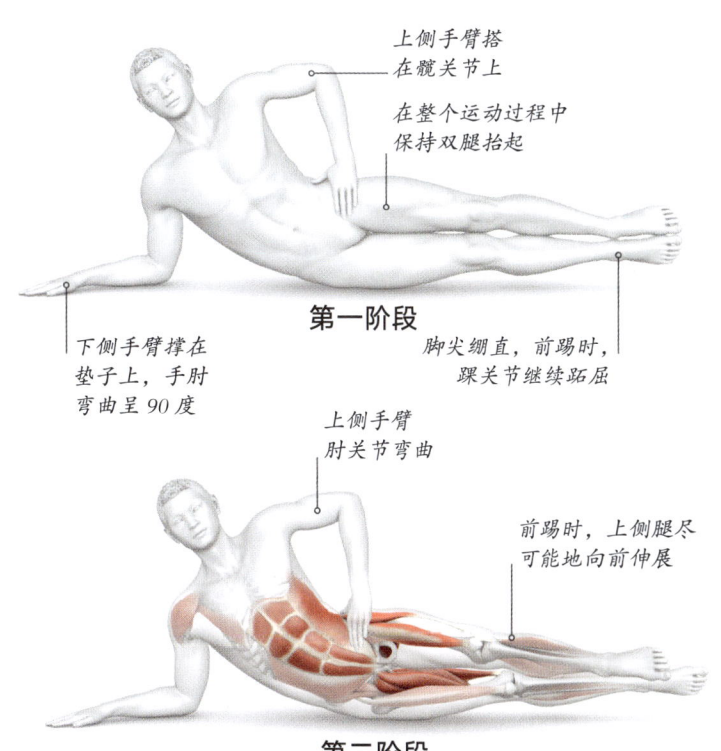

普拉提运动解剖学

髋部扭转

髋部扭转是普拉提高级动作之一，结合了V形悬体（见第130页）和空中瓶塞（见第122页）中的动作元素，可以增加骨盆的旋转活动性。其变式动作（见第100页）可以增强腹斜肌力量以更好地控制腿部，提高脊柱的活动性。

动作点睛

用手支撑身体，胸部打开并抬高，胸腔内收。核心肌群发力，保持腰部两侧长度一致，躯干挺直。腿从髋关节处开始移动，保持核心肌群收紧，腿部移动速度与呼吸频率相配合。如果想要增加支撑力，可以弯曲手肘，这样身体重心就会落在前臂上。力量不足的情况下，也可以先练习变式动作。

> **! 注意**
> 旋转运动不适合耻骨联合关节、骶髂关节或内收肌疼痛人群，可能会加重疼痛。

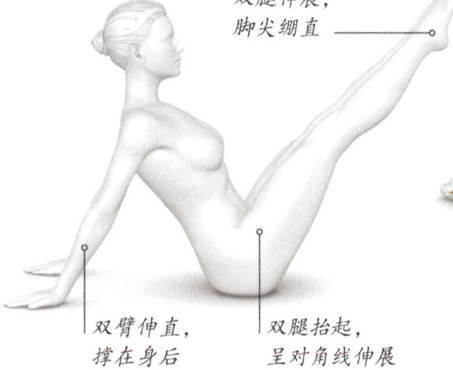

双腿伸展，脚尖绷直

双臂伸直，撑在身后

双腿抬起，呈对角线伸展

预备阶段
坐直，双腿向前伸直、并拢。双臂放在身后，掌心朝下。呼气，双腿向上抬起，身体呈V形。

三角肌
胸大肌
前锯肌
腹外斜肌
腹直肌

侧前视图

躯干和上半身

腕伸肌、肱二头肌和肱三头肌发力将躯干从垫子上抬起。胸大肌伸展以打开胸腔。腹肌与腹斜肌发力以稳定躯干。

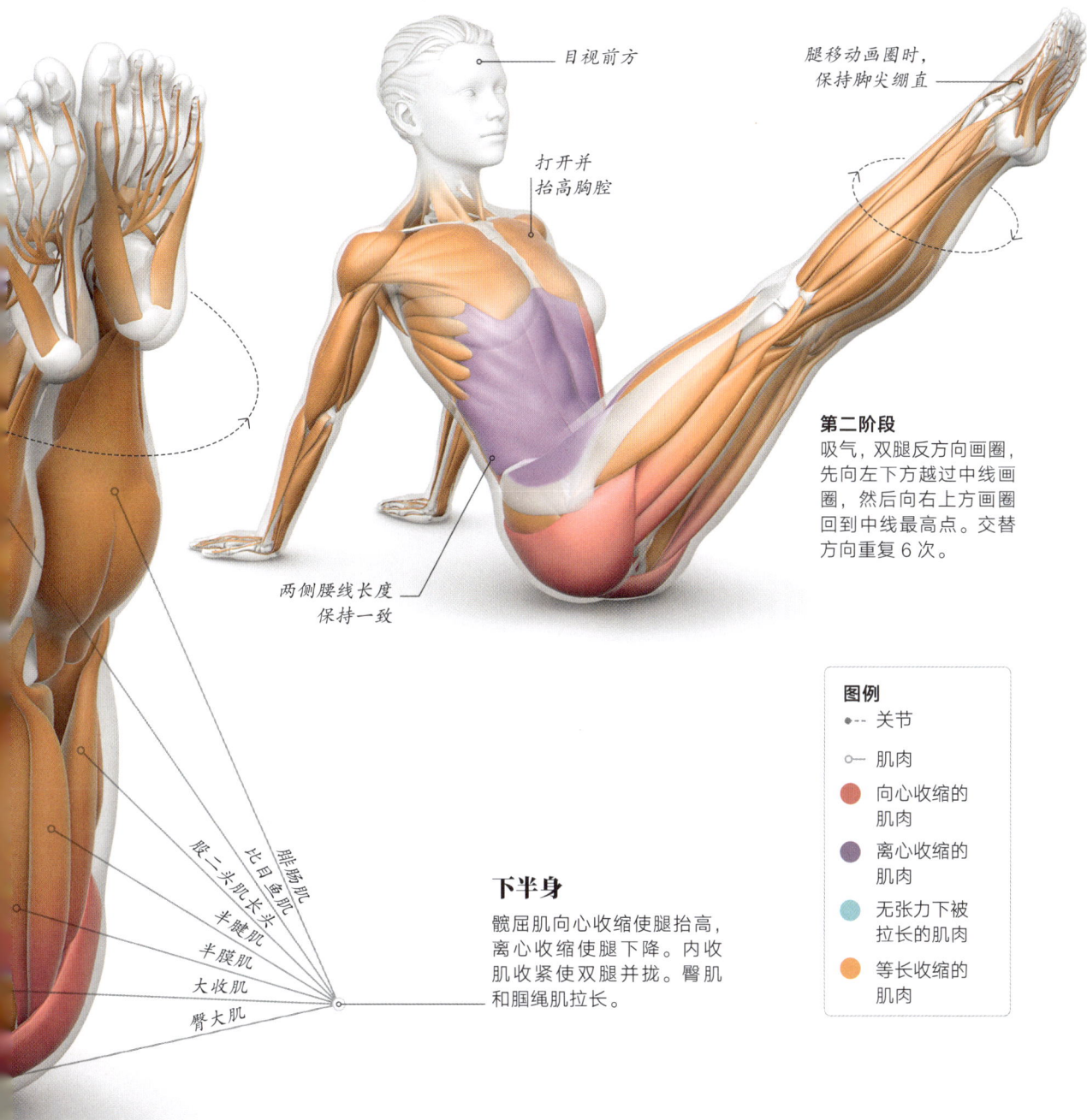

目视前方

腿移动画圈时，保持脚尖绷直

打开并抬高胸腔

第二阶段
吸气，双腿反方向画圈，先向左下方越过中线画圈，然后向右上方画圈回到中线最高点。交替方向重复6次。

两侧腰线长度保持一致

腓肠肌
比目鱼肌
股二头肌长头
半腱肌
半膜肌
大收肌
臀大肌

下半身
髋屈肌向心收缩使腿抬高，离心收缩使腿下降。内收肌收紧使双腿并拢。臀肌和腘绳肌拉长。

图例
- 关节
- 肌肉
- 向心收缩的肌肉
- 离心收缩的肌肉
- 无张力下被拉长的肌肉
- 等长收缩的肌肉

第一阶段
呼气，双腿转向右侧，带动骨盆一起旋转，躯干保持不动。双腿画圈，到达中线时，腿部高度降低，向左上方继续画圈，回到中线最高点，然后恢复成预备动作。

无论是顺时针方向还是逆时针方向，髋关节扭转的幅度和速度都应相同。

变式动作

与髋部扭转不同,这些变式动作不需要依靠手肘来支撑身体平衡。变式动作专注于骨盆的稳定和腿部运动。在变式动作中,双膝弯曲代替了双膝伸展,这样既减轻了核心负荷,又降低了下背部受损的风险。

图例
● 主要目标肌肉　● 次要目标肌肉

单腿扭转式

骨盆全程保持稳定。臀部外侧肌群和腹斜肌发力,同时拉伸内收肌,使单腿向外移动;而后内收肌收缩,使腿回到起始位置。上半身全程放松。

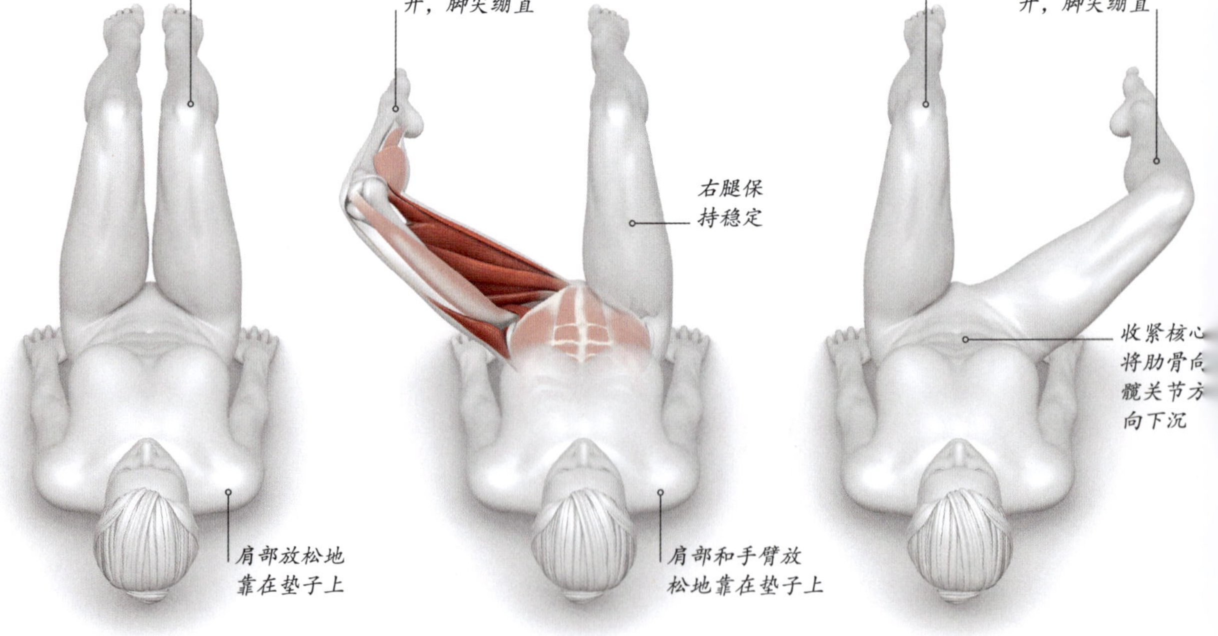

> 肩部放松,胸腔打开,双手轻轻放在垫子上,避免上半身和颈部发力。

膝关节弯曲90度,呈桌面式

肩部放松地靠在垫子上

左腿向外侧打开,脚尖绷直

右腿保持稳定

肩部和手臂放松地靠在垫子上

左腿保持稳定

右腿向外侧打开,脚尖绷直

收紧核心将肋骨向髋关节方向下沉

预备阶段
仰卧,保持脊柱和骨盆处于中立位,髋关节和膝关节各弯曲90度,呈水平桌面位。手臂在身体两侧伸展,掌心朝下。

第一阶段
呼气,左腿尽量远地向左移动,同时保持脊柱中立位和骨盆稳定。吸气,左腿回到起始位置。

第二阶段
呼气,右腿尽量远地向右移动。左右腿交替,重复6次。

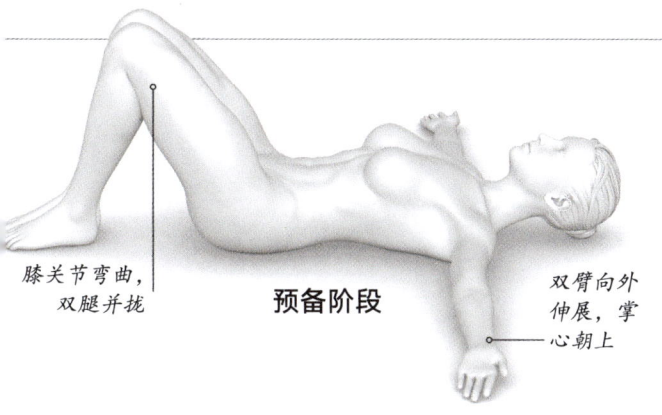

双脚着地式

该变式常用来放松或提高脊柱活动性,同时它还可以增强骨盆稳定性并强化腹斜肌力量。大腿内侧、膝关节和踝关节并拢,依次转动。

预备阶段
仰卧,保持脊柱和骨盆处于中立位,髋关节和膝关节弯曲,双脚放在垫子上。双臂伸展,与肩呈一条直线。双腿并拢,核心收紧。

第一阶段
呼气,双腿向左转动,带动骨盆和脊柱一起转动,同时头部向右旋转。吸气,暂停。呼气,下背部、骨盆和腿依次回到起始位置。

第二阶段
向右重复同样的动作,头部左转。左右交替,重复6次。最后回到预备阶段。

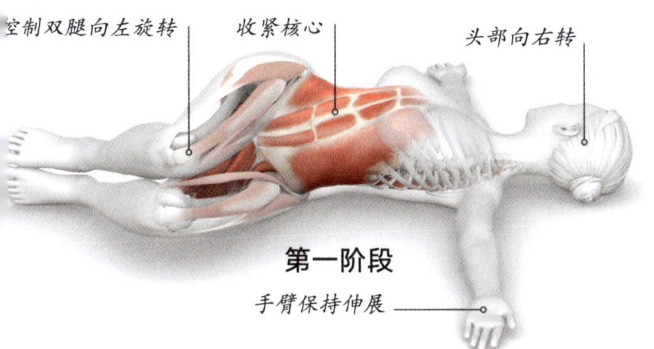

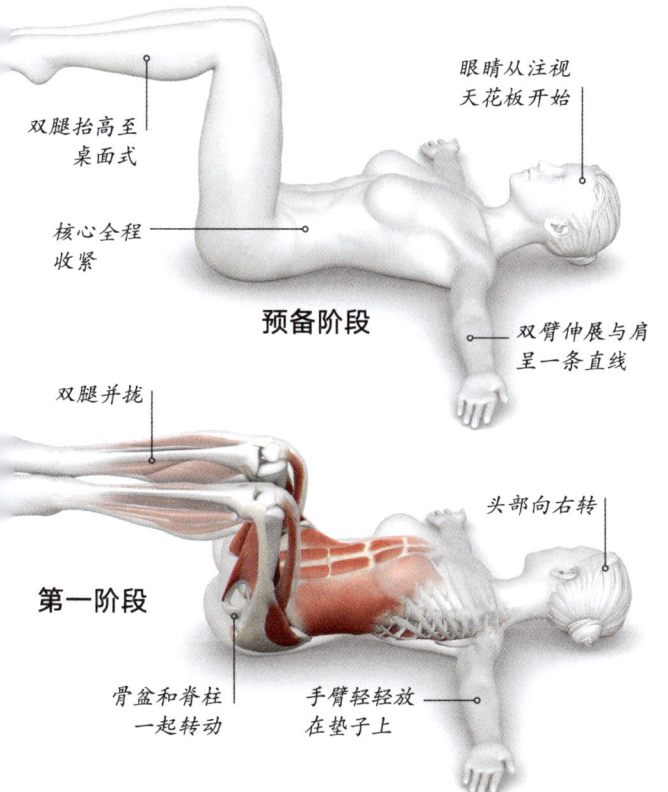

双腿扭转式

该变式是双脚落地的进阶版。与双脚落地效果相同,但该变式缺少了腿部支撑,加大了平衡难度,因此需要更强的腹部力量来控制和支撑双腿。

预备阶段
仰卧,保持脊柱和骨盆处于中立位,髋关节和膝关节弯曲90度,呈桌面式。双臂伸展与肩呈直线,掌心朝上。双腿并拢。

第一阶段
呼气,双腿尽可能远地向左转动,带动骨盆和脊柱一起转动,同时头部向右转。吸气,暂停。呼气,脊柱、骨盆和腿依次回到起始位置。重复6次。

第二阶段
换边,双腿向右转动,头部向左转。重复6次,然后回到预备阶段。

跪姿侧踢

跪姿侧踢是侧踢（见第94页）的进阶版，支撑点较少，可以很好地强化臀肌和斜肌力量，需要良好的肩部稳定性作为基础。该动作还可以通过长腿杠杆的前后移动，提高躯干的稳定性。

动作点睛

该动作需要稳定髋关节，同时保持躯干稳定，避免向下转动。两侧肩关节和髋关节与垫子垂直，打开胸腔。刚开始为降低难度，可以在支撑手下方放一块泡沫砖来保持髋关节位置不变，或者将支撑腿高度放低，随着力量增强，逐渐将腿抬至与垫子垂直。要想加大难度，抬起的那条腿可以加入弹动或画圈动作。

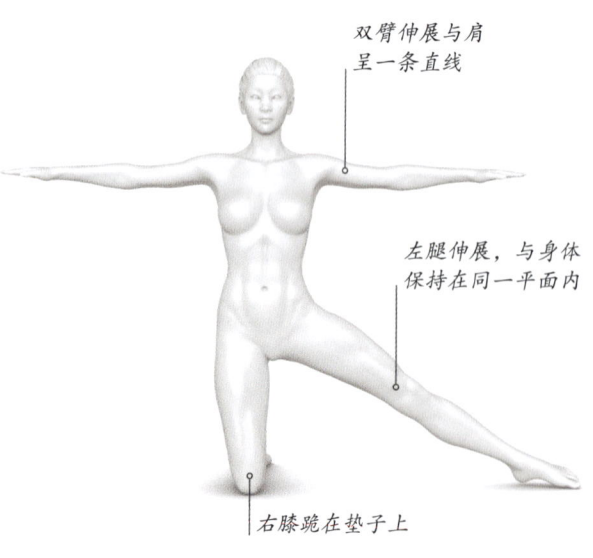

双臂伸展与肩呈一条直线

左腿伸展，与身体保持在同一平面内

右膝跪在垫子上

预备阶段
双膝跪在垫子上，双臂向两侧伸展与肩呈直线，掌心朝下。左腿向左侧伸展，脚尖绷直。

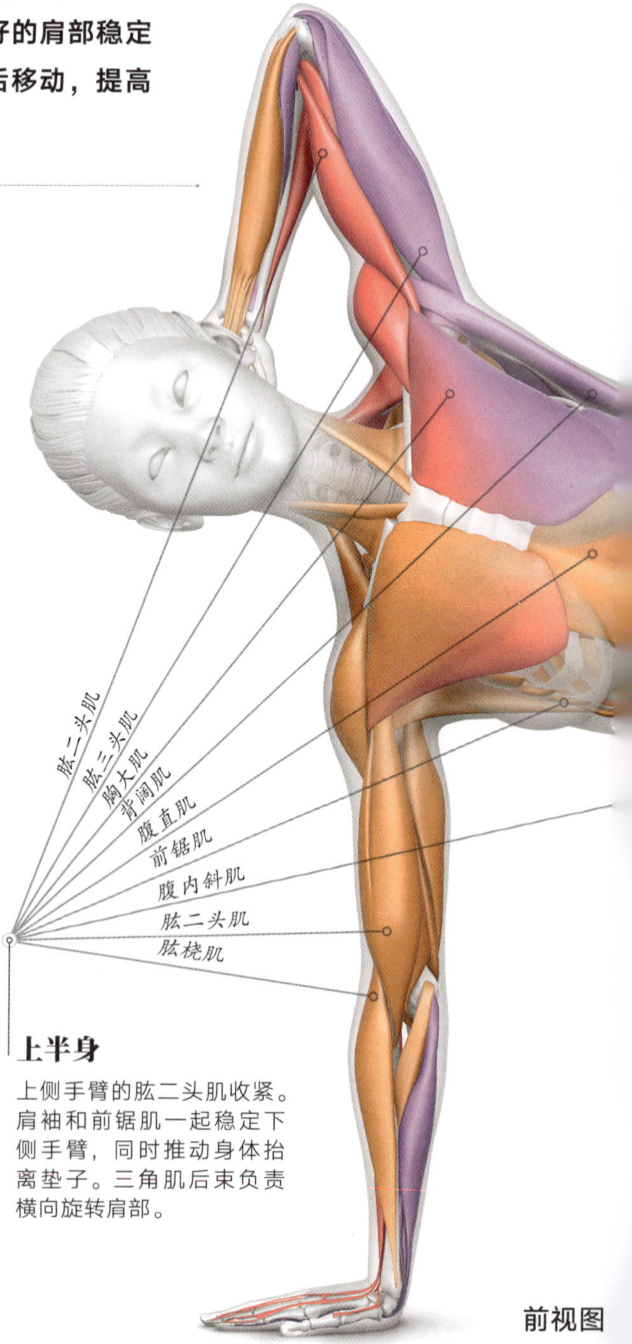

肱二头肌
肱三头肌
胸大肌
背阔肌
腹直肌
前锯肌
腹内斜肌
肱二头肌
肱桡肌

上半身
上侧手臂的肱二头肌收紧。肩袖和前锯肌一起稳定下侧手臂，同时推动身体抬离垫子。三角肌后束负责横向旋转肩部。

前视图

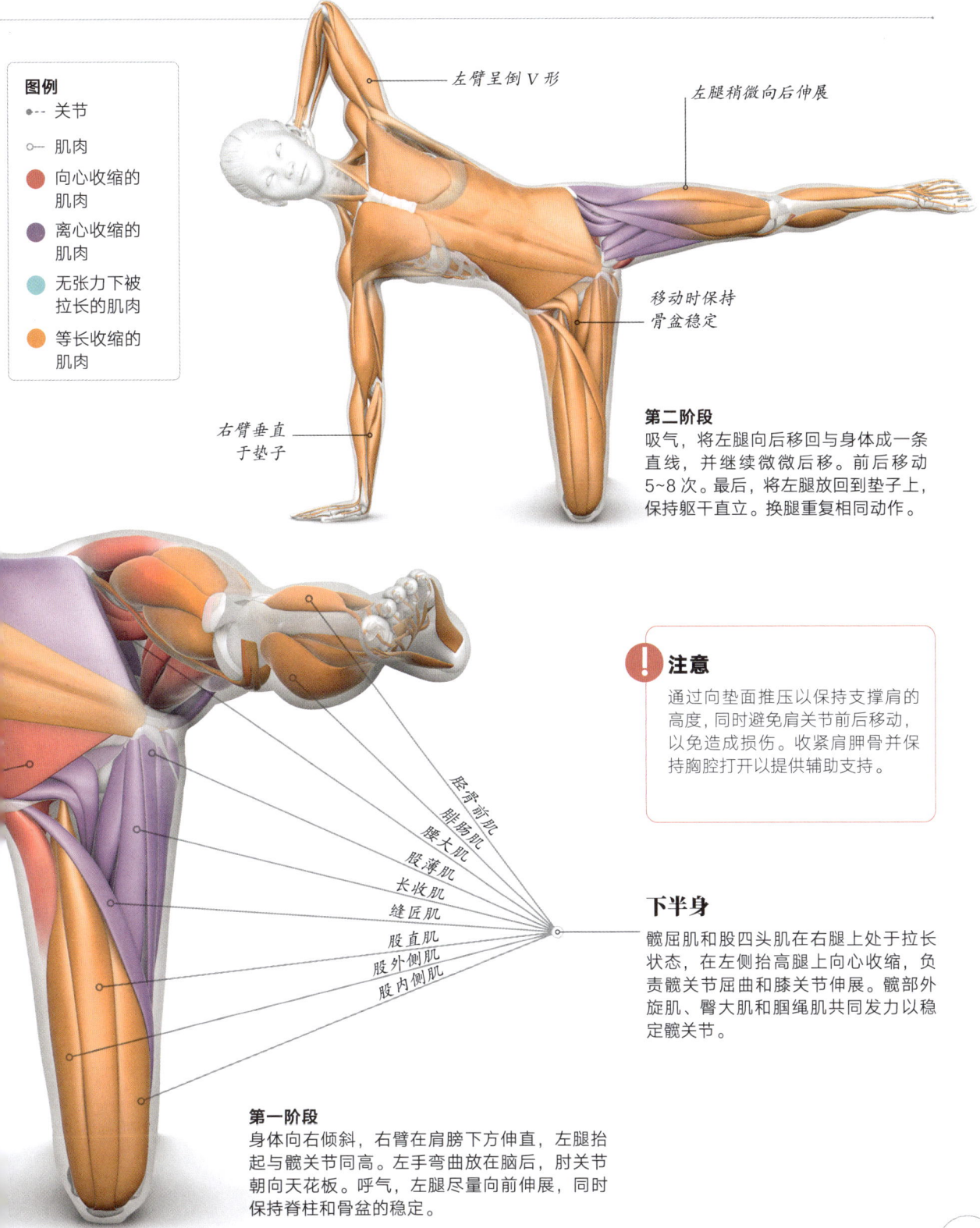

图例
- •— 关节
- ○— 肌肉
- ● 向心收缩的肌肉
- ● 离心收缩的肌肉
- ● 无张力下被拉长的肌肉
- ● 等长收缩的肌肉

左臂呈倒 V 形

左腿稍微向后伸展

移动时保持骨盆稳定

右臂垂直于垫子

第二阶段
吸气，将左腿向后移回与身体成一条直线，并继续微微后移。前后移动 5~8 次。最后，将左腿放回到垫子上，保持躯干直立。换腿重复相同动作。

⚠ 注意
通过向垫面推压以保持支撑肩的高度，同时避免肩关节前后移动，以免造成损伤。收紧肩胛骨并保持胸腔打开以提供辅助支持。

胫骨前肌
腓肠肌
腰大肌
股薄肌
长收肌
缝匠肌
股直肌
股外侧肌
股内侧肌

下半身
髋屈肌和股四头肌在右腿上处于拉长状态，在左侧抬高腿上向心收缩，负责髋关节屈曲和膝关节伸展。髋部外旋肌、臀大肌和腘绳肌共同发力以稳定髋关节。

第一阶段
身体向右倾斜，右臂在肩膀下方伸直，左腿抬起与髋关节同高。左手弯曲放在脑后，肘关节朝向天花板。呼气，左腿尽量向前伸展，同时保持脊柱和骨盆的稳定。

侧弯

侧弯是高级动作之一，可以提高身体平衡力和协调力，同时加强斜肌力量，上斜肌和背阔肌会被拉长。该动作上半身的动作难度较大，需要具备良好的肩部稳定性、肌肉耐力以及身体意识。

动作点睛

从髋关节和脊柱开始移动，而不是从上臂开始，肩胛骨略微后拉。特别注意要保持下侧肩关节稳定，不要锁紧肘关节或膝关节。初学者在预备阶段时，可以先将左膝放下，与右膝贴合，然后双膝弯曲，双腿向上抬起。重复3次，然后换边，从左髋部开始进行练习。

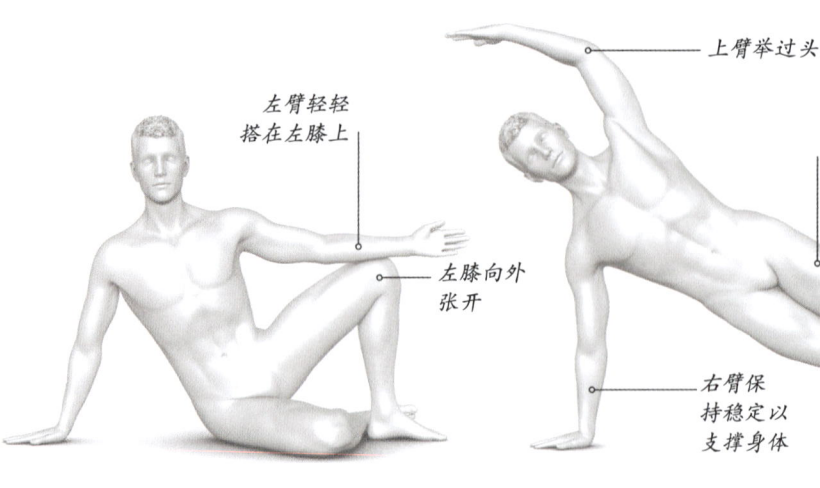

预备阶段一
侧坐在右臀上，右腿在地上弯曲，肩膀和骨盆朝前。左脚放在右腿前方，左脚平放在垫子上。右臂支撑身体。吸气，核心肌群和臀肌收紧。

预备阶段二
呼气，双脚用力下压，骨盆向上抬起。双腿伸直，大腿内侧贴紧，带动身体向上抬升，右肩位于手腕正上方。上臂举过头顶。吸气，保持。

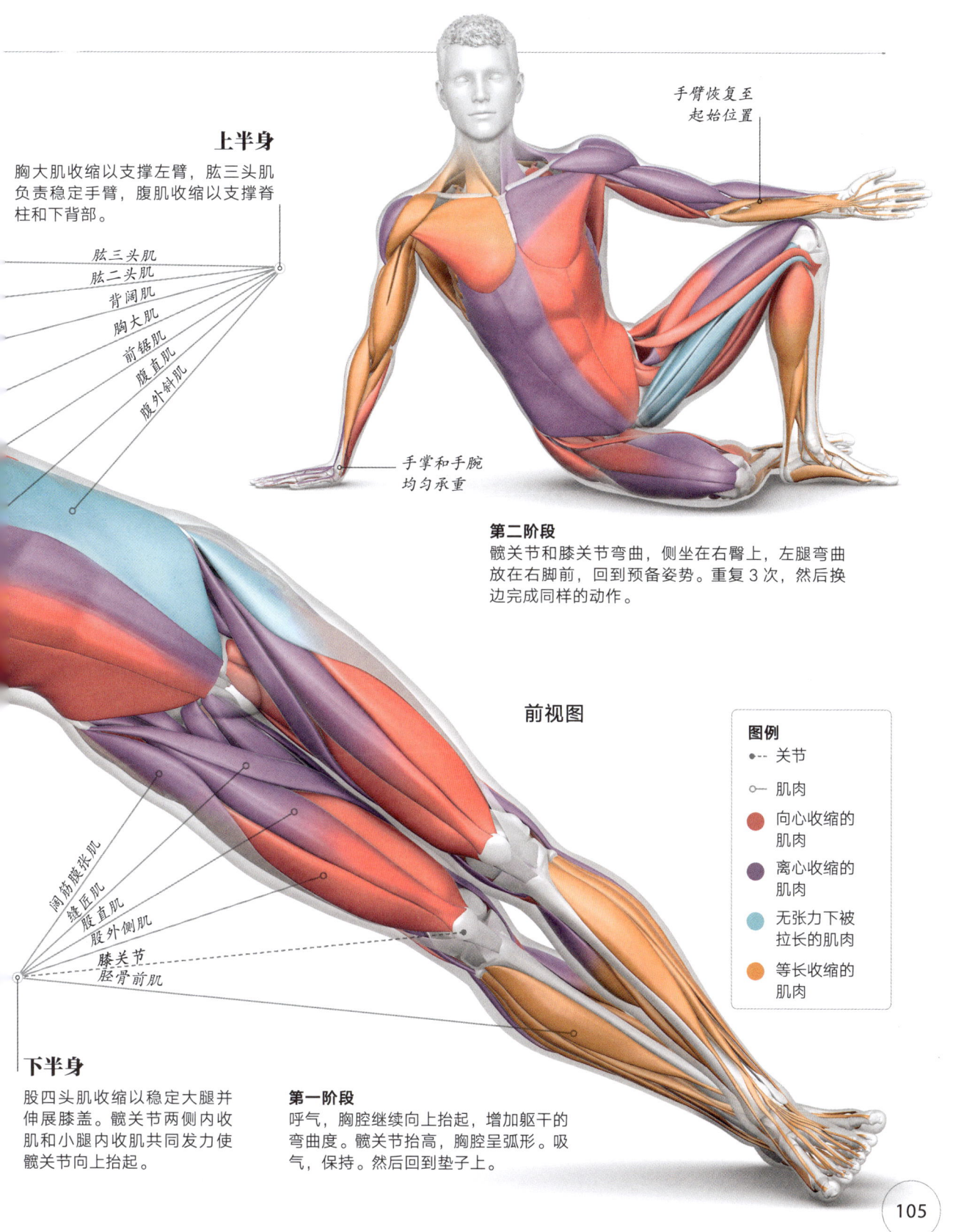

》变式动作

与侧弯相比，这些变式动作减少了对上肢力量的要求，从而有助于肩部和核心力量的提升。最后一个变式动作增加了手臂和腿部杠杆动作，需要更强的核心力量才能保持该姿势，因此可以锻炼核心力量和臀肌耐力。

图例	
主要目标肌肉	次要目标肌肉

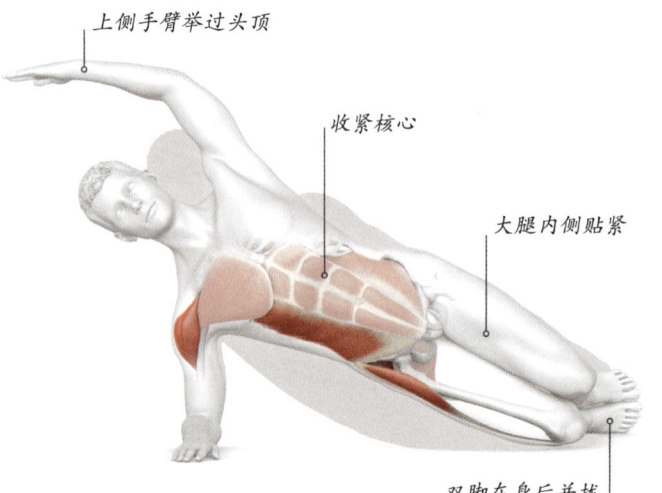

上侧手臂举过头顶　收紧核心　大腿内侧贴紧　双脚在身后并拢

预备阶段 / 第一阶段

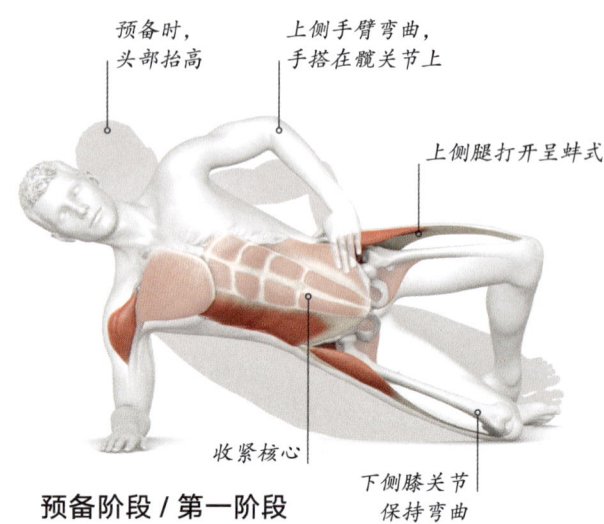

预备时，头部抬高　上侧手臂弯曲，手搭在髋关节上　上侧腿打开呈蚌式　收紧核心　下侧膝关节保持弯曲

预备阶段 / 第一阶段

半屈侧弯

保持大腿内侧和双脚贴紧，感受胸腔和核心的连接。耻骨前压，后侧臀肌发力。上身尽量抬高以远离下肩。

预备阶段
侧坐在右臀上，右前臂放在垫子上，掌心朝下，肩关节位于手肘正上方。双膝弯曲，双腿贴紧。

第一阶段
呼气，侧身抬起，髋关节向上抬高，身体从头部到膝盖呈一条对角线。同时，上臂举过头顶。吸气，胸腔顶部进一步向上抬高，增加身体弯曲程度。

第二阶段
呼气，回到垫子上。重复 4~6 次，然后换边完成同样的动作。

蚌式半屈侧弯

该变式中增加了蚌式开合动作（见第110页），进一步锻炼了骨盆稳定性，同时还能强化上臀肌力量。该变式很好地结合了两项动作，从而增加了运动强度。锻炼者可以通过保持姿势并开合上侧腿来进一步增加难度。

预备阶段
侧坐在右臀上，右前臂放在地上，掌心朝下，肩膀位于手肘正上方。膝关节弯曲，双腿贴紧。手放在髋关节上。

第一阶段
身体侧身抬起，呼气，髋关节轻轻向上抬起，身体从头部到膝盖呈一条对角线。髋关节和膝关节打开，做蚌式开合的动作。

第二阶段
吸气，回到垫子上。重复 4~6 次，然后换边完成同样的动作。

手肘触膝式半屈侧弯

左手臂和腿向远处伸展时,保持脊柱中立位,躯干抬起。感受腰部两侧被拉长,在手肘触碰膝盖时尽量保持腰两侧长度不变。

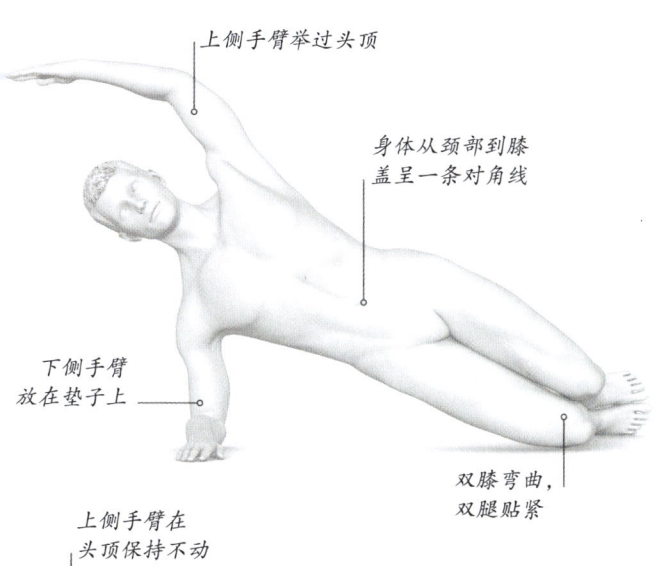

预备阶段

侧坐在右臀上,右前臂放在垫子上,双膝弯曲,双腿贴紧。呼气,身体侧身抬离垫子,髋关节抬高,左臂举过头顶。

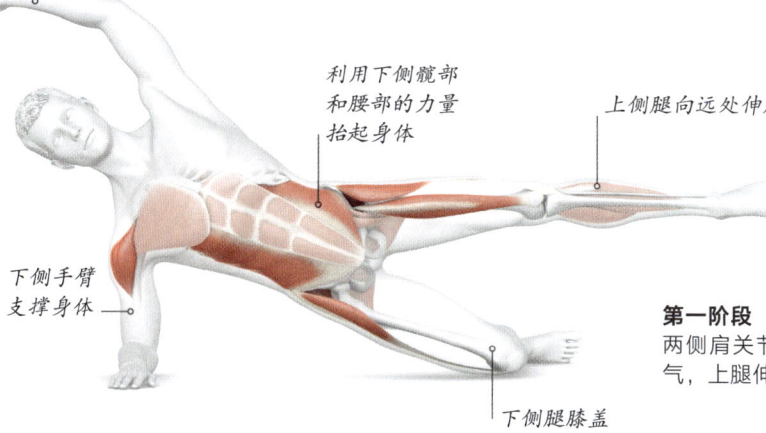

第一阶段

两侧肩关节和髋关节垂直于垫子,吸气,上腿伸直,脚尖绷直。

第二阶段

呼气,左膝弯曲并靠向身体,同时左手肘关节弯曲向下触碰膝盖。吸气,左手臂回到头顶,左腿再次伸直。重复4~6次,然后换边完成同样的动作。

侧转

侧转动作是侧弯动作的进阶版（见第104页），通过旋转来提高脊柱的活动性，而旋转需要较强的骨盆稳定性、核心力量和肩部力量。该动作适合大多数人，特别是练习体操和武术等运动项目的人，因为这些运动往往需要高水平的旋转力和控制力。

动作点睛

从预备阶段二的姿势开始，将骨盆抬高，核心收紧，上臂跟随脊柱一起旋转，从躯干下方穿过带动身体旋转。过程中控制手臂以免下垂，右侧支撑手臂继续支撑身体，骨盆抬高，躯干朝向垫子旋转，左臂从躯干下方穿过，另一侧手臂继续支撑身体。吸气，手臂回到预备阶段二的位置。

第一阶段

呼气，骨盆抬高，躯干朝向垫子旋转，左臂、左肩朝下方穿过，另一侧手臂继续支撑身体。吸气，手臂继续支撑身体以稳定肩部并保持肩部高度不变。双腿始终贴紧，平稳地转动。

预备阶段一

侧坐在右臀上，右腿弯曲，肩膀和骨盆朝前。左脚放在右脚前，用右臂支撑身体。吸气，收紧核心。

预备阶段二

呼气，向上抬起骨盆。双腿伸直，内侧贴紧，带动身体抬高，身体呈一条对角线。吸气，上臂举过头顶。

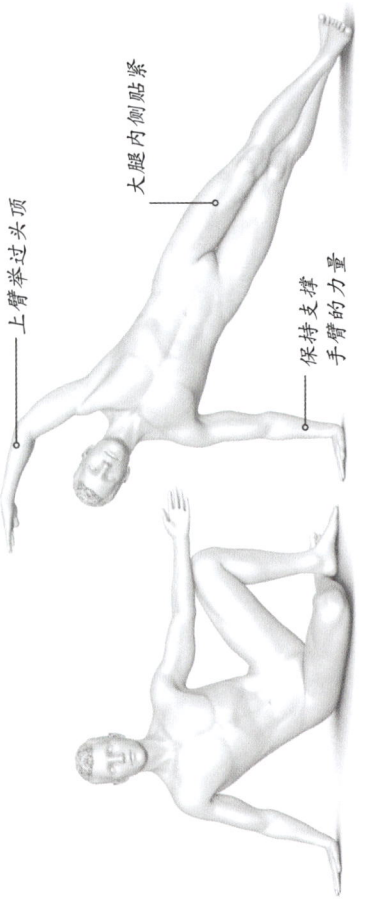

— 上臂举过头顶

— 大腿内侧贴紧

— 保持支撑手臂的力量

下半身

髋屈肌收缩使髋关节屈曲。股四头肌使膝关节伸展，内收肌负责稳定髋关节和腿部。臀肌、腘绳肌和小腿肌拉长。

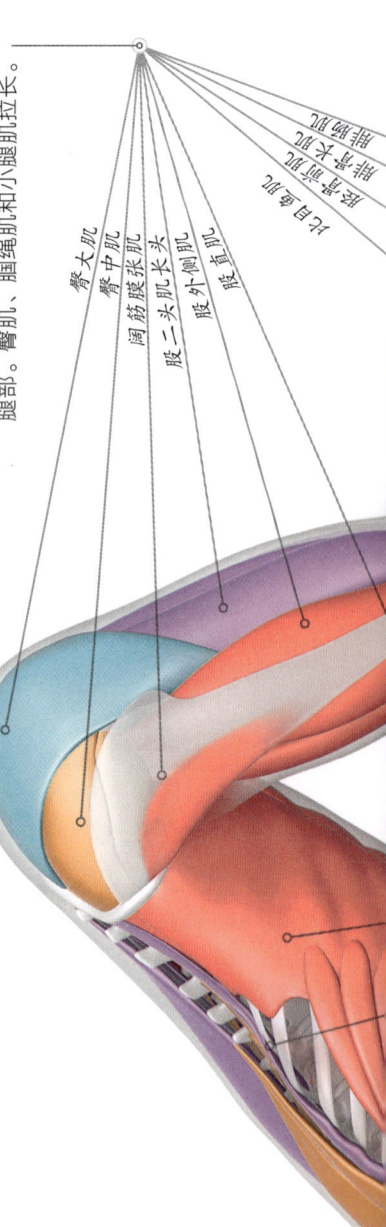

— 臀大肌
— 臀中肌
— 阔筋膜张肌
— 股二头肌长头
— 股外侧肌
— 股直肌

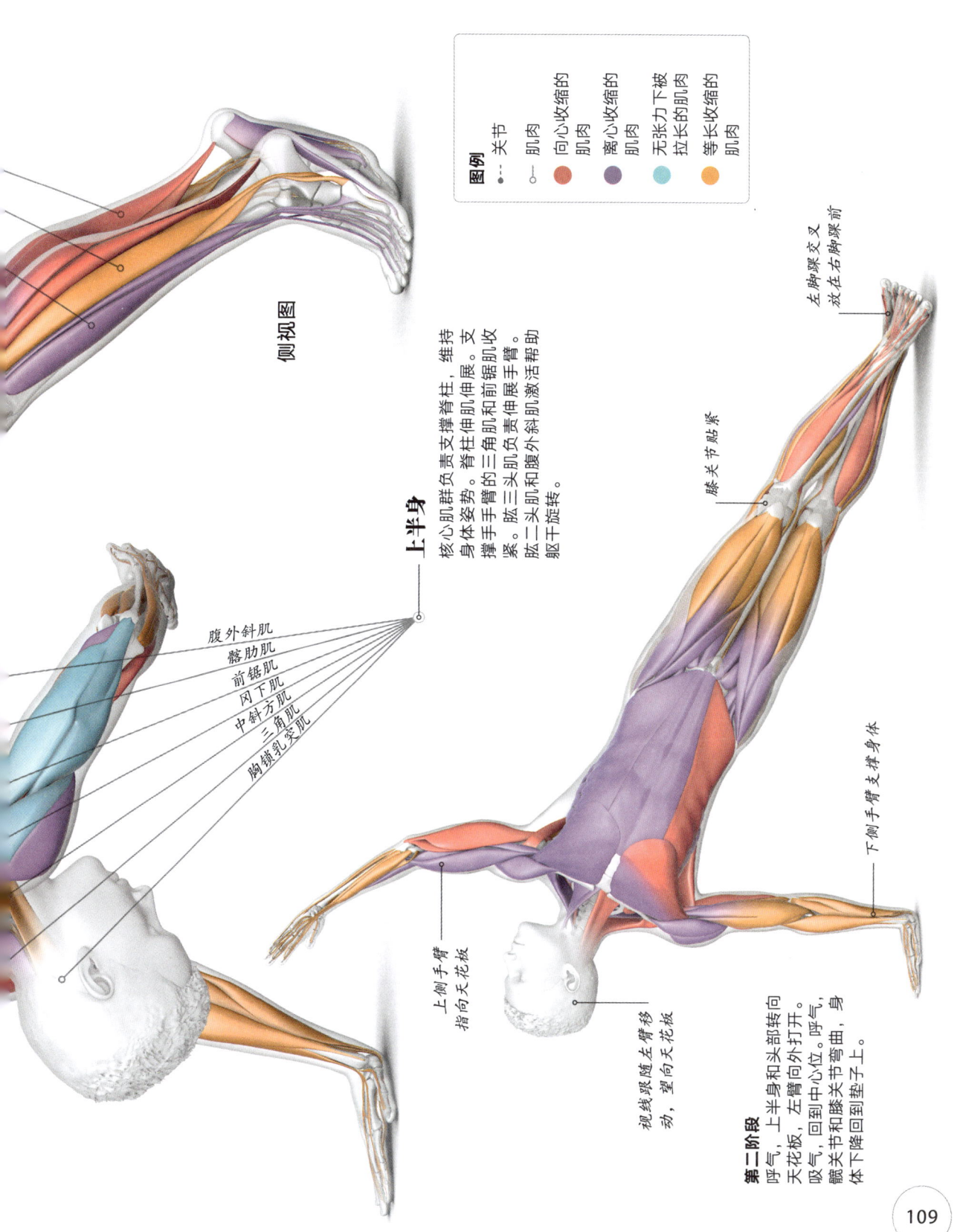

普拉提运动解剖学

蚌式开合

蚌式开合可以激活并强化臀肌,同时通过髋关节旋转增强核心稳定性。要想进一步提高臀肌的耐力,可以在结束姿势上停留一下,或者在动作最后加入腿部的快速弹动。该动作可以同时提高肌肉力量和耐力,从而有效锻炼髋关节。

注意

该动作可能不适合髋关节外侧病变人群,因为侧卧姿势会导致身体压力落在髋关节上,容易引起髋关节不适。该动作同样不适合梨状肌疼痛的人群。如果髋关节疼痛导致活动不便,可以将弹力带绑在两个膝盖上,以防止运动幅度过大,上侧膝关节向上拉紧弹力带,每次持续 5 秒。

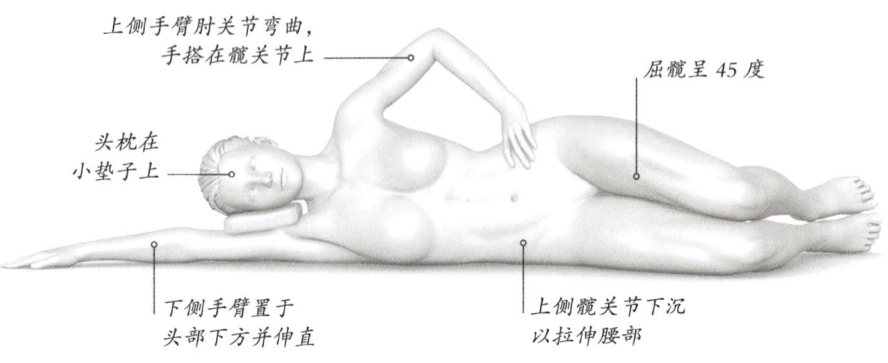

预备阶段

侧卧,两侧肩关节和髋关节垂直于垫子,保持脊柱和骨盆处于中立位。膝关节弯曲,双脚与脊柱在一条直线上,头部下方的手臂伸直。在耳朵和肩膀之间放一个小垫子。左手放在髋关节上,肩胛骨保持中立位。

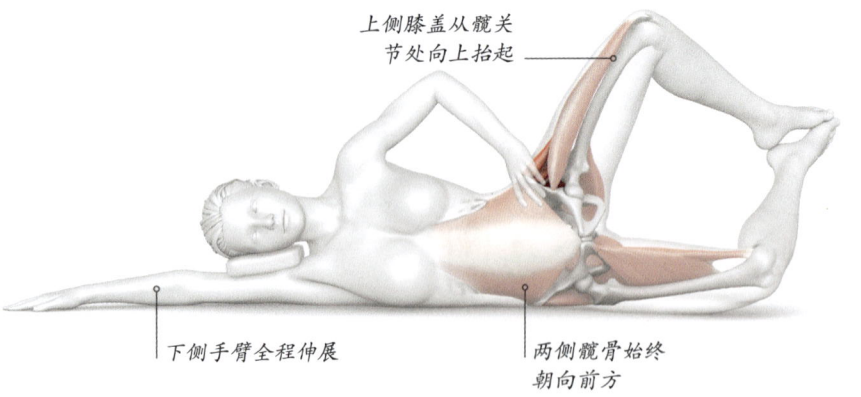

第一阶段

双脚抬起与髋同高,全程保持双脚紧贴,躯干处于中立位。吸气,身体拉长。呼气,上侧膝关节从髋关节处向上抬起。骨盆和脊柱保持中立位,尽可能地抬高上侧膝关节。

第二阶段

吸气,膝关节回到起始位置,双腿膝盖和大腿内侧贴紧,双脚抬离垫子。重复 8~10 次,然后换边完成同样的动作。

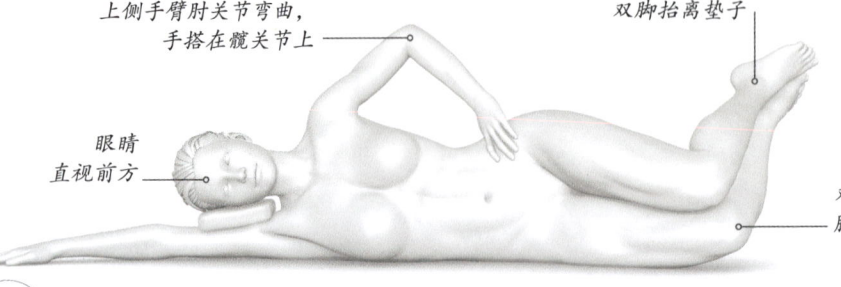

侧卧开合

这是一个简单的髋部动作,主要通过髋关节旋转来锻炼臀肌,提高髋关节稳定性。对于髋部练习来说,这是一项很好的起步训练,可以提高平衡力,增强侧卧稳定性。该练习可以放在侧踢(见第94页)和侧卧并腿抬起(见第112页)之前进行。

图例
● 主要目标肌肉　● 次要目标肌肉

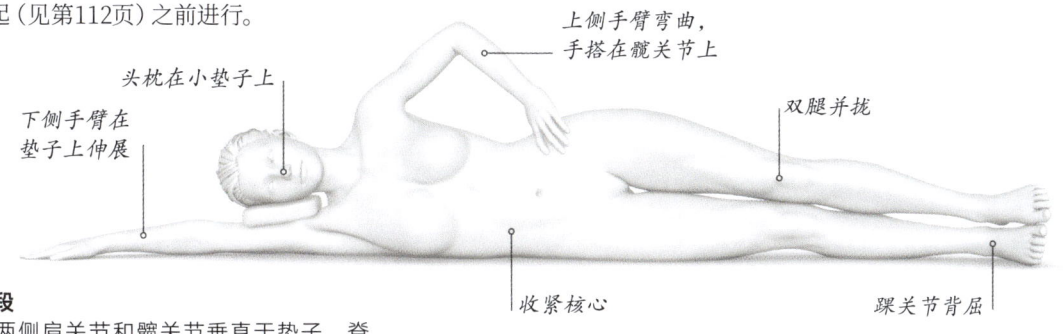

头枕在小垫子上
下侧手臂在垫子上伸展
上侧手臂弯曲,手搭在髋关节上
双腿并拢
收紧核心
踝关节背屈

预备阶段
侧卧,两侧肩关节和髋关节垂直于垫子,脊柱保持中立位,脚踝弯曲,双腿伸直。左手放在髋关节上,肩胛骨保持中立位。

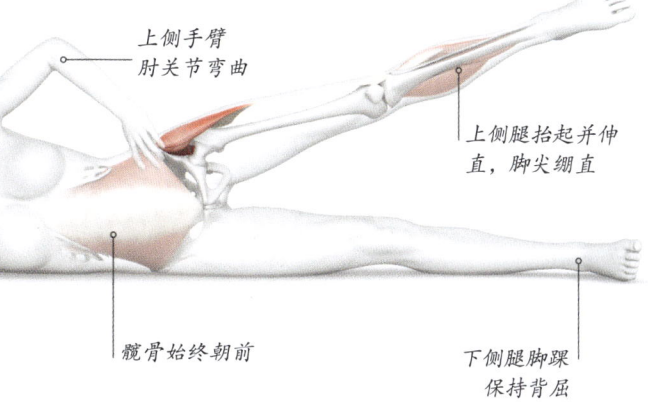

下侧手臂保持伸展
上侧手臂肘关节弯曲
上侧腿抬起并伸直,脚尖绷直
髋骨始终朝前
下侧腿脚踝保持背屈

第一阶段
呼气,上侧腿抬起并伸直,脚尖绷直。保持脊柱和骨盆的中立位的同时,尽可能地抬高上侧腿。吸气,脚踝弯曲,上侧腿回到起始位置。重复10次,然后换边完成同样的动作。

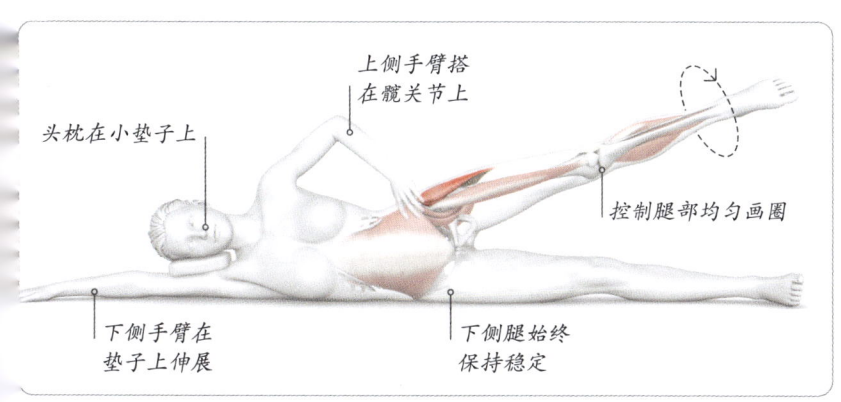

头枕在小垫子上
上侧手臂搭在髋关节上
控制腿部均匀画圈
下侧手臂在垫子上伸展
下侧腿始终保持稳定

》变式动作

从预准备姿势开始,上侧腿抬至与髋同高,与下侧腿保持平行,脚尖绷直。吸气,拉伸腿部和躯干。呼气,上侧腿依次向前、上、后、下转动画圈。吸气,继续画圈,呼气。重复10次,然后换边完成同样的动作。

侧卧并腿抬起

侧卧并腿抬起是一项难度较大的侧卧动作。该动作可以增强臀肌,提高髋关节的旋转稳定性,同时还可以提高侧卧时的平衡力和协调性。掌握该动作后,再去尝试侧踢(见第94页)会更轻松。该动作还可以增强或恢复内收肌和腹股沟肌力量,是一项很好的基础性训练。要想减轻核心肌群和内收肌的负荷,可以在预备阶段保持双膝弯曲。

> **注意**
> 在做该动作时,为避免下背部受损,躯干应始终保持伸展。该动作需要较强的核心力量来支撑双腿的重量,因此如果感到疼痛或出现急性背痛,最好立刻停止训练。

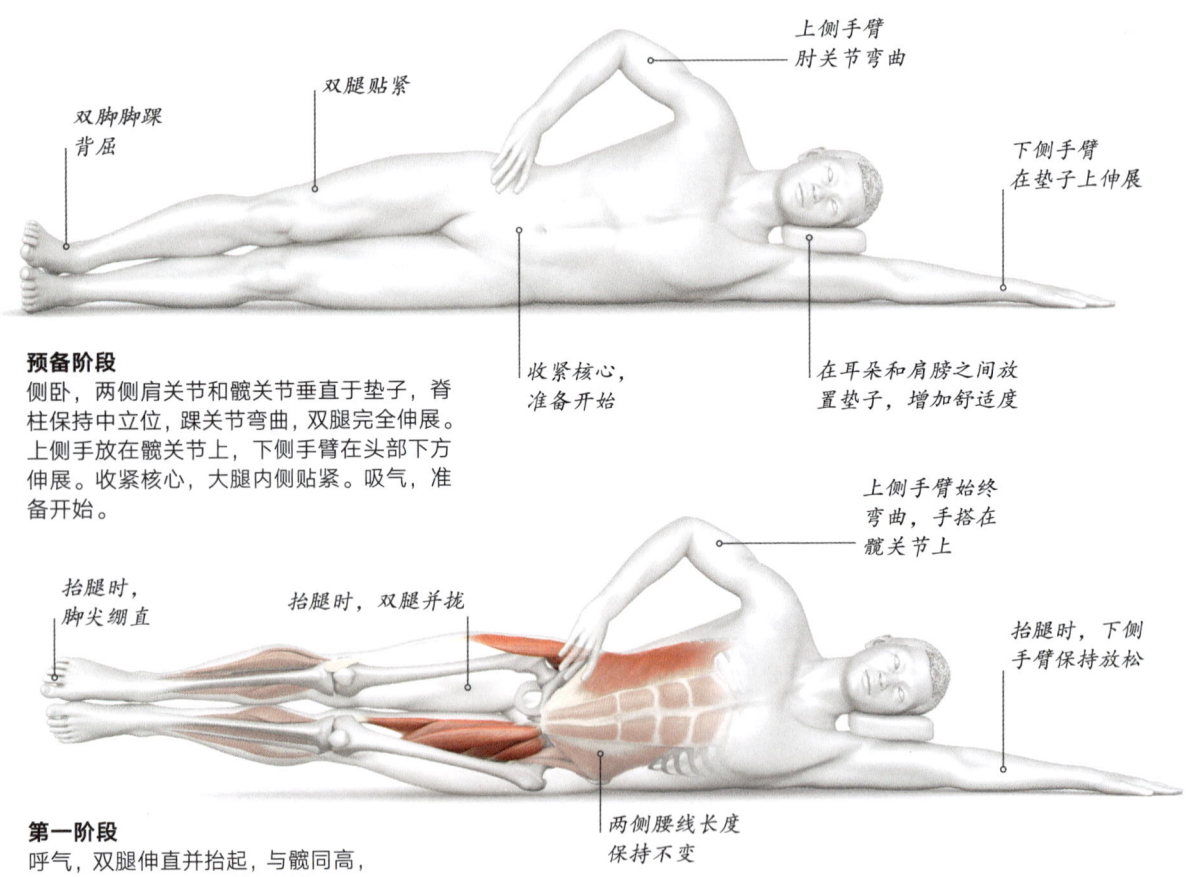

预备阶段
侧卧,两侧肩关节和髋关节垂直于垫子,脊柱保持中立位,踝关节弯曲,双腿完全伸展。上侧手放在髋关节上,下侧手臂在头部下方伸展。收紧核心,大腿内侧贴紧。吸气,准备开始。

第一阶段
呼气,双腿伸直并抬起,与髋同高,脚尖绷直。吸气,保持。呼气,双腿回到垫子上。重复10次,然后换边完成同样的动作。

图例
● 主要目标肌肉　● 次要目标肌肉

延长双腿抬起的时间,可进一步提高臀肌和斜肌的耐力

侧卧分腿抬起

该动作可以作为侧卧并腿抬起的基础动作,因为它可以通过分阶段抬腿的方式来锻炼侧卧平衡。该动作还能提高肌耐力和控制力。

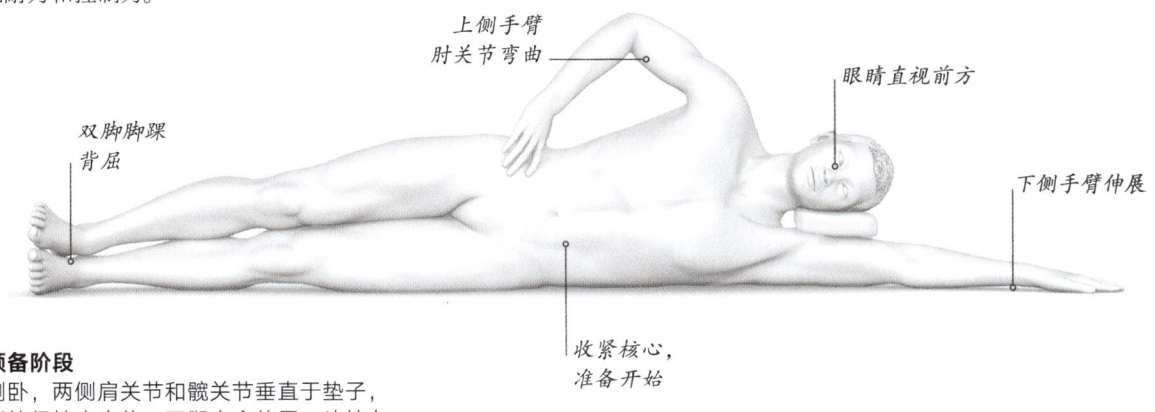

预备阶段
侧卧,两侧肩关节和髋关节垂直于垫子,脊柱保持中立位,双腿完全伸展,头枕在小垫子上。

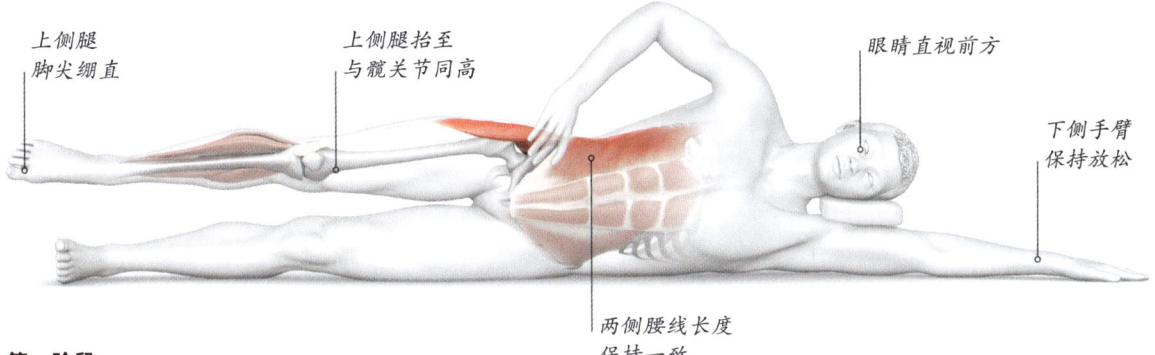

第一阶段
呼气,上侧腿抬至与髋同高,脚尖绷直,双腿向远处伸展。

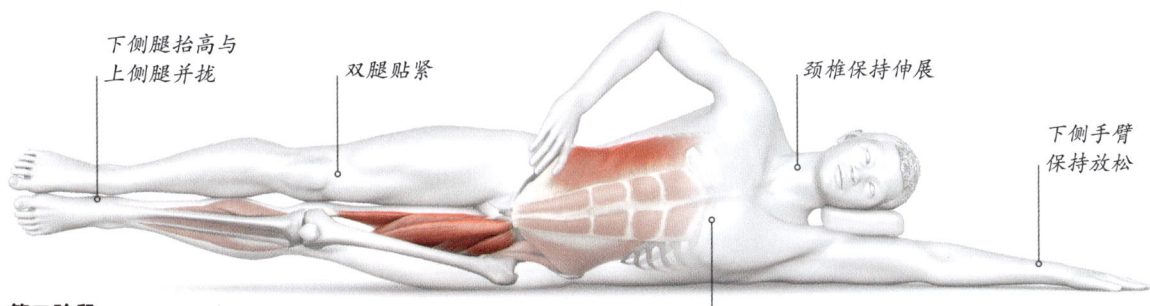

第二阶段
吸气,下侧腿抬高与上侧腿并拢,双腿贴紧。呼气,保持。吸气,双腿回到垫子上。重复至多10次,然后换边完成同样的动作。

力量
训练

  本节中的训练建立在稳定性训练的基础上，可以调动整体肌肉和更多的浅层肌肉，以提高身体的运动能力，为日常活动打下基础。力量训练的重点在于激活更多或更大的肌群来产生额外的力量，对身体素质的要求也更高。

普拉提运动解剖学

长躯席卷

长躯席卷可以通过大幅度运动有效活动脊柱，强化腹部肌肉。该动作需要协调脊柱、骨盆和胸腔，同时需要一定的肌肉力量和控制力，避免身体在回落时摔倒。

动作点睛

该动作需要用呼吸来配合锻炼。吸气时，手臂向上抬起，头部也随之抬起；上半身继续向前卷动，核心肌群发力以稳定躯干，避免腿部移动。脊柱伸脊柱。双腿贴紧并用力下压垫子以支撑并拉和胸部向上抬起，避免上半身向前倾倒。

双臂沉肩 头顶上方 胸腔下沉，连 双脚并拢
伸展，掌心朝上 接核心肌群 踝关节背屈

预备阶段

仰卧，双腿伸直并拢，脊柱保持中立位，双脚向上弯曲。手臂举过头顶，平放在垫子上。

> **注意**
> 该动作不适合患有急性背痛的人群，因为会扩大其脊柱活动范围，给脊柱增加负担。

第一阶段

吸气，双臂抬起，略高于肩，掌心朝前，同时头部、颈部和上半身依次向前卷起，下巴靠向胸部。慢慢呼气，椎骨逐节向前卷起，脊柱向前弯曲，手臂向胸的方向伸展。身体呈C形曲线时，保持骨盆高度不变。

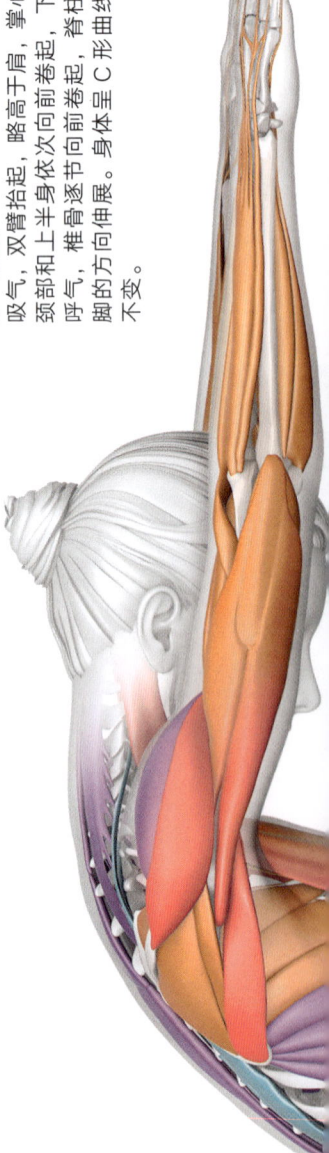

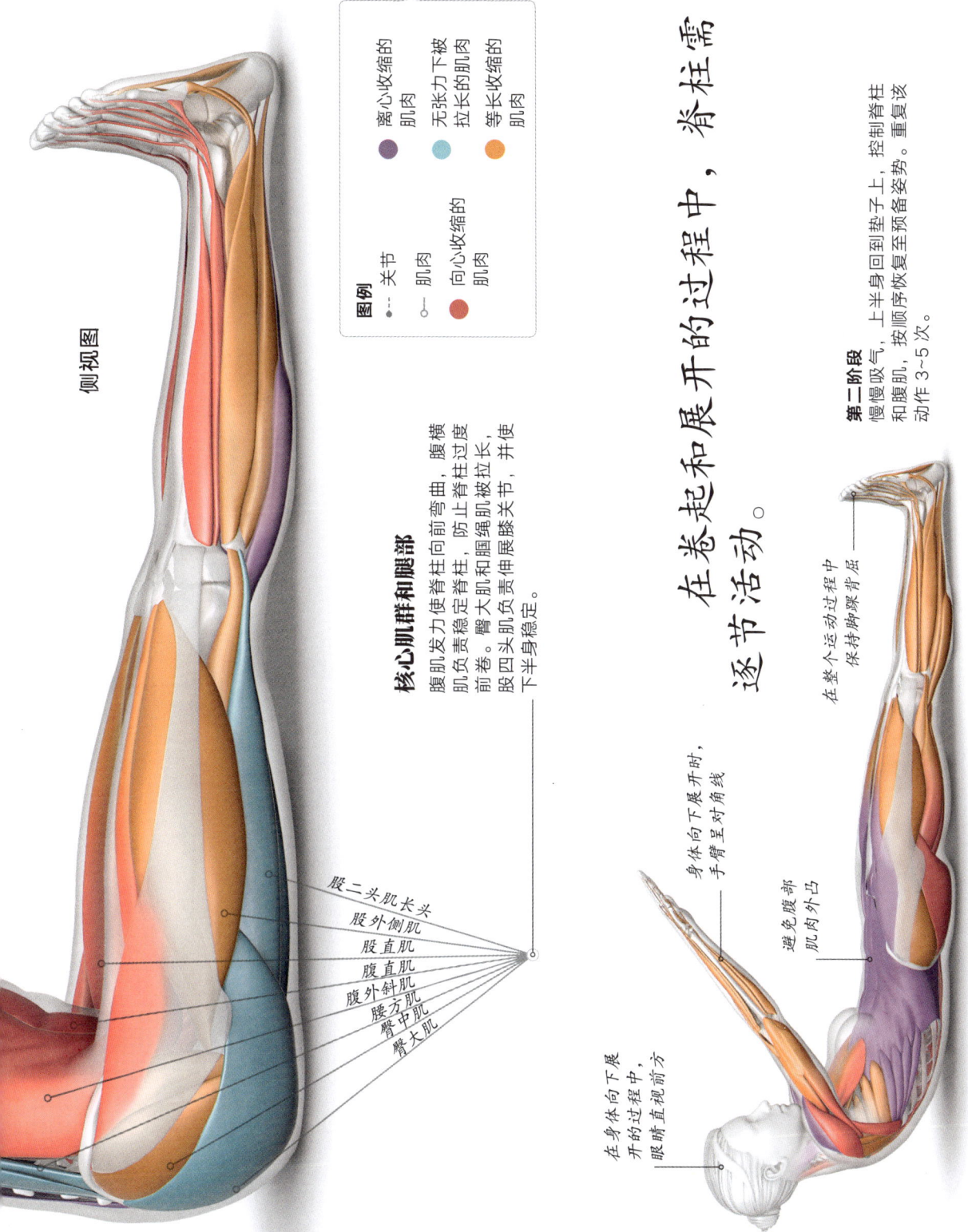

》变式动作

这些变式与长躯席卷在动作上虽然有一定的差异,但都能达到强化腹肌力量、提高控制力的效果。这些变式有的可以在日常生活中完成(椅上式),有的可以在垫子上完成(垫上式),有的可以借助普拉提器械完成(弹力带辅助式)。

图例
● 主要目标肌肉　● 次要目标肌肉

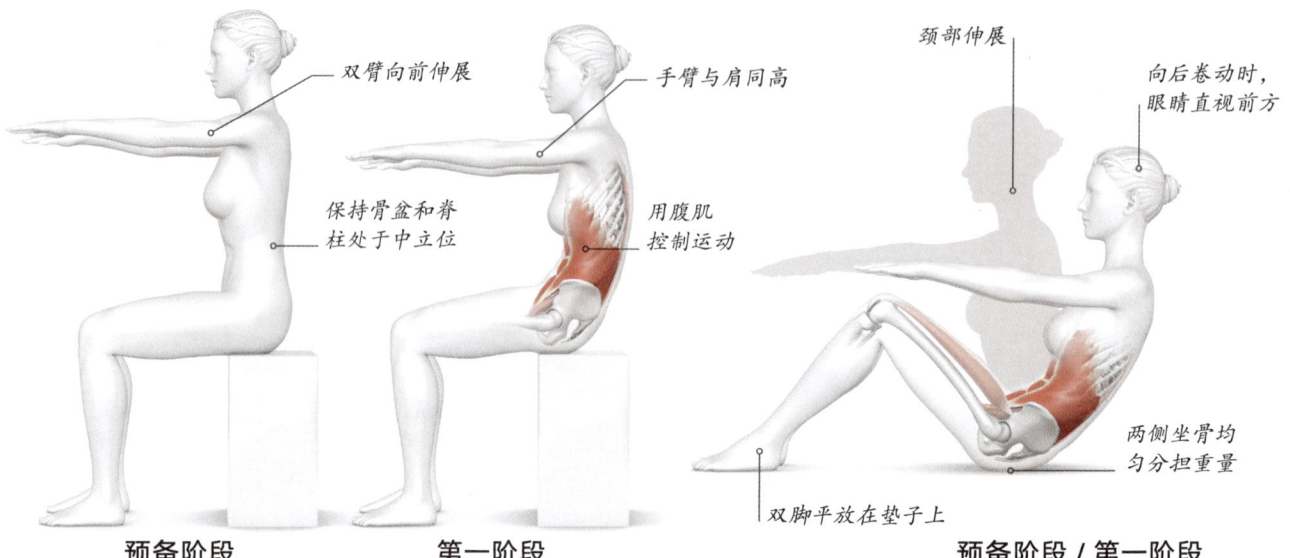

椅上式

坐在椅子边缘,双脚平放在地上。身体向后卷动,注意保持上半身稳定,避免塌腰或含胸。慢慢拉伸腰部和脊柱。

预备阶段
坐在椅子上,上半身直立,身体重量均匀分配于两侧坐骨,骨盆和脊柱保持中立位,颈部伸展。双臂前伸与肩同高,掌心朝下。

第一阶段
呼气,骨盆后倾,脊柱逐节向后卷动,身体呈C形曲线。

第二阶段
吸气,回到直立坐姿,上身稍微前屈,中背部、下背部和骨盆依次向前弯曲。重复8~10次。

垫上式

该变式有助于初学者练习长躯席卷,并了解自己能够向前卷起的距离。确保每次增加卷动幅度后都能轻松完成动作。腹肌全程收紧,避免外凸。

预备阶段
坐在垫子上,髋关节和膝关节弯曲,双脚平放在垫子上,保持骨盆和脊柱处于中立位。双臂抬起与肩同高,掌心朝下。

第一阶段
呼气,骨盆向后转动,逐节向后弯曲脊柱成C形。

第二阶段
吸气,开始恢复至直立坐姿。先将上半身稍微前屈,然后中背部、腰部和骨盆依次向前弯曲。重复8~10次,逐渐增加向后卷动的幅度,直到可以触碰到垫子,然后再次卷起。

使用弹力带可以让锻炼者更从容地向后卷动，并方便逐渐增加卷动幅度，更快获得训练效果。

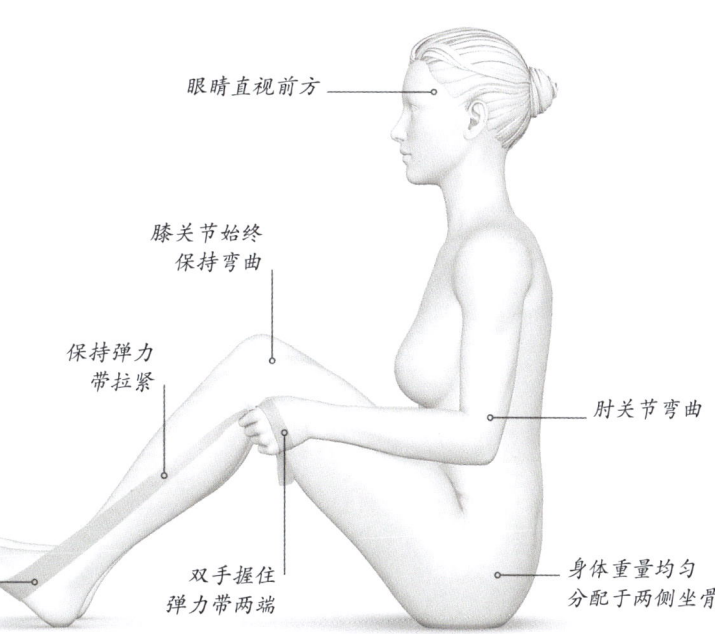

- 眼睛直视前方
- 膝关节始终保持弯曲
- 保持弹力带拉紧
- 肘关节弯曲
- 将弹力带绕过脚底
- 双手握住弹力带两端
- 身体重量均匀分配于两侧坐骨

预备阶段

弹力带辅助式

弹力带可以有效帮助脊柱卷动，增强控制力。弹力带拉得越紧，提供的支撑越多。肩膀和手臂保持放松，专注于腹肌发力，将胸骨抬高。

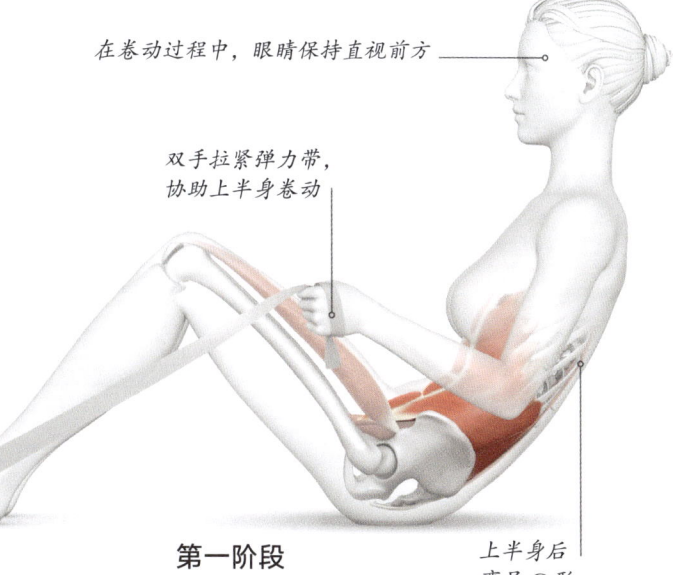

- 在卷动过程中，眼睛保持直视前方
- 双手拉紧弹力带，协助上半身卷动
- 利用弹力带的拉力来控制上半身卷动
- 上半身后弯呈 C 形

第一阶段

预备阶段
直立坐在垫子上。双脚平放在地上，踝关节弯曲，骨盆和脊柱保持中立位，颈部拉长。将弹力带绕过双脚脚底。

第一阶段
肩膀向下放松，呼气，骨盆后倾，脊柱逐节向后弯曲呈 C 形。用腹肌控制身体移动。

第二阶段
吸气，上身前屈，逐渐恢复至直立坐姿。重复 8~10 次，逐渐增加向后卷动的幅度，并放松弹力带以减少支撑。

超越卷动

超越卷动是普拉提高级动作之一,是长躯席卷动作的反向版本(见第116页)。该动作通过身体倒转这种大幅度运动,可以增强腹部力量,提高脊柱控制力。

动作点睛

在练习超越卷动之前,先活动脊柱,确保完成热身,然后核心收紧,双腿伸直,双脚与尾骨之间的距离保持不变,脊柱伸展。胸腔和肩关节打开,颈部伸展。可以先弯曲膝关节,让超越卷动更轻松,但要避免膝盖靠近胸部。重复3~6次。

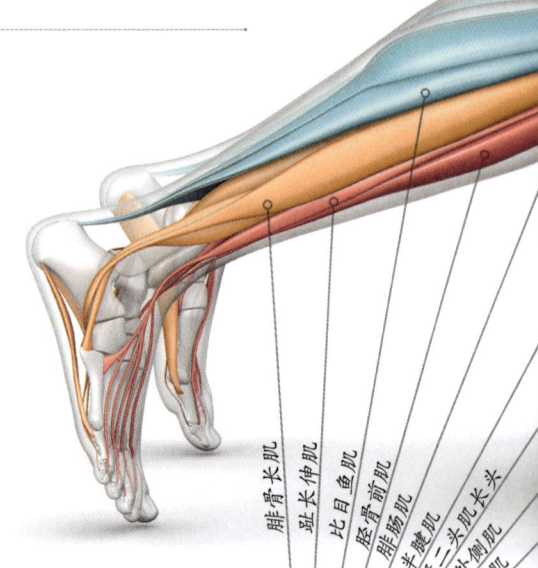

腓骨长肌
趾长伸肌
胫骨前肌
腓肠肌
半腱肌
股二头肌长头
股外侧肌
臀大肌

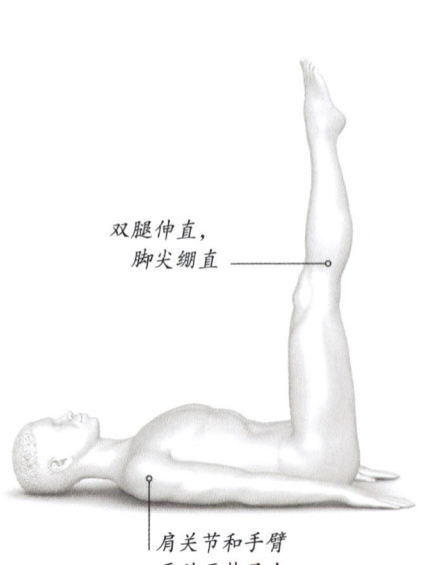

双腿伸直,脚尖绷直

肩关节和手臂平放于垫子上

预备阶段
平躺在垫子上,双腿向外伸展,脚尖绷直,大腿内侧并拢。吸气,双腿向上伸展,朝向天花板,使髋关节呈90度。

注意
超越卷动不适合颈部受伤的人群,因为颈部承受负荷过大,容易使情况恶化。患有下背部疼痛的人也应该避免该动作,因为该动作需要大幅度弯曲脊柱,对肌肉力量要求较高。

腿部
腘绳肌拉长并激活,使腿部向上伸展。股四头肌负责膝关节伸展,防止腿向躯干方向倾倒。踝关节背屈肌激活,以拉伸小腿肌肉。

上半身

核心肌群负责稳定脊柱，腹肌使脊柱弯曲。脊柱伸肌拉长。手臂下压保持身体稳定时，背阔肌、三角肌后束和肱三头肌激活。

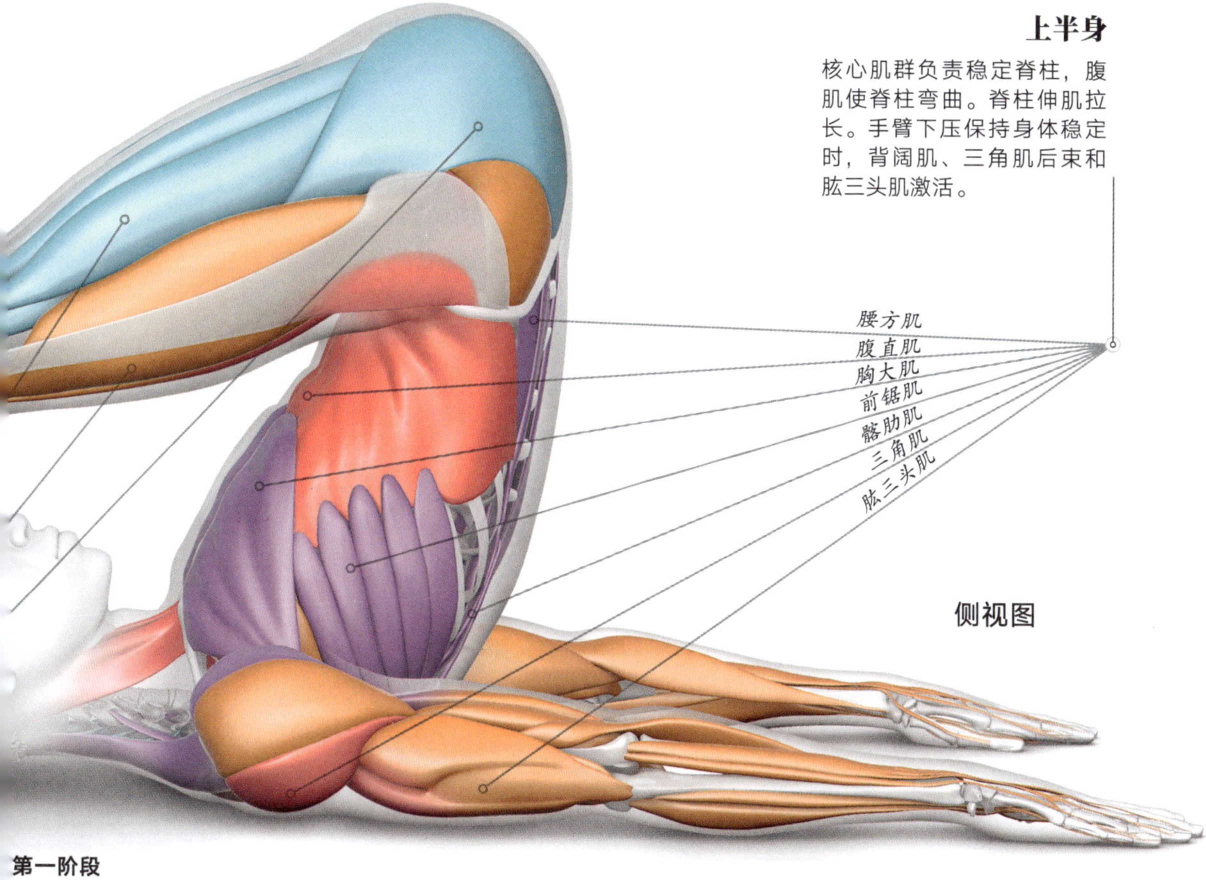

- 腰方肌
- 腹直肌
- 胸大肌
- 前锯肌
- 髂肋肌
- 三角肌
- 肱三头肌

侧视图

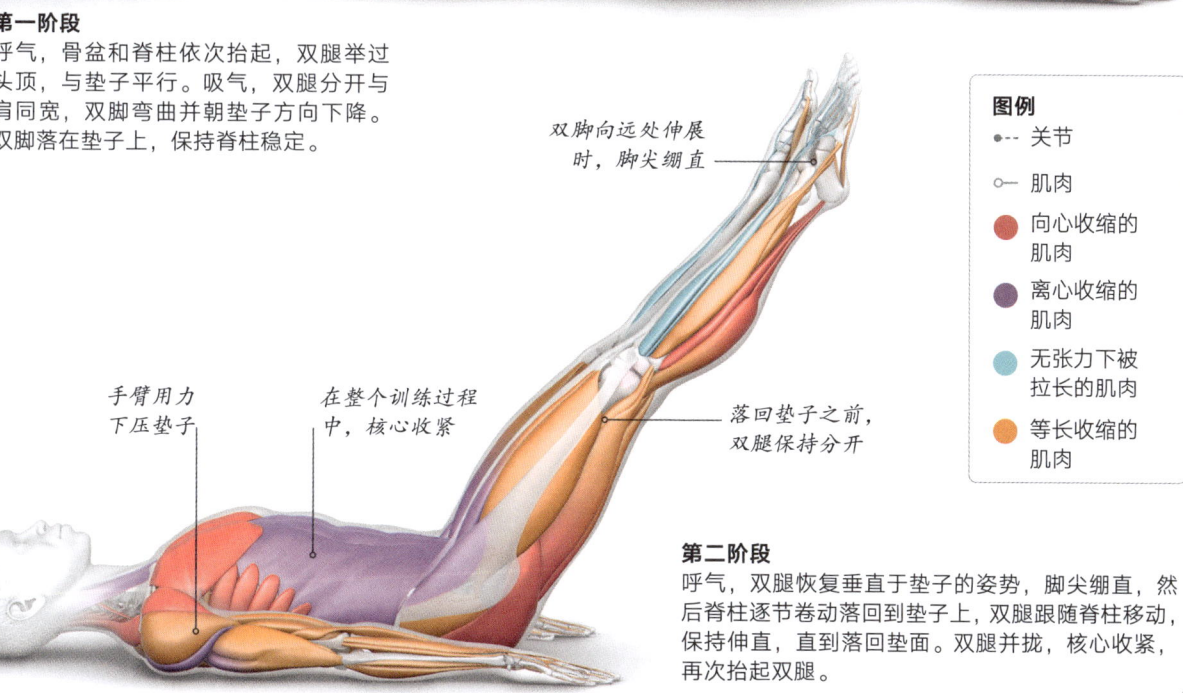

第一阶段

呼气，骨盆和脊柱依次抬起，双腿举过头顶，与垫子平行。吸气，双腿分开与肩同宽，双脚弯曲并朝垫子方向下降。双脚落在垫子上，保持脊柱稳定。

双脚向远处伸展时，脚尖绷直

手臂用力下压垫子

在整个训练过程中，核心收紧

落回垫子之前，双腿保持分开

图例
- ●--- 关节
- ○— 肌肉
- ● 向心收缩的肌肉
- ● 离心收缩的肌肉
- ● 无张力下被拉长的肌肉
- ● 等长收缩的肌肉

第二阶段

呼气，双腿恢复垂直于垫子的姿势，脚尖绷直，然后脊柱逐节卷动落回到垫子上，双腿跟随脊柱移动，保持伸直，直到落回垫面。双腿并拢，核心收紧，再次抬起双腿。

空中瓶塞

空中瓶塞是普拉提高级动作之一，其既可以强化腹肌，提高脊柱和骨盆稳定性，又能起到按摩内脏的作用。该动作主要建立在前文所提到的动作技能之上。因此，在尝试空中瓶塞之前，练好分腿摇摆（见第62页）和超越卷动（见第120页）是非常有帮助的。

动作点睛

在整个练习过程中保持脊柱伸展，以免压迫脊柱。当腿举到头顶时，想象腿部上压天花板以激活双腿肌肉，同时保持髋部和双脚在同一条直线上。该动作需要核心发力，并感知身体动作，同时下背部要保持不动，这样腿在外旋时，才能保持骨盆稳定。

图例
- ●--- 关节
- ○— 肌肉
- ● 向心收缩的肌肉
- ● 离心收缩的肌肉
- ● 无张力下被拉长的肌肉
- ● 等长收缩的肌肉

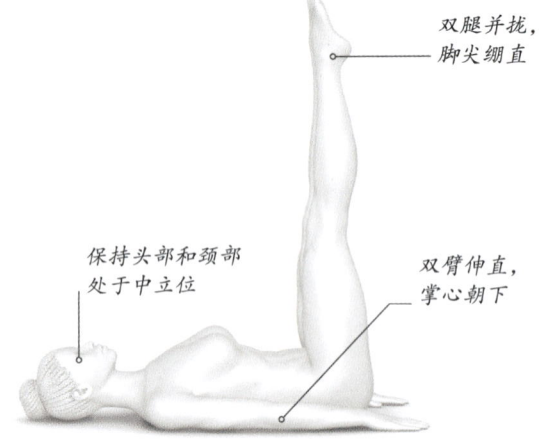

预备阶段
仰卧，双腿并拢伸展，手臂在身体两侧伸展。核心收紧，吸气，双腿抬高，与垫子呈90度，脚尖绷直。

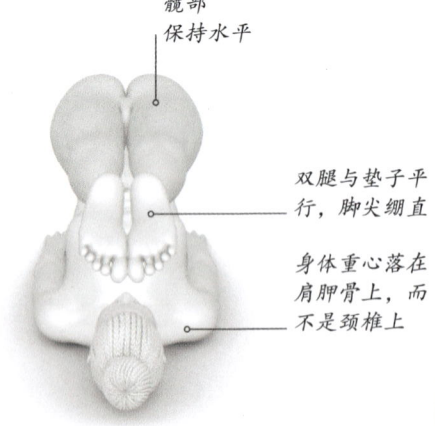

第一阶段
呼气，髋关节向上抬起，双腿向上卷动到头部上方直至与垫子平行。保持脚尖绷直，脊柱伸展。

动作序列

预备动作	1	2	3	4	5

骨盆和腿部

髋屈肌激活，使双腿举过头顶。内收肌激活，使大腿内侧并拢，身体稳定性增加。臀肌和腘绳肌拉长。想象腿部上压天花板时，腘绳肌激活使双腿抬高。

接下页 »

- 臀大肌
- 大收肌
- 股二头肌长头
- 股外侧肌
- 阔筋膜张肌

第二阶段

吸气，双腿向右侧移动，保持髋关节水平，双腿伸展。右侧椎骨逐节卷动。

- 腹外斜肌
- 腹直肌
- 胸大肌
- 拇展肌
- 肱二头肌
- 三角肌

躯干和上半身

菱形肌和斜方肌激活，保持肩胛骨中立位。背阔肌、肱三头肌和后束三角肌激活，使手臂下压垫子以获得支撑。

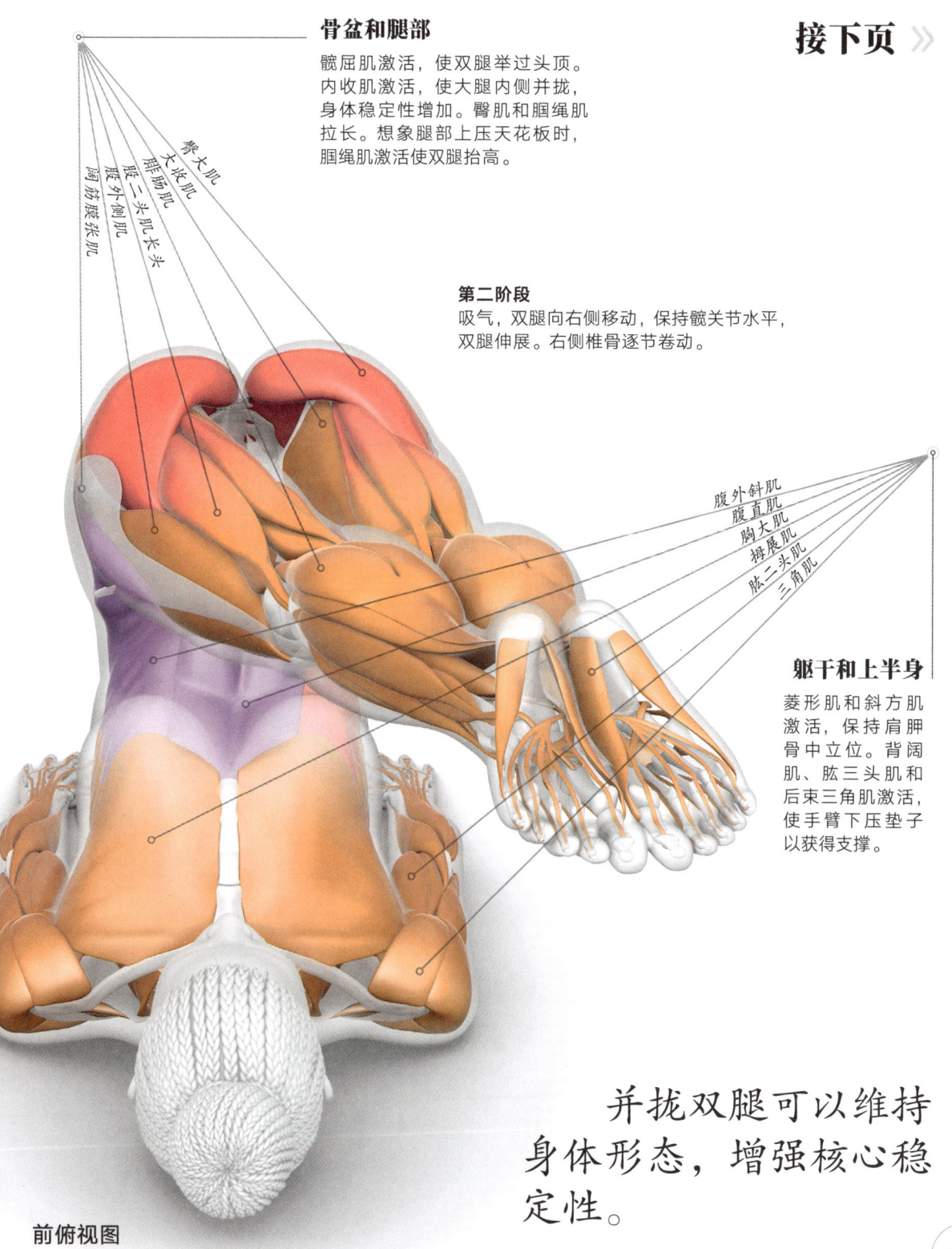

前俯视图

并拢双腿可以维持身体形态，增强核心稳定性。

空中瓶塞（续）

图例
- ●-- 关节
- ○— 肌肉
- ● 向心收缩的肌肉
- ● 离心收缩的肌肉
- ● 无张力下被拉长的肌肉
- ● 等长收缩的肌肉

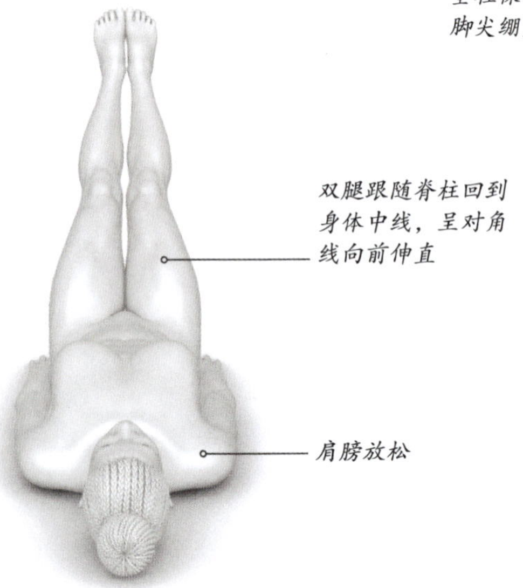

第三阶段

双腿跟随脊柱回到身体中线，呈对角线向前伸直

肩膀放松

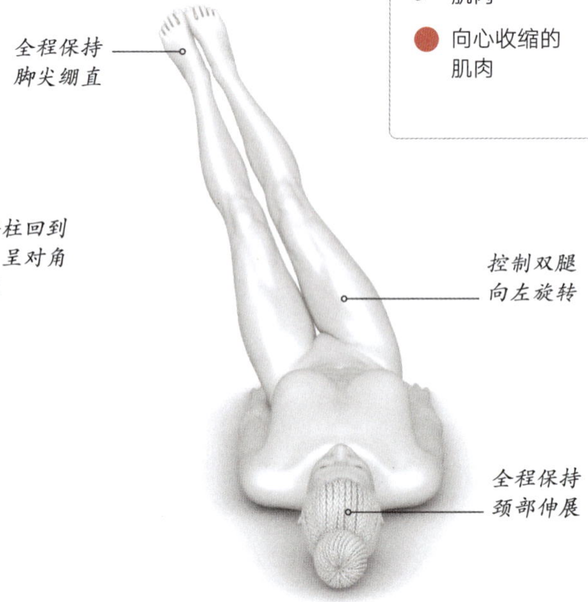

继续控制脊柱向下卷动，直到骨盆接触垫子，躯干伸直。双腿跟随脊柱移动，回到身体中线。双腿保持抬起，与垫子夹角小于90度。

第四阶段

全程保持脚尖绷直

控制双腿向左旋转

全程保持颈部伸展

呼气，双腿继续向左画圈。

躯干和上半身

胸大肌伸展以打开胸腔。腹直肌收缩以弯曲脊柱，腹斜肌协助躯干侧向旋转。脊柱伸肌拉长，多裂肌与核心肌群激活以支撑脊柱。

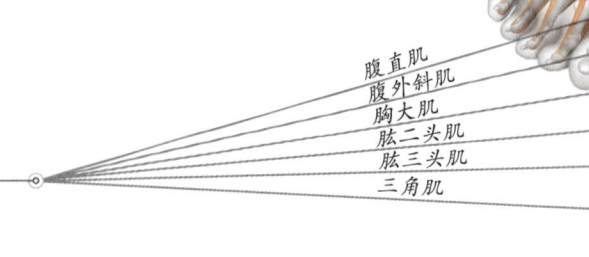

- 腹直肌
- 腹外斜肌
- 胸大肌
- 肱二头肌
- 肱三头肌
- 三角肌

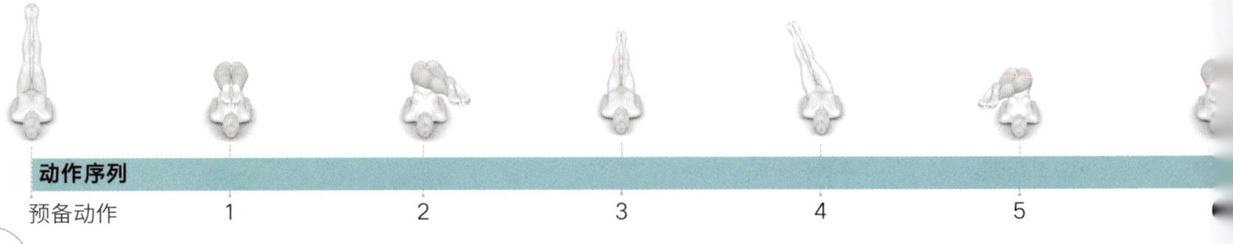

动作序列

| 预备动作 | 1 | 2 | 3 | 4 | 5 |

骨盆和腿

髋关节外侧旋转肌负责稳定髋关节，而臀中肌、臀小肌以及阔筋膜张肌负责在锻炼时保持骨盆的水平。股四头肌激活以伸展膝关节。小腿肌发力，使踝关节跖屈。

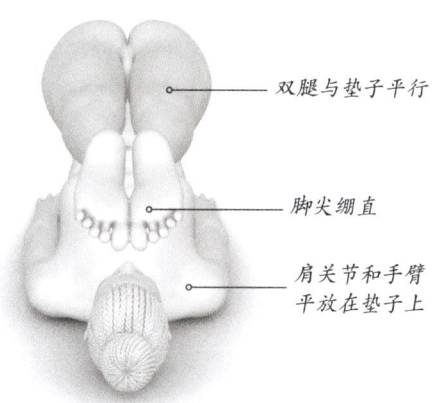

- 双腿与垫子平行
- 脚尖绷直
- 肩关节和手臂平放在垫子上

第六阶段

双腿举过头顶，与垫子平行，脊柱向上卷动，直到身体重心落在肩胛骨上。再次重复整套动作，这次双腿先向左摆动。左右交替重复 3 次。最后，双膝弯向胸部，双腿并拢并跟随脊柱慢慢落回到垫子上，结束该动作。

> 在练习空中瓶塞动作时，用核心肌群控制双腿移动，而不是利用惯性甩动。

阔筋膜张肌
半腱肌
股外侧肌
股二头肌长头
腓肠肌
臀大肌

前俯视图

第五阶段

跟第一阶段一样，双腿举到头顶，脊柱左侧向上卷动，肩胛骨承担一部分身体重心。不同的是，接下来双腿需要向左偏移。

引颈前伸

引颈前伸包含一套连续的动作，需要良好的脊柱活动性和强大的腹肌力量。该动作还可以深度拉伸身体后侧的肌肉（如腘绳肌、背伸肌和颈伸肌）。在尝试引颈前伸之前，最好先练习长躯席卷动作（见第116页）。

动作点睛

头部和颈部伸直，胸部抬高，肘关节外展，上半身形状保持不变以防止身体过度弯曲。想象一个衣架撑开胸部，使肘关节外展，用核心肌群而不是手臂发力。后背肩胛骨下沉，避免肩膀靠近耳朵。重复3~5次。

> **! 注意**
> 以下情况不宜练习引颈前伸：颈部受伤、急性背痛、神经紧张（如坐骨神经痛）。

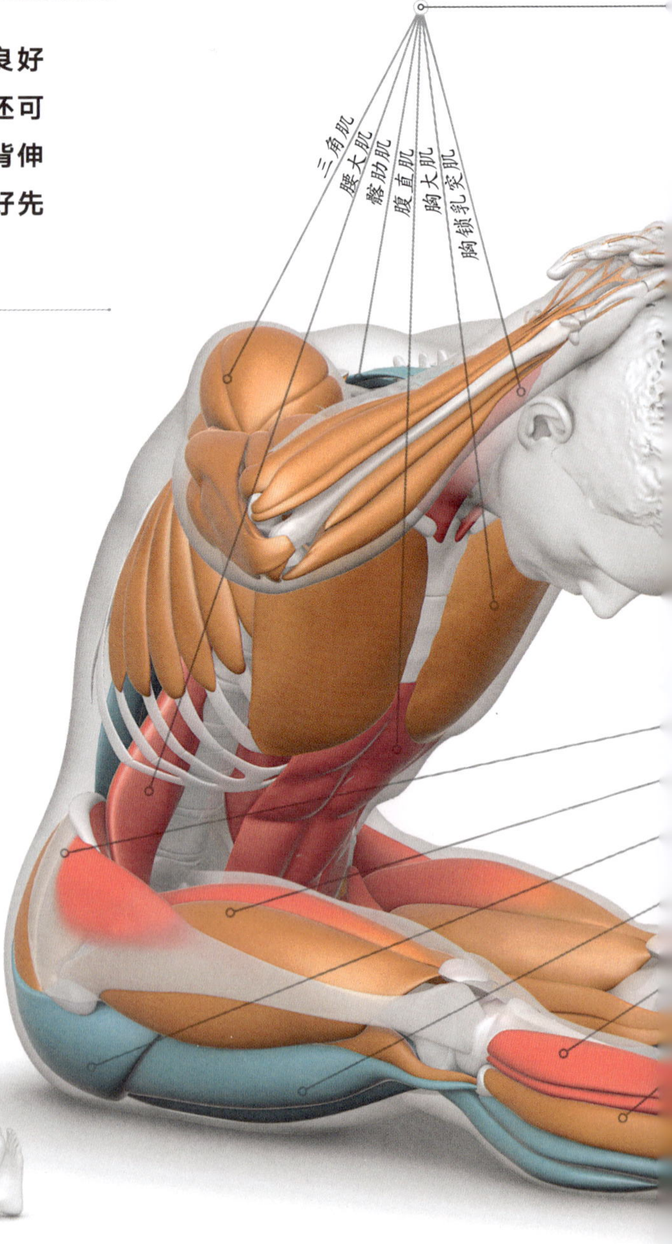

三角肌
腰大肌
肋骨
腹直肌
胸大肌
胸锁乳突肌

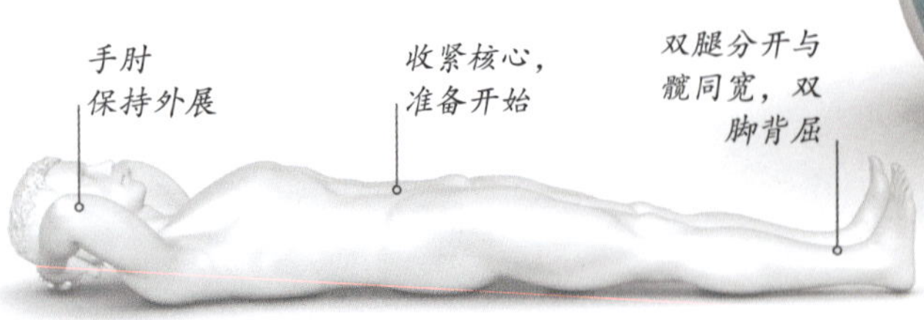

手肘保持外展　　收紧核心，准备开始　　双腿分开与髋同宽，双脚背屈

预备阶段
仰卧，保持脊柱和骨盆处于中立位，双腿分开与髋同宽，双脚背屈。双手紧握置于脑后，肘关节外展，胸部打开。核心收紧。

第一阶段
吸气，颈部伸展，头部和颈部向上抬起。脊柱逐节抬离垫子，上半身向前弯曲。呼气，继续向前卷动，躯干位于腿部上方。脚后跟拉伸，使双腿进一步向远处伸展。

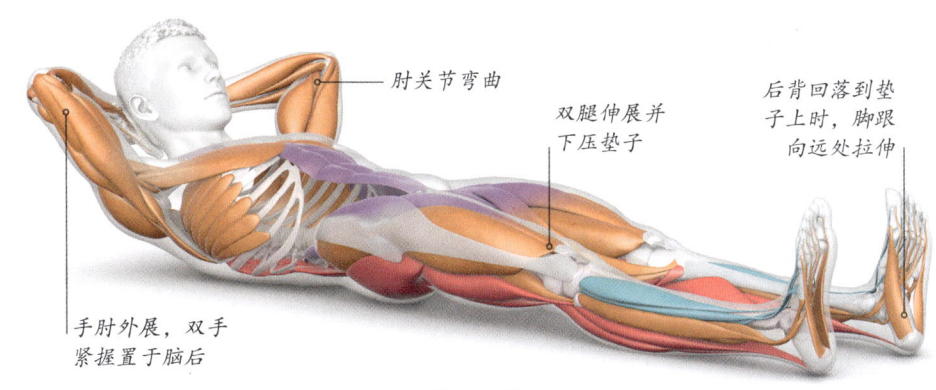

上半身

菱形肌、中斜方肌和下斜方肌负责保持肩胛骨处于中立位。三角肌和冈上肌使手臂外展。颈伸肌激活使头部后压双手。

- 肘关节弯曲
- 双腿伸展并下压垫子
- 后背回落到垫子上时，脚跟向远处拉伸
- 手肘外展，双手紧握置于脑后

第二阶段

吸气，脊柱逐节向后展开回到直立坐姿。伸展颈部并将其向后压向手掌。呼气，骨盆向后倾斜，用腹肌控制身体向后滚动，骨盆、下背部、中背部、上背部、头部和颈部依次回到垫子上，恢复至预备姿势。

下半身

股四头肌伸展膝关节，使双腿下压垫子。腹肌、髋屈肌和腰大肌一起使躯干弯曲。踝背屈肌使脚趾向上、脚跟向远处拉伸。

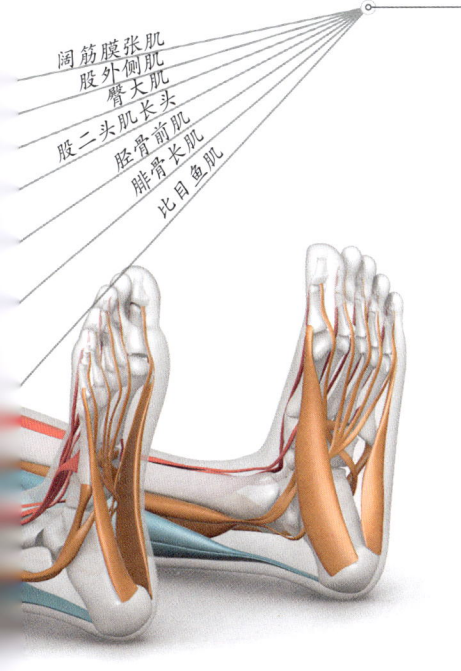

- 阔筋膜张肌
- 股外侧肌
- 髌大肌
- 股二头肌长头
- 胫骨前肌
- 腓骨长肌
- 比目鱼肌

图例
- ●— 关节
- ○— 肌肉
- ● 向心收缩的肌肉
- ● 离心收缩的肌肉
- ● 无张力下被拉长的肌肉
- ● 等长收缩的肌肉

"引颈前伸"这个名字容易引起误解，实际动作是将双手置于脑后，避免颈部用力。

侧前视图

普拉提运动解剖学

空中折刀

空中折刀是普拉提经典动作之一，主要利用腿部和臀部力量来支撑身体。该动作既可以拉伸躯干和脊柱，还能增强躯干和脊柱的力量。该动作需要在脊柱屈曲状态下以双腿作为长杠杆完成动作，并同时保持倒立，因此对身体的控制力要求较高。

动作点睛

股四头肌发力拉长以抬高身体，核心肌群收紧使大腿内侧并拢。双腿拉长向远处拉伸，腰线拉长以免压迫脊柱。下巴不要靠向胸部。如果是第一次练习该动作，可以在第一阶段将双手放在下背部，这样既能提供支撑，还有助于转换到第二阶段的姿势。

预备阶段

仰卧，保持脊柱和骨盆处于中立位，双腿内侧并拢。吸气，核心肌群收缩，大腿内侧发力伸展，上抬离垫子，直到双腿在骨盆上方伸展，且与身体夹角小于90度。

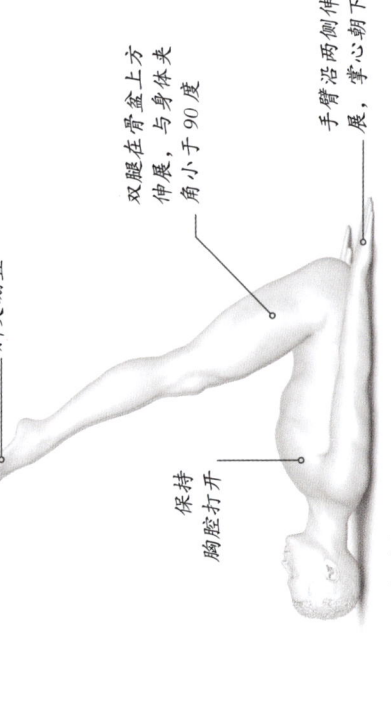

脚尖绷直

保持胸腔打开

双腿在骨盆上方伸展，与身体夹角小于90度

手臂沿身体两侧伸展，掌心朝下

腿部

前侧髋屈肌激活，后侧臀肌收缩，以稳定拾起的双腿。内收肌激活使大腿内侧并拢。小腿肌发力，使踝关节跖屈，胫骨前肌拉长。

股薄肌
比目鱼肌
胫骨前肌
腓肠肌
股二头肌短头
股外侧肌
股二头肌长头
半腱肌
半膜肌
臀大肌

图例

-·- 关节
—○— 肌肉
● 向心收缩的肌肉
● 离心收缩的肌肉
● 无张力下被拉长的肌肉
● 等长收缩的肌肉

肌下和上干支

脊柱伸肌拉长，核心肌群负责稳定脊柱。斜方肌、前锯肌和胸大肌收缩，颈屈肌和颈伸肌激活。背阔肌、后三角肌和大圆肌激活，使手臂下压垫子以获得支撑。

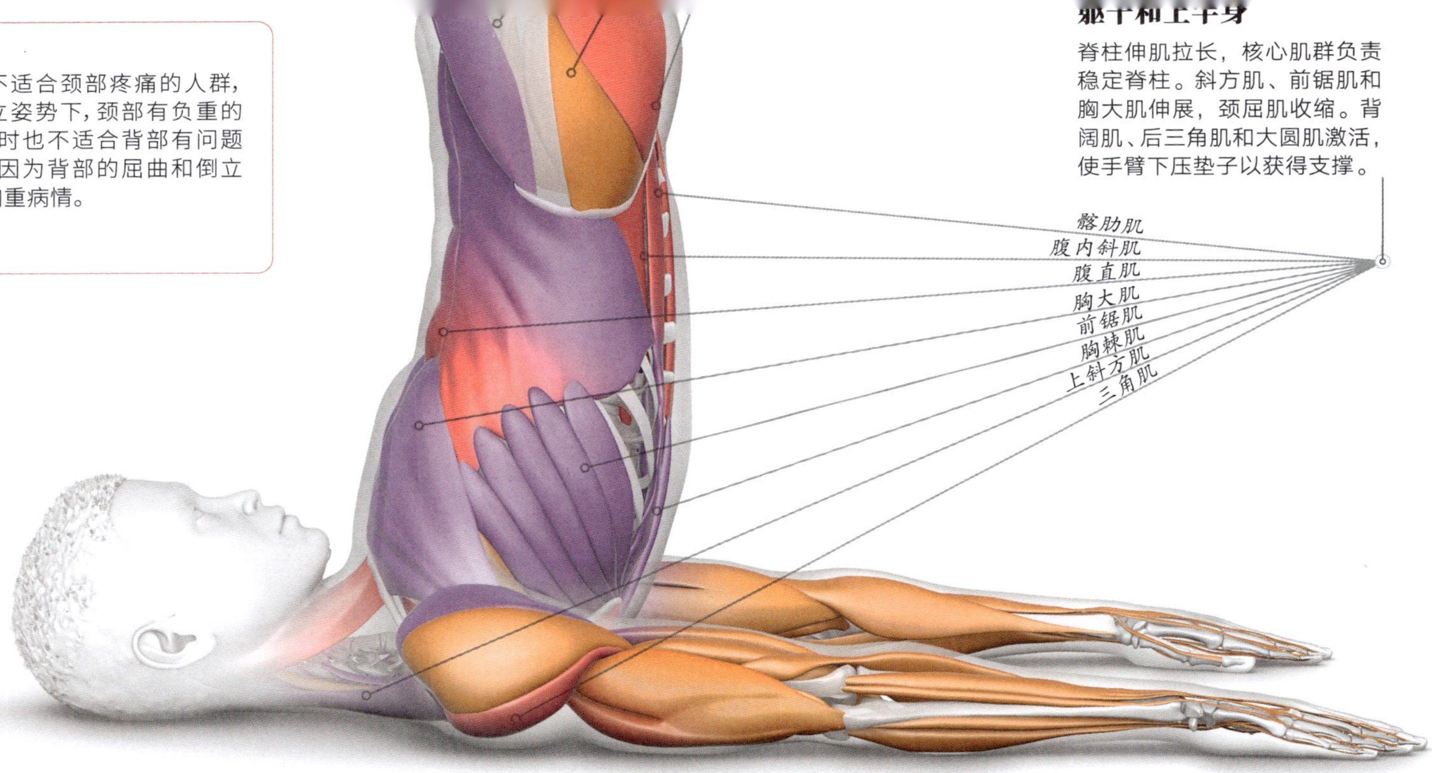

- 髂肋肌
- 腹内斜肌
- 腹直肌
- 胸大肌
- 前锯肌
- 胸锁乳突肌
- 上斜方肌
- 后三角肌

侧视图

注意
该动作不适合颈部疼痛的人群，因为倒立姿势下，颈部有负重的风险。同时也不适合背部有问题的人群，因为背部的屈曲和倒立可能会加重病情。

第一阶段
呼气，双腿靠向身体，骨盆抬高，脊柱垂直抬离垫子，直到身体重心落在肩胛骨上。向上伸直双腿，脚尖绷直。

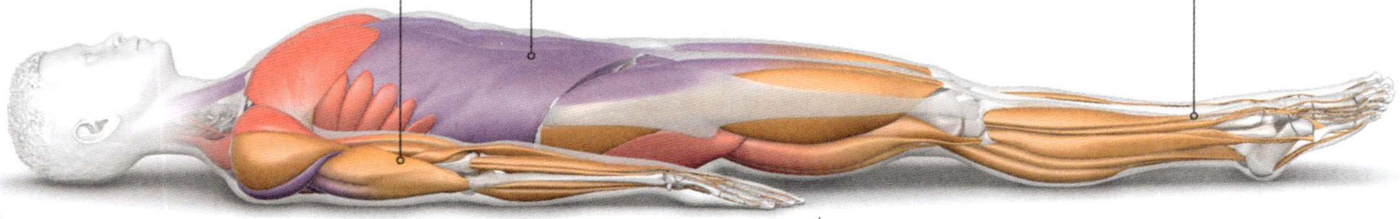

第二阶段
吸气，慢慢控制脊柱逐节向下展开，回到垫子上。骨盆和双腿随脊柱向下移动，直到双腿平放在垫子上。重复至多5次。

- 双腿并拢，脚尖绷直
- 核心肌群发力以控制躯干下落
- 手臂沿着身体两侧伸展

129

V形悬体

V形悬体也是普拉提高级动作之一，且十分有趣，它经常被认为是普拉提各种动作的结合体。该动作利用了手臂和腿部长杠杆，要求强大的腹肌力量和精准的控制力。

动作点睛

在V形悬体动作中，双腿保持伸直、并拢并向远处伸展。使用核心肌群控制身体移动，双腿并拢，但无须紧贴。脊柱平稳地逐节卷起和放下。肩部和耳朵之间始终保持距离。上半身回到直立位时，手臂和双腿向远处伸直，胸部抬起，在身体下降之前，进一步收紧核心以保持平衡。

侧视图

腓肠肌 | 比目鱼肌 | 胫骨前肌 | 腓骨长肌 | 股二头肌短头 | 半腱肌 | 股直肌 | 股外侧肌 | 股二头肌长头 | 阔筋膜张肌 | 臀大肌

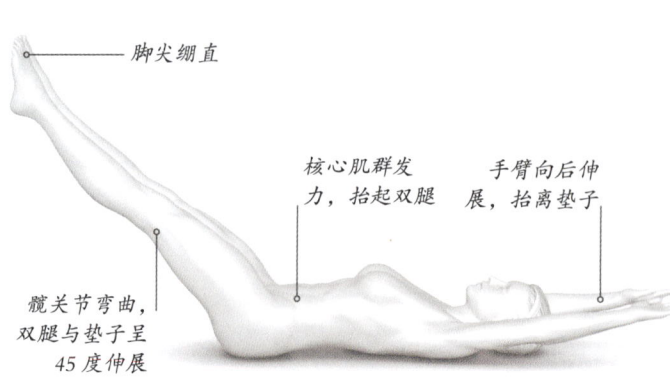

- 脚尖绷直
- 核心肌群发力，抬起双腿
- 手臂向后伸展，抬离垫子
- 髋关节弯曲，双腿与垫子呈45度伸展

腿部

髋屈肌激活使双腿抬高，然后等长收缩，与股四头肌一起使双腿在空中停留，股四头肌还负责使膝关节伸展。内收肌使大腿内侧并拢，腘绳肌被拉长。如果肌肉紧张导致膝关节无法完全伸直，可以稍微弯曲膝盖。

预备阶段

仰卧，双腿并拢，脚尖绷直。手臂向后伸展，核心肌群发力使双腿沿高对角线抬离垫子。

第一阶段

吸气，核心肌群发力，使头部、颈部、上半身脊柱向上弯曲抬离垫子，同时双腿和手臂向远处拉伸，直到躯干和双腿呈V形悬体姿势。

> **注意**
> V形悬体不适合脊柱有问题的人群，因为该动作需要长时间、大幅度地弯曲脊柱。

上半身和躯干

颈屈肌激活以防止头部后仰。后三角肌、胸大肌和肱二头肌长头使肩关节弯曲，手臂与腿平行。腹直肌向心收缩使脊柱弯曲，然后离心收缩使脊柱恢复直立。腹横肌全程发力使脊柱保持稳定。

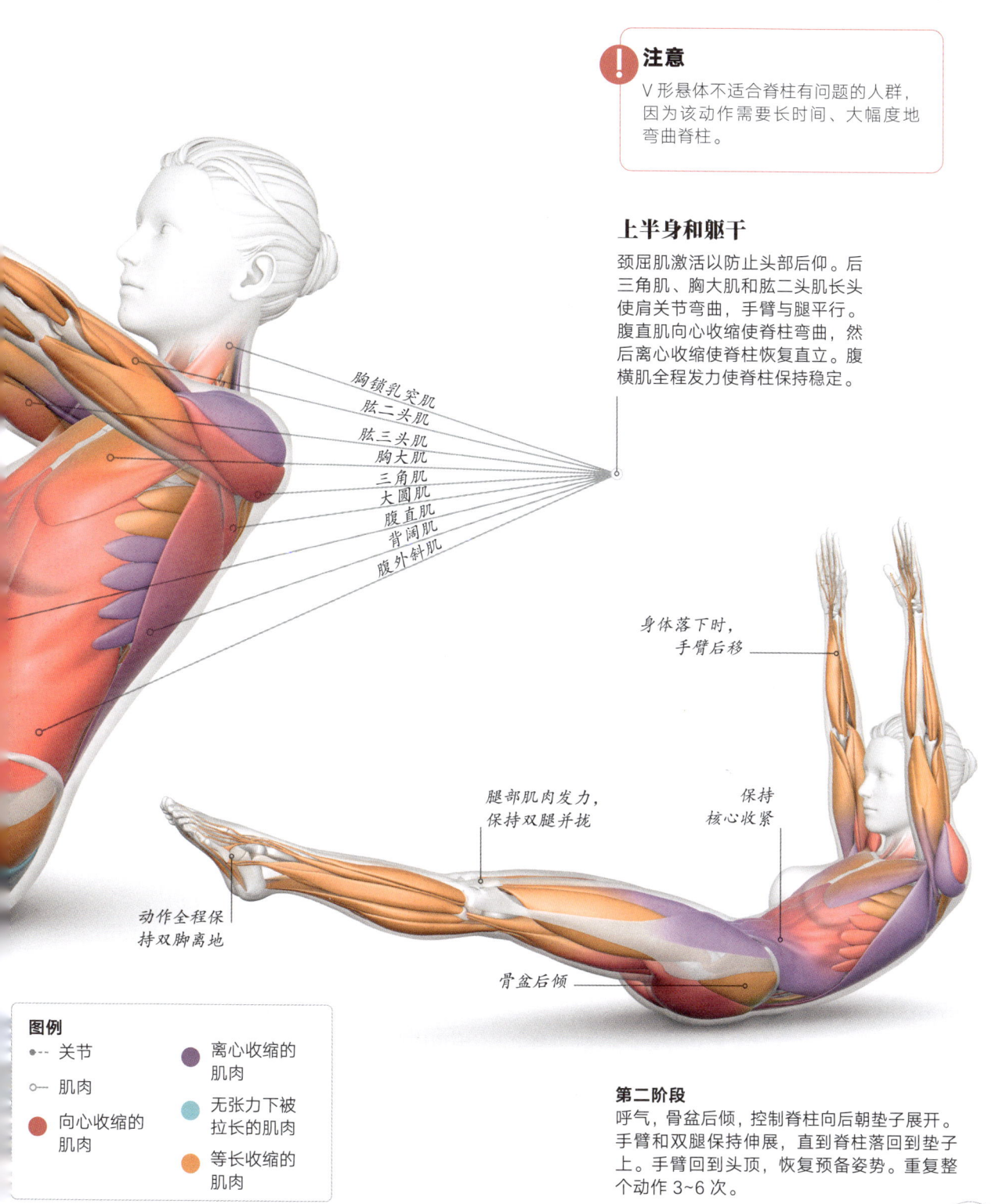

胸锁乳突肌
肱二头肌
肱三头肌
胸大肌
三角肌
大圆肌
腹直肌
背阔肌
腹外斜肌

身体落下时，手臂后移

腿部肌肉发力，保持双腿并拢

保持核心收紧

动作全程保持双脚离地

骨盆后倾

图例
- 关节
- 肌肉
- 向心收缩的肌肉
- 离心收缩的肌肉
- 无张力下被拉长的肌肉
- 等长收缩的肌肉

第二阶段

呼气，骨盆后倾，控制脊柱向后朝垫子展开。手臂和双腿保持伸展，直到脊柱落回到垫子上。手臂回到头顶，恢复预备姿势。重复整个动作3~6次。

》变式动作

V形悬体动作的难度较高。这些变式动作为初学者提供了更为轻松的选择。通过增加单腿或单手作为支撑,初学者也能体验V形悬体动作,并取得良好的训练效果。

单腿版

该变式结合了长躯席卷动作,通过单腿伸展形成V形。在变换姿势时,大腿内侧贴紧以获得更多支撑。

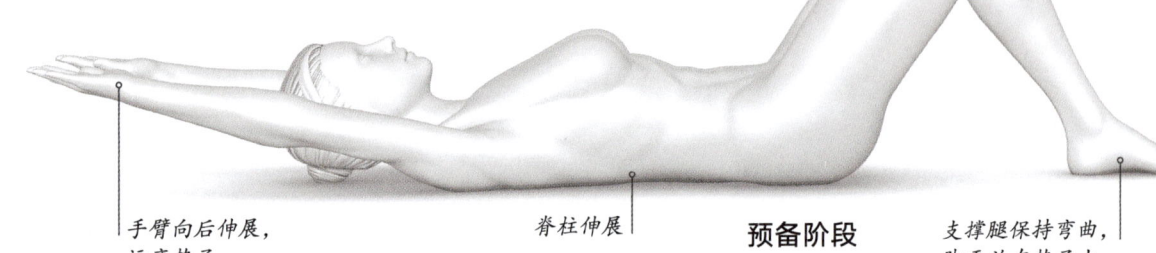

预备阶段

预备阶段
仰卧,髋关节和膝关节弯曲,手臂伸展举过头顶。单腿向上抬高呈一条对角线。

第一阶段
吸气,脊柱向前卷动,呈V形悬体姿势,双臂前伸,直到与抬起的那条腿平行。

第二阶段
呼气,脊柱逐节向后展开回到垫子上,恢复成预备姿势,双臂举过头顶。重复至多5次,然后换腿完成同样的动作。

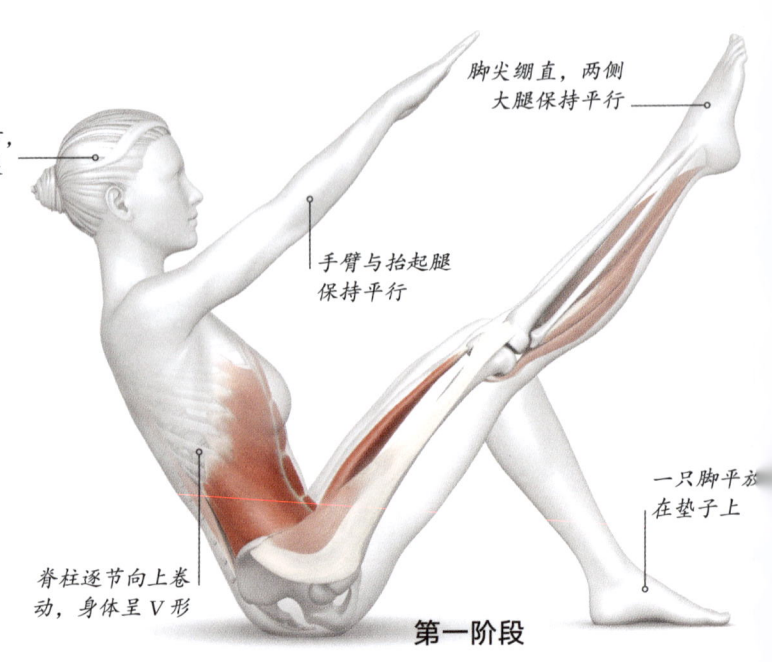

第一阶段

图例
- 主要目标肌肉
- 次要目标肌肉

先尝试以V形悬体的姿势将身体重心放在坐骨上，然后再练习整套动作。

支撑版

借助手臂力量使躯干弯曲。在到达最高点时停顿，以确保核心收紧。手臂轻轻握住大腿外侧，以在脊柱向下展开时提供更多支撑。

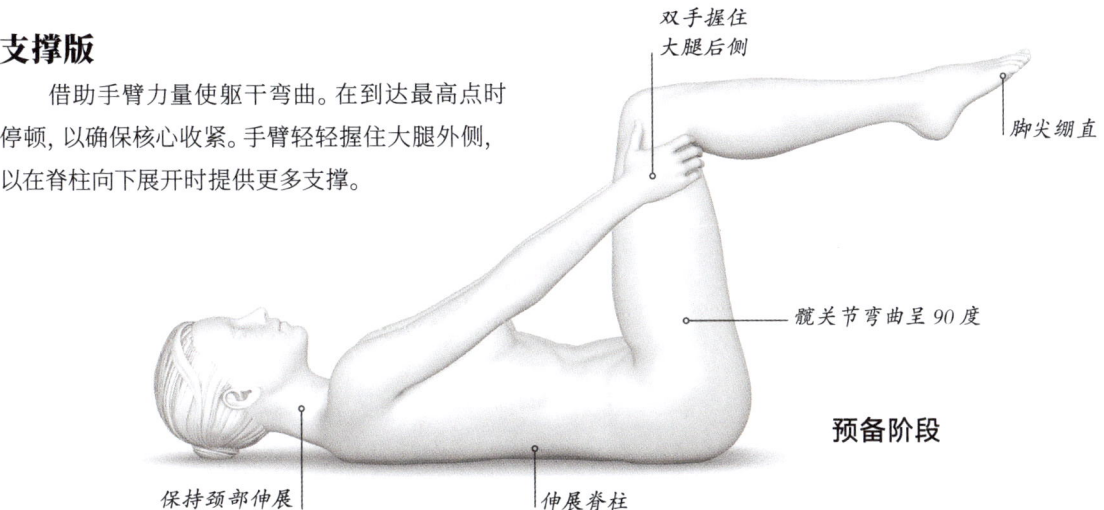

双手握住大腿后侧

脚尖绷直

髋关节弯曲呈90度

保持颈部伸展

伸展脊柱

预备阶段

预备阶段
仰卧，髋关节和膝关节弯曲呈桌面式姿势，大腿内侧并拢，手臂向后伸展。然后双手前伸握住大腿后侧。

第一阶段
吸气，脊柱向前卷动，同时双腿向后，沿对角线伸展，身体呈V形悬体姿势，双手保持握住大腿后侧。

第二阶段
呼气，脊柱逐节向后展开，回到垫子上，双臂向后伸展。然后手臂向前伸出抓住大腿外侧。重复5次。

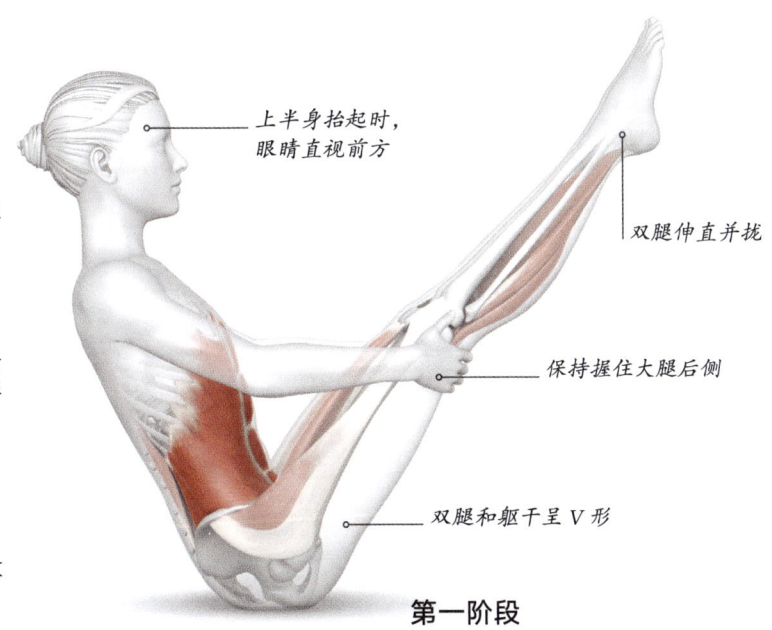

上半身抬起时，眼睛直视前方

双腿伸直并拢

保持握住大腿后侧

双腿和躯干呈V形

第一阶段

单腿后拉

该动作类似俯卧平板支撑，可以锻炼腹肌和肩胛带的控制力和耐力，同时提高肩部和骨盆的稳定性，适合中高级锻炼者。

动作点睛

做单腿后拉时，要注意保持躯干、上半身和下半身的稳定。保持核心收紧和脊柱中立位，以控制躯干。胸部保持水平，双腿肌肉发力。要想增加难度，可以使抬起的那条腿反复弹动，或使膝关节靠向手肘，还可以在每次抬腿间隙做一个俯身撑地动作（见第152页）。

> **! 注意**
> 该动作不适合肩关节稳定性差，或者手腕承重力小的人群。为减轻手腕负担，可以尝试握拳并用指关节撑地，或者练习各种变式来减少上半身负荷（见第136页）。

下半身

臀大肌和腘绳肌一起伸展髋节，使腿抬高。股四头肌收使膝关节伸直。小腿肌收紧脚尖绷直、踝关节背屈肌伸展

臀大肌
臀中肌
阔筋膜张肌
股内侧肌
腓肠肌
比目鱼肌
腓骨长肌

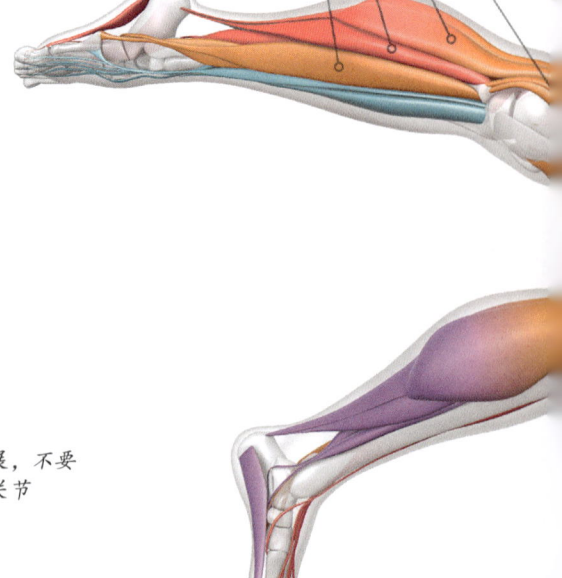

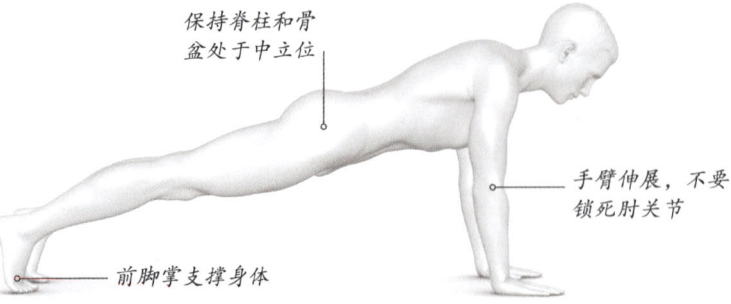

保持脊柱和骨盆处于中立位

手臂伸展，不要锁死肘关节

前脚掌支撑身体

预备阶段
肩膀位于手腕上方，手臂伸展，呈平板支撑姿势。双脚分开与髋同宽，双腿完全伸展，前脚掌撑地。保持脊柱和骨盆处于中立位，颈部伸直，眼睛注视下方。核心收紧。

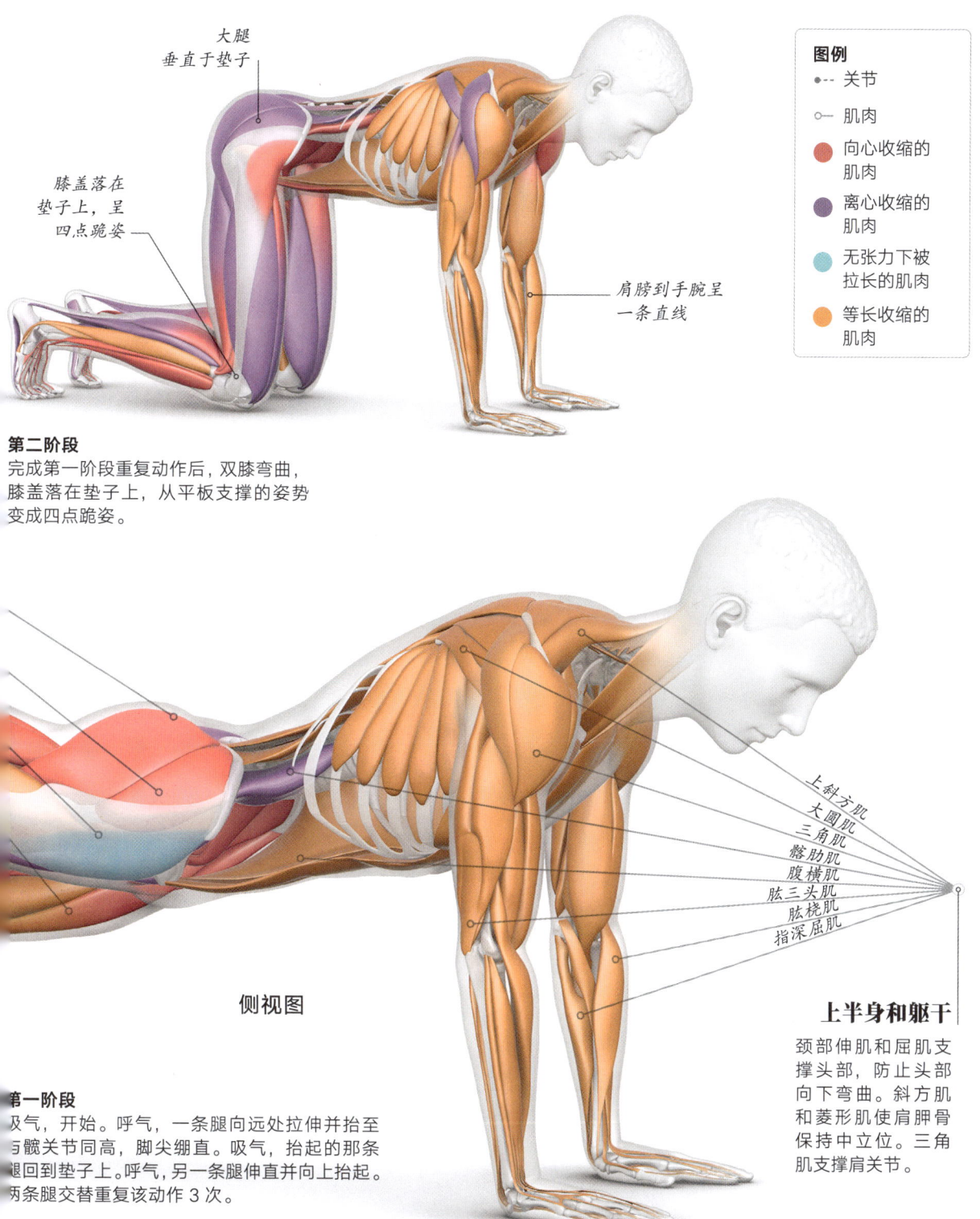

第二阶段
完成第一阶段重复动作后,双膝弯曲,膝盖落在垫子上,从平板支撑的姿势变成四点跪姿。

第一阶段
吸气,开始。呼气,一条腿向远处拉伸并抬至与髋关节同高,脚尖绷直。吸气,抬起的那条腿回到垫子上。呼气,另一条腿伸直并向上抬起。两条腿交替重复该动作 3 次。

上半身和躯干
颈部伸肌和屈肌支撑头部,防止头部向下弯曲。斜方肌和菱形肌使肩胛骨保持中立位。三角肌支撑肩关节。

侧视图

上斜方肌
大圆肌
三角肌
髂肋肌
腹横肌
肱三头肌
肱桡肌
指深屈肌

图例
- 关节
- 肌肉
- 向心收缩的肌肉
- 离心收缩的肌肉
- 无张力下被拉长的肌肉
- 等长收缩的肌肉

大腿垂直于垫子

膝盖落在垫子上,呈四点跪姿

肩膀到手腕呈一条直线

》变式动作

每个变式动作锻炼的重点区域不同,可以将这些变式组合成一套单腿后拉练习,并重复整套动作3~5次。或者重复每个变式动作5次,以增强核心肌群和上半身的肌肉耐力。

图例
● 主要目标肌肉　● 次要目标肌肉

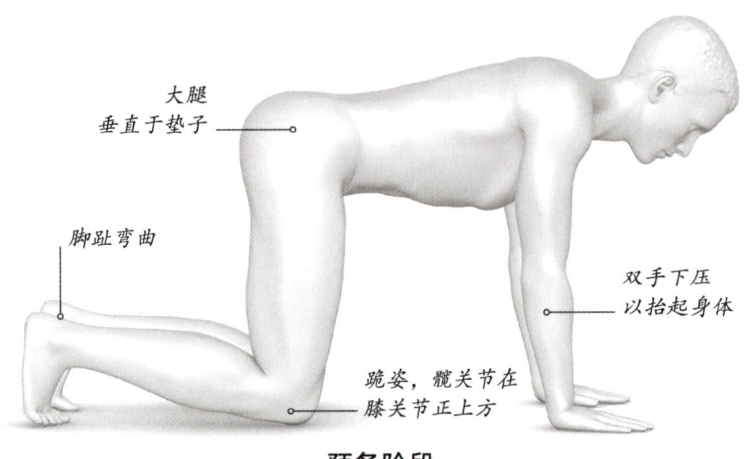

预备阶段
- 大腿垂直于垫子
- 脚趾弯曲
- 双手下压以抬起身体
- 跪姿,髋关节在膝关节正上方

第一阶段
- 脚趾全程保持弯曲
- 手位于肩关节正下方

悬停平板支撑

该动作只需上下移动躯干,十分简单,但它对腹部控制力和上半身稳定性要求较高。锻炼者可以尝试在膝盖中间放一个软球,挤压球以强化对核心肌群的锻炼。

预备阶段
以四点跪姿开始,肩膀位于手腕上方,髋关节位于膝盖上方,双腿分开的距离略小于髋宽。保持脊柱和骨盆处于中立位,核心收紧。吸气。

第一阶段
呼气,双手和双脚下压垫子使身体向上抬起,膝盖悬停在垫子上方。悬停时,脚趾和手在垫子上保持不动。

第二阶段
吸气,保持。呼气,回到垫子上。重复该动作5次。

> 悬停动作很好地诠释了如何使用腹肌力量来对抗重力。无论是产前还是产后的女性,都可以安全地锻炼该动作。

悬停转高位平板支撑

从悬停姿势平稳转换到高位平板支撑姿势，然后再回到悬停姿势，全程保持脊柱中立位。在整个锻炼过程中，胸部保持抬高。双髋与脊柱保持在同一平面上，或者抬高髋部使动作更轻松。

预备阶段
以四点跪姿开始，肩关节位于手腕上方，髋关节位于膝盖上方，双腿分开与髋同宽。保持脊柱和骨盆处于中立位，核心收紧。吸气以准备。

第一阶段
手从肩关节下方位置进一步前移。呼气，膝关节抬离垫子，呈悬停姿势。

第二阶段
身体继续前移，肩关节移到手腕正上方，双腿伸展，身体处于一个高位平板支撑姿势，用双手和脚趾支撑身体。整个动作重复5次。

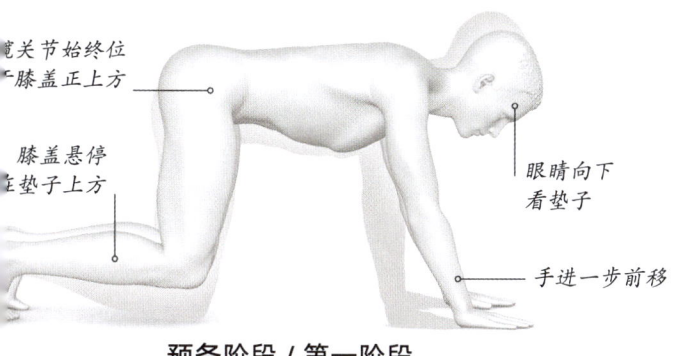

预备阶段 / 第一阶段

第二阶段

单腿外展平板支撑

该变式动作需要在维持姿势不变的情况下，使腿部外展，由此可以提高核心肌群的耐力。该变式可以很好地锻炼髋关节外侧肌肉，再结合单腿后拉动作，可以全方位地强化臀

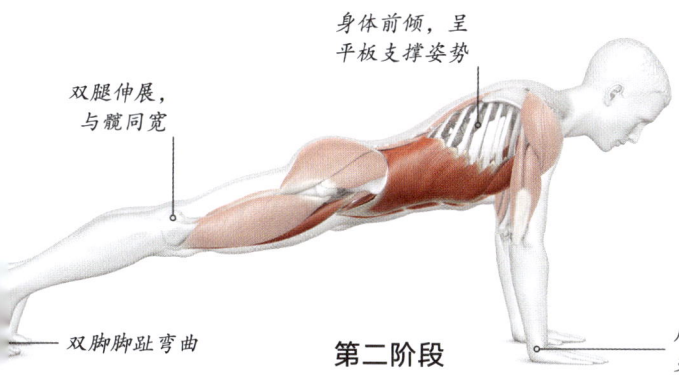

预备阶段
以高位平板支撑姿势开始，双手稍微向前，双脚脚趾弯曲。

第一阶段
保持躯干稳定，呼气，一条腿向外移动，吸气，回到原位。换另一条腿重复该动作，每边重复5次。

普拉提运动解剖学

单腿前拉

单腿前拉与单腿后拉相反，采取的是对上半身要求较高的仰卧姿势，同时要求在髋关节移动时保持躯干的稳定。该动作属于中高级难度的锻炼，适合想要练就强大的上肢力量和核心控制的练习者。

动作点睛

在整个运动过程中，注意力放在核心部位，保持脊柱稳定和躯干静止。收紧臀部，将身体向上抬起，然后髋关节弯曲将一条腿向上抬起，骨盆和脊柱保持稳定。注意不要锁紧肘关节，胸部保持抬高和打开。颈部伸直，眼睛注视前方。

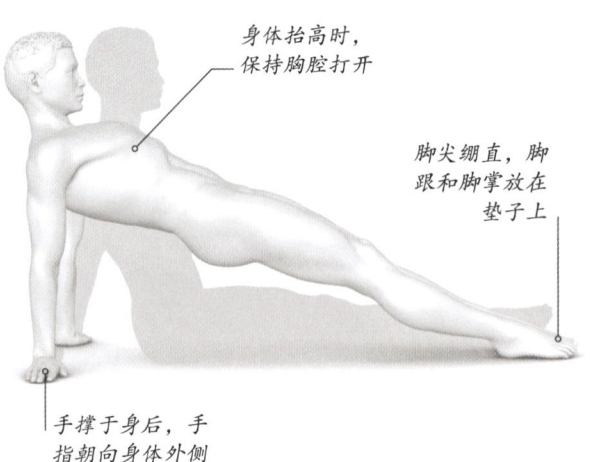

身体抬高时，保持胸腔打开

脚尖绷直，脚跟和脚掌放在垫子上

手撑于身后，手指朝向身体外侧

肱桡肌
肱三头肌
三角肌
胸大肌
前锯肌
背阔肌
腹直肌
腹外斜肌

预备阶段
坐直，双腿并拢向前伸展，脚尖绷直。手臂向后伸展，手掌平放在垫子上，手指朝向身体外侧。双手下压垫子，使骨盆向上抬起，直到身体从躯干到脚呈一条对角线。

躯干和上半身
胸大肌和前锯肌伸展。后三角肌和小圆肌使肩部向外旋转，而菱形肌和中下斜方肌保持肩胛骨稳定。腕伸肌收缩以支撑身体重量，腕屈肌拉伸。

第一阶段

吸气，髋关节弯曲，向上抬起一条腿，保持脚尖绷直和臀部抬高。呼气，腿回到垫子上的起始位置。换另一条腿重复此动作，每边抬腿 3 次。

侧前视图

注意

腿部伸展外加膝盖悬停的姿势会加重膝关节负担，患有关节过度活动综合征的人群（见第 202 页）不适合练习该动作。如果膝盖受到影响，脚后跟可以用力下压垫子，臀肌进一步激活，从而减少膝关节的负荷。

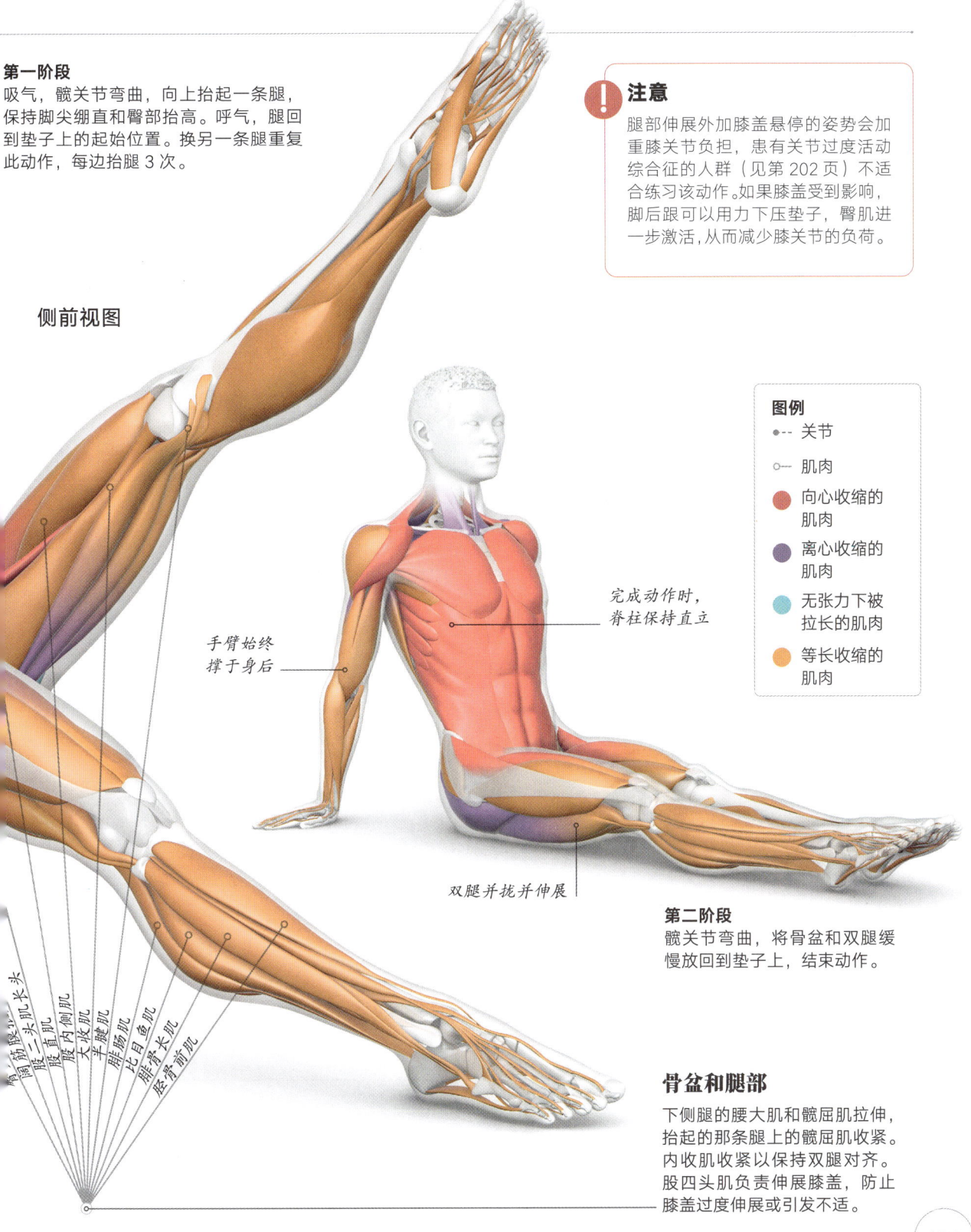

图例
- ●--- 关节
- ○— 肌肉
- ■ 向心收缩的肌肉
- ■ 离心收缩的肌肉
- ■ 无张力下被拉长的肌肉
- ■ 等长收缩的肌肉

完成动作时，脊柱保持直立

手臂始终撑于身后

双腿并拢并伸展

第二阶段

髋关节弯曲，将骨盆和双腿缓慢放回到垫子上，结束动作。

骨盆和腿部

下侧腿的腰大肌和髋屈肌拉伸，抬起的那条腿上的髋屈肌收紧。内收肌收紧以保持双腿对齐。股四头肌负责伸展膝盖，防止膝盖过度伸展或引发不适。

变式动作

与单腿前拉不同，这些变式动作在维持上半身稳定的同时，始终将双脚放在垫子上以支撑身体。第一个变式动作需要弯曲膝盖，而最后一个变式动作加入了单腿动作，为单腿前拉动作做好准备。

图例
● 主要目标肌肉　● 次要目标肌肉

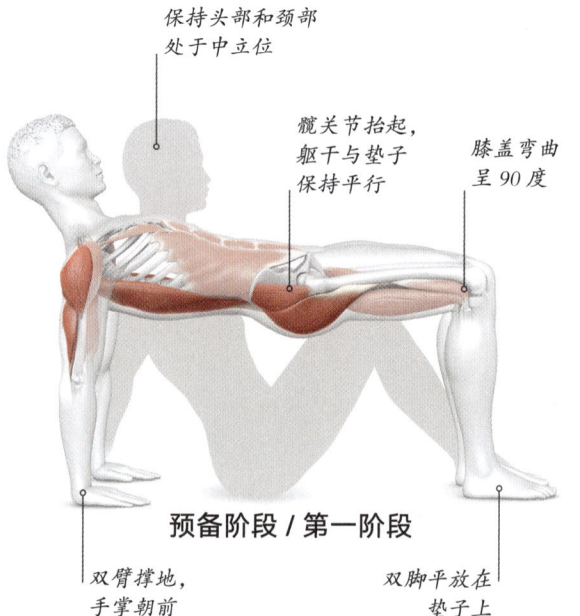

预备阶段 / 第一阶段（反向桌式）
- 保持头部和颈部处于中立位
- 髋关节抬起，躯干与垫子保持平行
- 膝盖弯曲呈 90 度
- 双臂撑地，手掌朝前
- 双脚平放在垫子上

预备阶段 / 第一阶段（反向平板式）
- 在整个练习过程中，眼睛直视前方
- 身体呈对角线
- 双腿并拢，向外伸展
- 手掌朝向身体外侧
- 脚尖绷直，脚跟放在垫子上

反向桌式

胸腔打开，肩膀轻轻地向后转动，激活肩胛骨。眼睛注视前方，从上半身开始向上移动，而不是采取臀冲的方式。

预备阶段
髋关节和膝盖弯曲，双脚平放在垫子上，双臂向后伸展，手掌朝前放在垫子上。

第一阶段
呼气，双手和双脚下压垫子，髋关节向上抬起，直到躯干平行于垫子。吸气，保持。

第二阶段
呼气，髋部放回垫子上。重复至多 6 次。

反向平板式

身体向上抬起时，核心收紧，胸腔下沉，防止肋骨外扩。注意肘关节或膝关节不要锁紧，臀肌发力以支撑身体。

预备阶段
坐直，双腿并拢向前伸展，脚尖绷直。双臂向后伸展，手掌平放在垫子上，手指朝向身体外侧。

第一阶段
呼气，双手下压，使骨盆向上抬起，身体从躯干到脚呈一条对角线。吸气，保持。呼气，回到垫子上。重复至多 6 次。

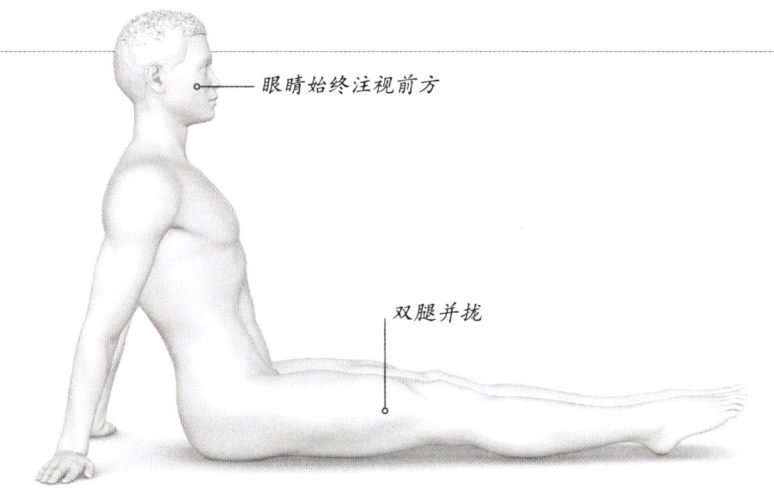

单腿滑动式

找到身体平衡，单腿向内滑动，同时保持骨盆稳定，避免侧向倾斜。两侧臀肌收紧以提供额外支撑，想象脚趾在地上沿一条直线滑动。髋关节、膝关节和踝关节保持在一条直线上。

预备阶段
坐直，双腿并拢伸直，脚尖绷直。双臂向后伸展，手掌平放在垫子上，手指朝向身体外侧。

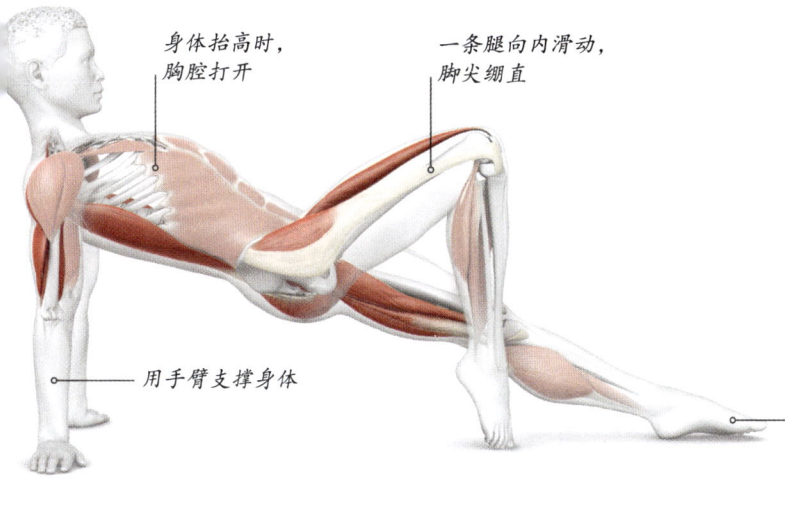

第一阶段
呼气，双手下压，使骨盆向上抬起，身体从躯干到脚呈一条对角线。吸气，一只脚向内滑动，同时髋关节和膝关节弯曲，脚尖绷直，髋关节抬高。

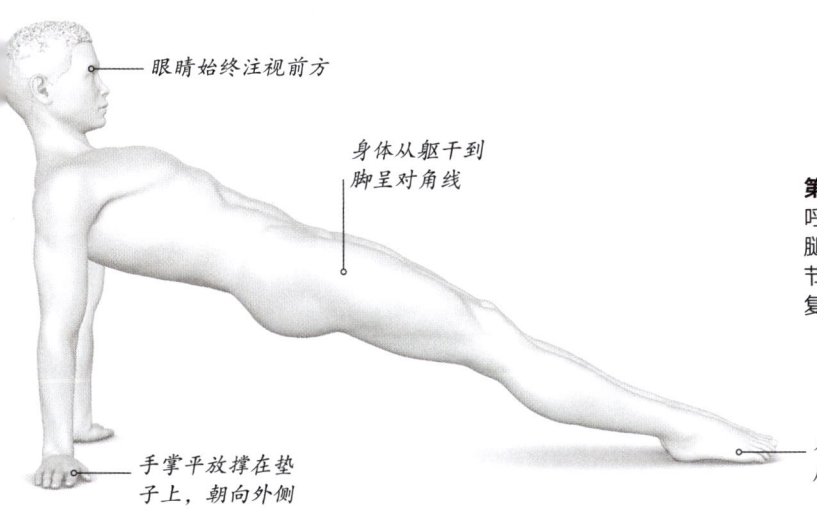

第二阶段
呼气，动作腿恢复伸展姿势。换另一条腿重复该动作，每条腿重复3次。髋关节弯曲，同时双腿下降回到垫子上，恢复至预备姿势。

回力式

回力式动作采用不同的节奏来调动和控制脊柱活动，从而强化腹部力量。该动作还结合了长腿杠杆来提高髋关节的稳定性和活动性，在练习之前，需要先完成超越卷动（见第120页）和V形悬体（见第130页），这两个动作是基础动作。

动作点睛

伸展脊柱，将双腿从骨盆处延伸出去，全程保持身体不要变形。身体发力完成第一阶段动作，在V形悬体姿势短暂停顿，找回平衡后再进入第五阶段动作，沿腿的方向向前拉伸脊柱，短暂停顿以强化脊柱的延展。初学者可以先练习至第三阶段，之后逐步进阶至完成全部动作。

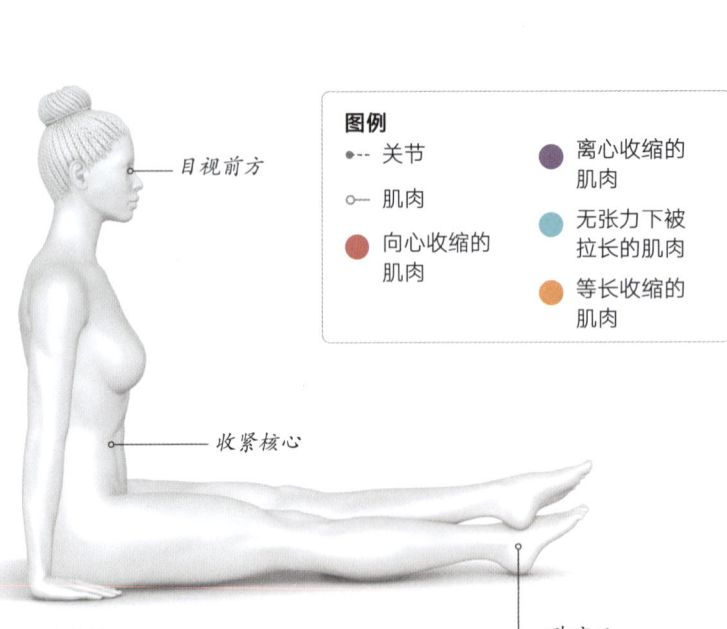

图例
- ● 关节
- ○ 肌肉
- ● 向心收缩的肌肉
- ● 离心收缩的肌肉
- ● 无张力下被拉长的肌肉
- ● 等长收缩的肌肉

目视前方
收紧核心
双脚交叉

腓骨长肌
趾长伸肌
比目鱼肌
腓肠肌
股二头肌短头
股二头肌长头
臀大肌
臀中肌

侧视图

下半身

臀大肌和腘绳肌伸展。腘绳肌收缩，双腿向上发力以保持高度不变。股四头肌保持膝关节伸直，臀中肌与臀小肌发力，以稳定两侧骨盆。

预备阶段

坐直，保持脊柱和骨盆处于中立位，双腿并拢向前伸展。双脚交叉，脚尖绷直。双手朝前放在髋关节两侧，掌心朝下。

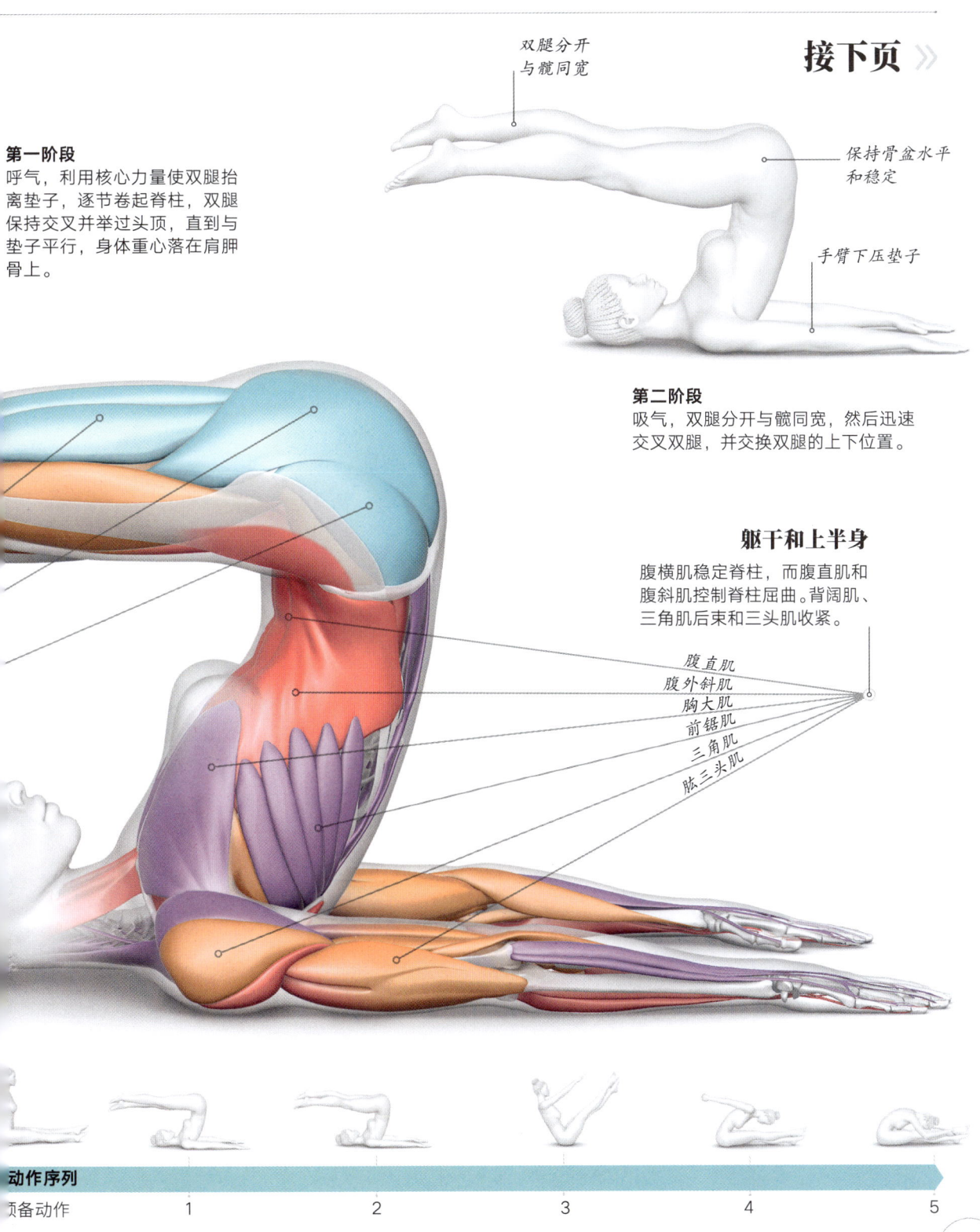

第一阶段
呼气，利用核心力量使双腿抬离垫子，逐节卷起脊柱，双腿保持交叉并举过头顶，直到与垫子平行，身体重心落在肩胛骨上。

双腿分开与髋同宽

接下页 »

保持骨盆水平和稳定

手臂下压垫子

第二阶段
吸气，双腿分开与髋同宽，然后迅速交叉双腿，并交换双腿的上下位置。

躯干和上半身
腹横肌稳定脊柱，而腹直肌和腹斜肌控制脊柱屈曲。背阔肌、三角肌后束和三头肌收紧。

腹直肌
腹外斜肌
胸大肌
前锯肌
三角肌
肱三头肌

动作序列

预备动作　1　2　3　4　5

回力式（续）

指伸肌
肱三头肌
三角肌
前锯肌
胸大肌
腹外斜肌
腹横肌

躯干和上半身

脊柱屈肌带动躯干向前，手臂抬高使躯干进一步前屈。脊柱伸肌伸展。菱形肌和斜方肌收缩肩胛骨，下斜方肌在手臂伸展时下压肩胛骨。

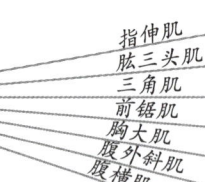

手臂向前上方伸展

与V形悬体不同，该动作需要交叉双脚

伸展双腿

骨盆微微内收

第四阶段

双腿回到起始位置，吸气，手臂向后伸展，双手紧扣在一起。呼气，脊柱向前伸展，胸部靠近膝盖，手臂在身后向上伸展。

第三阶段

呼气，脊柱向前卷动，双腿回落呈高对角线，手臂向外伸展，呈V形悬体姿势（见第130页）。

图例
- --- 关节
- ○— 肌肉
- ● 向心收缩的肌肉
- ● 离心收缩的肌肉
- ● 无张力下被拉长的肌肉
- ● 等长收缩的肌肉

!> **注意**
脊柱向前屈曲时，注意控制颈部，不要让其自然下坠。

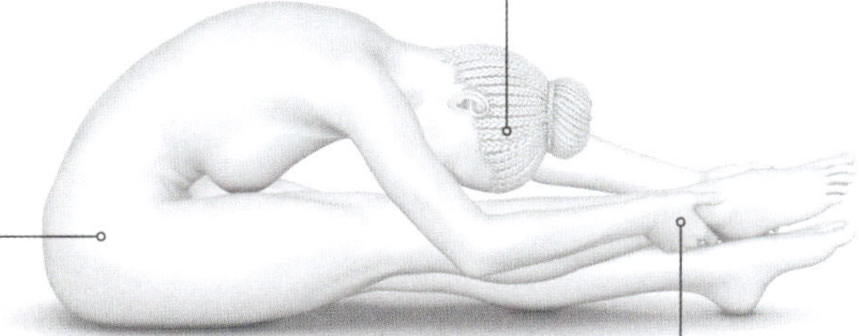

以髋部为轴，向前屈身

胸部和头部靠向膝盖

双手抓住脚踝，进一步伸展上半身

第五阶段

吸气，双手分开，双臂从后向前环绕，双手抓住脚踝，上半身进一步伸展。结束时，呼气，脊柱恢复预备阶段的直立坐姿。重复至多 6 次。

侧视图

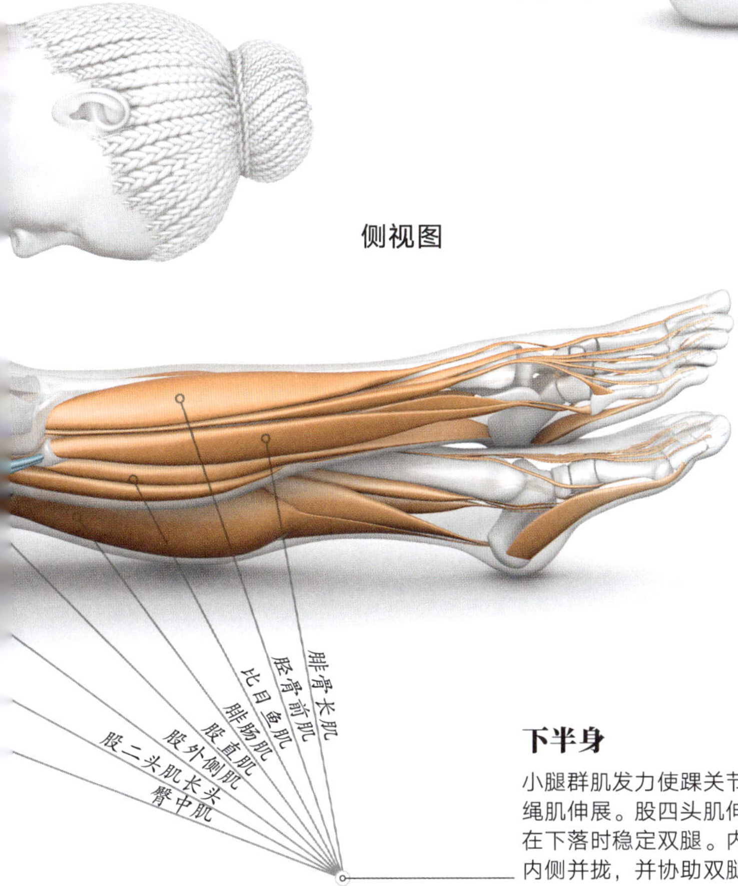

腓骨长肌
胫骨前肌
比目鱼肌
腓肠肌
股直肌
股外侧肌
股二头肌长头
臀中肌

下半身

小腿群肌发力使踝关节跖屈，臀肌和腘绳肌伸展。股四头肌伸展膝盖，并负责在下落时稳定双腿。内收肌发力使大腿内侧并拢，并协助双腿跨过中线。

动作序列

预备动作　　1　　2　　3　　4　　5

弓形摇摆

弓形摇摆由天鹅潜水（见第64页）演变而来，可以提高脊柱的活动性和延展性，增强背部、臀肌和腘绳肌的力量。该动作需要强大的核心力量和控制身体摇摆的意识，不要利用惯性摇摆。

动作点睛

弓形摇摆的重点是在整个运动过程中，保持双腿和脊柱之间的形态不变。向前摇摆时，注意向上抬腿；向后摇摆时，脚背后压双手。手臂保持伸展，核心肌群发力使脊柱全程保持伸展，避免塌腰。

腿部

髋屈肌和股四头肌拉伸，腘绳肌收缩以弯曲膝盖。脚背后压双手，以维持身体姿势不变，此时股四头肌在张力下收缩。

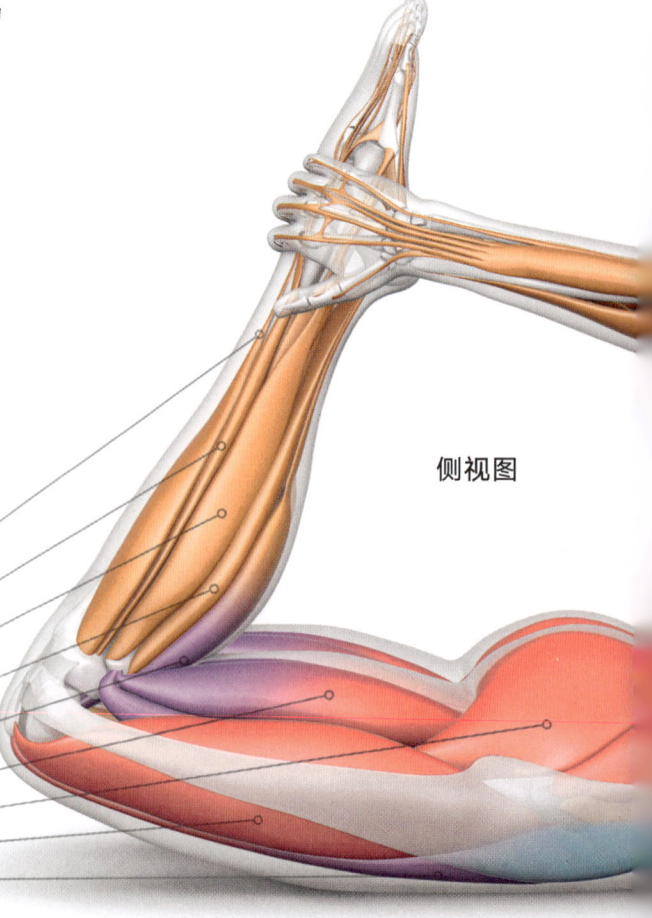

预备阶段
俯卧，前额靠在垫子上，双腿分开与髋同宽。双膝弯曲，脚跟靠向骨盆，同时双手向后抓住脚踝。

双手抓住脚踝
前额靠在垫子上
侧视图

胫骨前肌
趾长伸肌
腓骨长肌
比目鱼肌
腓肠肌
股二头肌长头
臀大肌
股外侧肌
股直肌

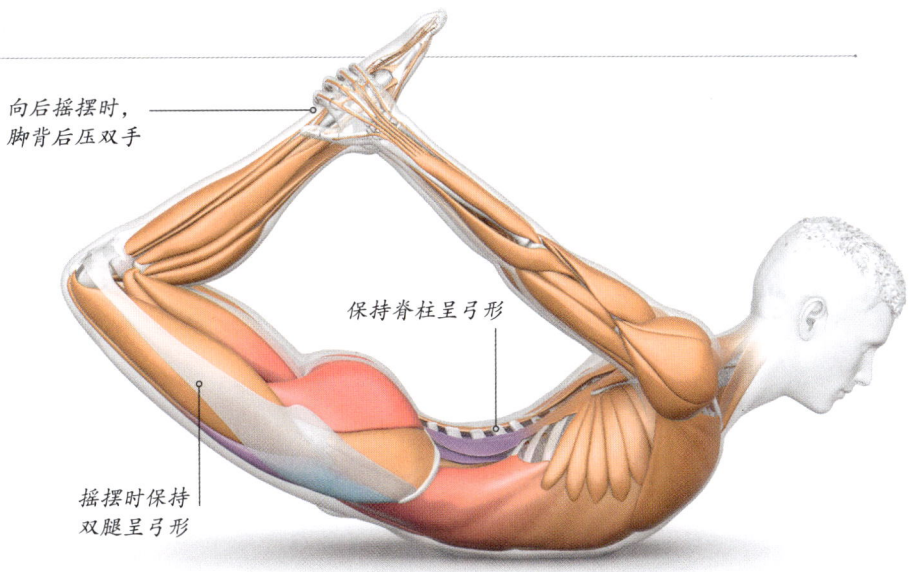

图例
- 关节
- 肌肉
- 向心收缩的肌肉
- 离心收缩的肌肉
- 无张力下被拉长的肌肉
- 等长收缩的肌肉

向后摇摆时，脚背后压双手

保持脊柱呈弓形

摇摆时保持双腿呈弓形

第二阶段
呼气，身体向前摇摆，保持脊柱和腿部呈弓形。吸气，脚背后压双手，身体向后摇摆。继续前后摇摆，重复至多6次。

第一阶段
吸气，骨盆下压垫子，脚背后压双手。臀肌和腘绳肌迅速收缩，抬起上半身和头部，直到胸腔离开垫子。

> 弓形摇摆可以改善体态，加强背部的力量和活动性。

上斜方肌
三角肌
胸大肌
大圆肌
前锯肌
胸最长肌
髂肋肌
腰大肌

!注意
背部或膝盖有问题的人群，不要尝试该练习，因为向后挺身或膝盖屈曲姿势可能会导致关节受到压迫和疼痛。

躯干
脊柱伸肌激活。腹肌和腰大肌拉长。前锯肌和胸大肌伸展以打开胸腔。背阔肌和三角肌伸展肩部，中下斜方肌收缩肩胛骨。

普拉提运动解剖学

蛙泳式

该动作模仿了蛙泳的泳姿,但在普拉提动作中,上半身与下脊柱之间需要保持相对独立。核心全程收紧,以避免脊柱拱起。眼睛注视下方。

 注意

蛙泳式需要下背部、肩部和颈部发力,因此不适合这3个部位有问题的人群。这些人群可以尝试泳式的低头慢速版变式动作(见第84页)。

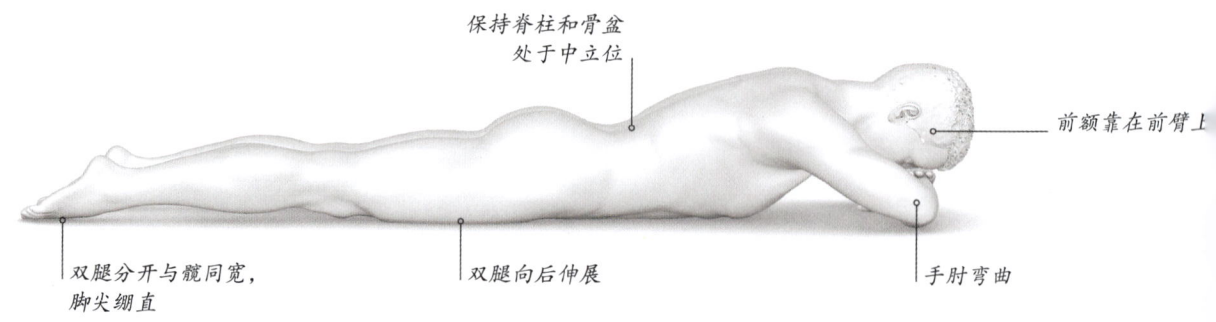

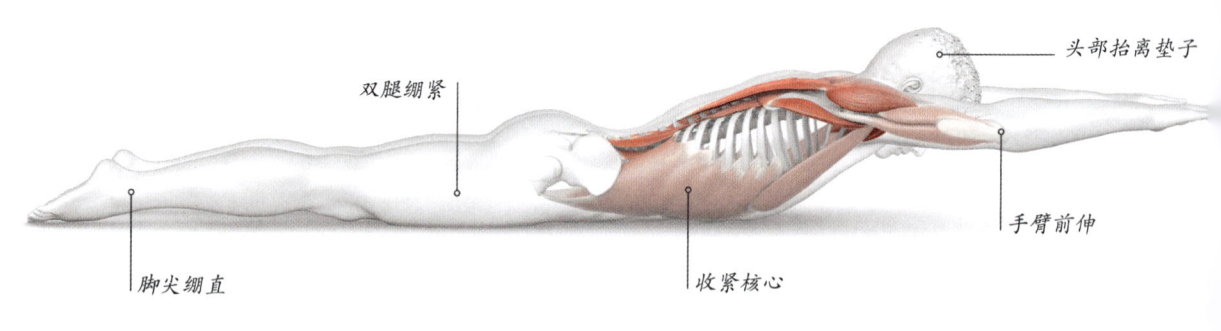

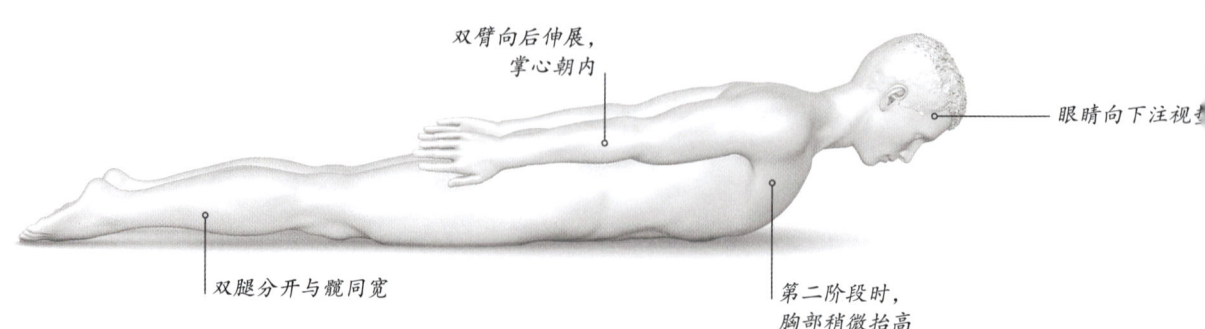

预备阶段
俯卧,保持脊柱和骨盆处于中立位,双腿分开与髋同宽,双腿向后伸展。手肘弯曲,前额轻放在前臂上。

第一阶段
呼气,头部和上半身抬离垫子。然后吸气,手臂向前伸展,手掌朝下。

第二阶段
呼气,将双臂向后划回身体两侧,并向下移至髋部,同时稍微抬高胸部。吸气,恢复预备阶段姿势,重复8~10次。

腹斜肌交叉伸展

这是一项注重耐力的动作,旨在挑战腹部力量的协调性,上半身的旋转能力和双腿交替动作的配合。该动作还需要高度的精准性和控制力。

图例
 主要目标肌肉　 次要目标肌肉

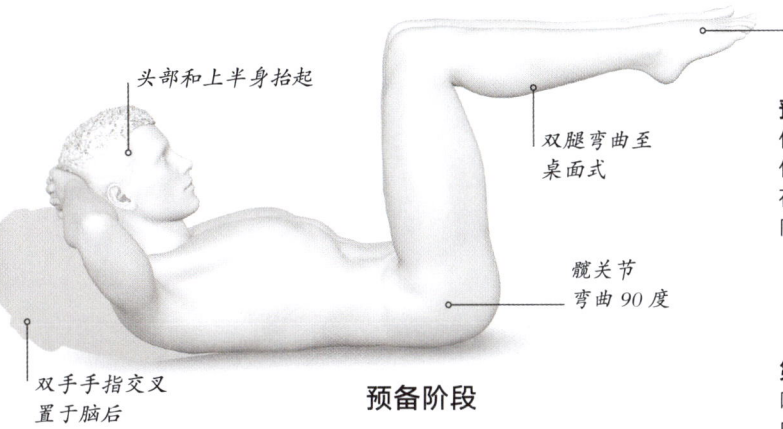

预备阶段

仰卧,髋关节和膝盖弯曲,脊柱保持中立位。双腿依次弯曲呈桌面式。手指交叉放在脑后,肘部打开。呼气,头部和上半身向上抬起呈卷曲姿势。吸气并保持。

第一阶段

呼气,头部和上半身向右旋转,左胸腔靠向右髋部,左腿向远处伸展,脚尖绷直。

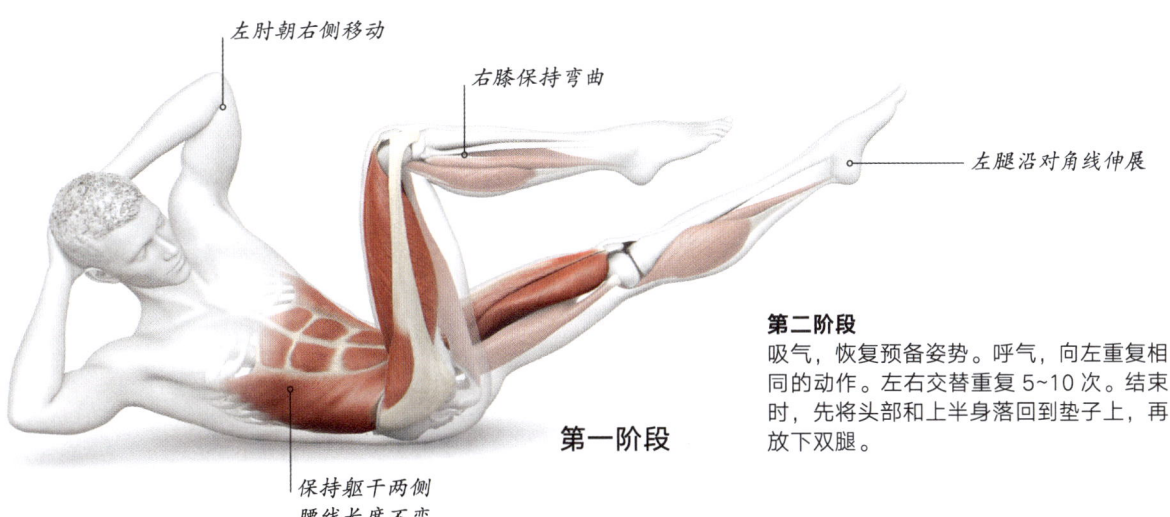

第二阶段

吸气,恢复预备姿势。呼气,向左重复相同的动作。左右交替重复5~10次。结束时,先将头部和上半身落回到垫子上,再放下双腿。

做腹斜肌交叉伸展动作时,需要用腹斜肌控制身体旋转,而不是依赖惯性或速度。

普拉提运动解剖学

倒置平衡

倒置平衡是本书前述所有普拉提动作的升级，完成该动作需要出色的核心控制力和骨盆稳定性。建议你在掌握空中折刀（见第128页）、空中剪刀（见第72页）和分腿摇摆（见第62页）之后，再练习该动作。

动作点睛

双腿和骨盆向远处伸展，使脊柱不受挤压充分延展。双腿在原有位置上继续向远处拉伸，以抬高身体，防止塌腰。身体重量应该落在肩胛骨上，而不是头部和颈部。控制身体不向后滚动并收紧核心来完成这一动作。重复至多6次。

图例
- ●— 关节
- ○— 肌肉
- ● 向心收缩的肌肉
- ● 离心收缩的肌肉
- ● 无张力下被拉长的肌肉
- ● 等长收缩的肌肉

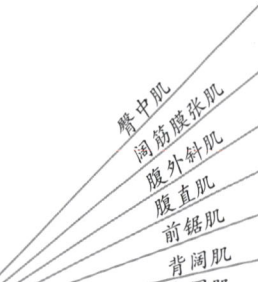

双腿于骨盆正上方向上伸展，脚尖绷直

手臂放在身体两侧，掌心朝下

预备阶段
仰卧，保持脊柱和骨盆处于中立位，双腿并拢抬起，垂直伸向天花板，脚尖绷直，收紧核心。

躯干和上半身
前锯肌收缩，手臂向前移动。菱形肌拉伸，手臂内收伸向小腿。臀中肌和阔筋膜张肌从侧面稳定臀部。

臀中肌
阔筋膜张肌
腹外斜肌
腹直肌
前锯肌
背阔肌
大圆肌
冈下肌

! 注意

该动作需要长时间屈曲，并且有可能出现颈椎负重的情况，因此不适合患有颈部或脊柱疾病的人群锻炼。

腿部

及四头肌发力使双膝伸展。一条腿髋肌发力将腿举过头顶，同时稳定髋。另一条垂直腿上的髋屈肌、臀肌腘绳肌共同发力以保持其位置。

- 比目鱼肌
- 胫骨前肌
- 腓肠肌
- 股外侧肌
- 股二头肌长头
- 半腱肌
- 臀大肌
- 股薄肌
- 缝匠肌
- 股内侧肌

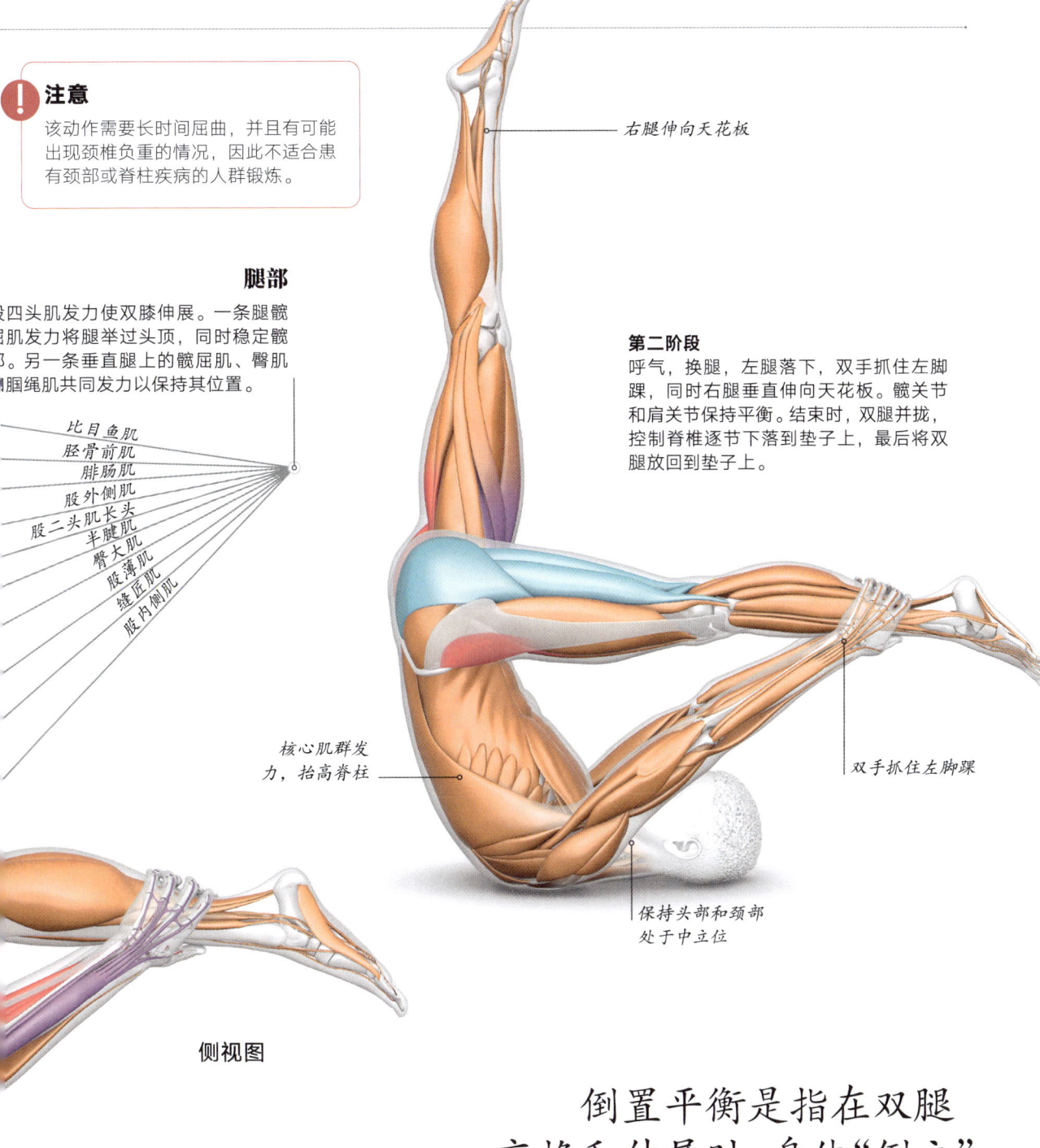

右腿伸向天花板

第二阶段

呼气，换腿，左腿落下，双手抓住左脚踝，同时右腿垂直伸向天花板。髋关节和肩关节保持平衡。结束时，双腿并拢，控制脊椎逐节下落到垫子上，最后将双腿放回到垫子上。

核心肌群发力，抬高脊柱

双手抓住左脚踝

保持头部和颈部处于中立位

侧视图

第一阶段

呼气，核心肌群发力使髋关节向上抬起，脊柱从垫子上卷起，双腿举过头顶，直到几乎与垫子平行。吸气，双臂向前环绕，抓住右脚踝，同时左腿垂直伸向天花板。

倒置平衡是指在双腿交换和伸展时，身体"倒立"在肩胛骨上并保持"平衡"。

普拉提运动解剖学

俯身撑地

俯身撑地动作可以增强上半身的力量和稳定性。身体向下卷动，在地上呈俯卧撑姿势，可以增强脊柱的活动性、稳定性和控制力。该复合动作可以锻炼全身。

动作点睛

俯身撑地时，核心收紧使身体从头到脚呈一条直线。全身只有肘部弯曲，其他部位作为一个整体随肘部移动。身体在向下和向上的过程中应保持稳定，防止腹部凸起或塌腰。

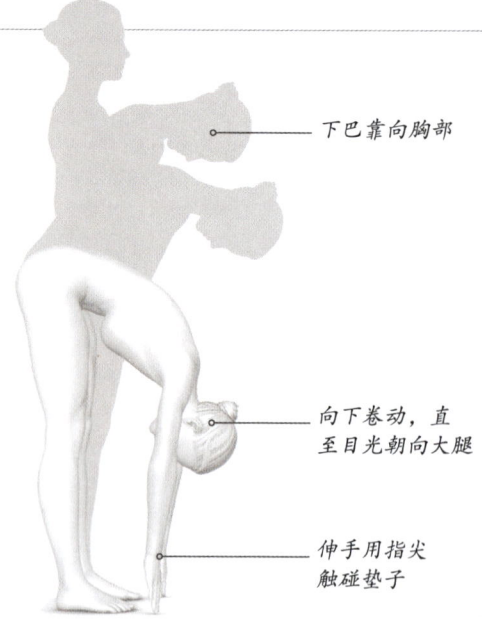

- 下巴靠向胸部
- 向下卷动，直至目光朝向大腿
- 伸手用指尖触碰垫子

预备阶段
站直，双腿分开与髋同宽，保持脊柱和骨盆处于中立位，手臂放在身体两侧。下巴靠向胸部，椎逐节向下朝垫子卷动，直到双手够到垫子。

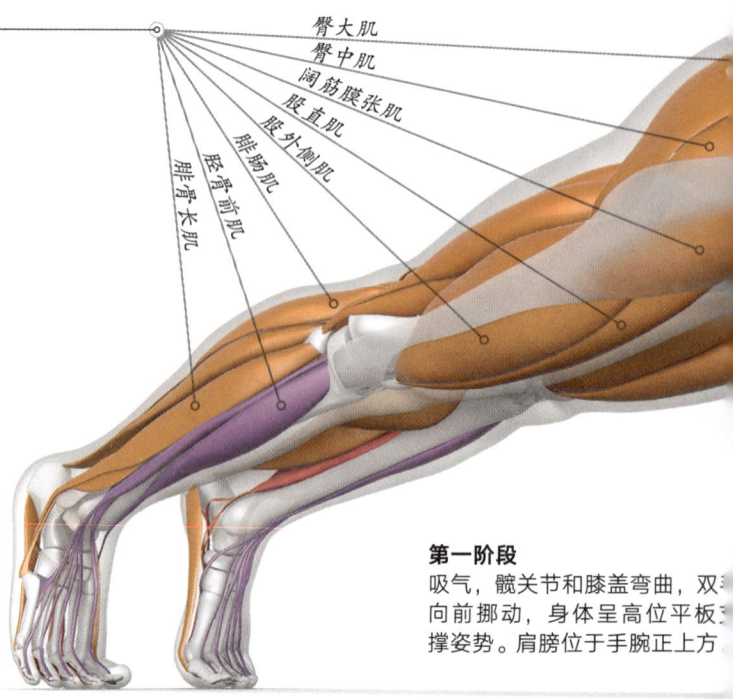

下半身
核心肌群发力以保持躯干张力并稳定脊柱。臀大肌使髋关节伸展。臀中肌、臀小肌、腘绳肌和内收肌负责稳定髋关节。小腿后群肌稳定小腿。

- 臀大肌
- 臀中肌
- 阔筋膜张肌
- 股直肌
- 股外侧肌
- 腓肠肌
- 胫骨前肌
- 腓骨长肌

⚠ 注意
向下卷动的动作不适合背部有问题、神经紧张或脊柱活动困难的人。在进行完整动作前请确认你可以在不向下卷动的情况下完成一个俯卧撑。你可以尝试俯身撑地的变式动作（见第154~155页）以减轻上半身负荷，或者在肌肉力量不足时，去掉身体向上卷起的动作。

第一阶段
吸气，髋关节和膝盖弯曲，双手向前挪动，身体呈高位平板支撑姿势。肩膀位于手腕正上方。

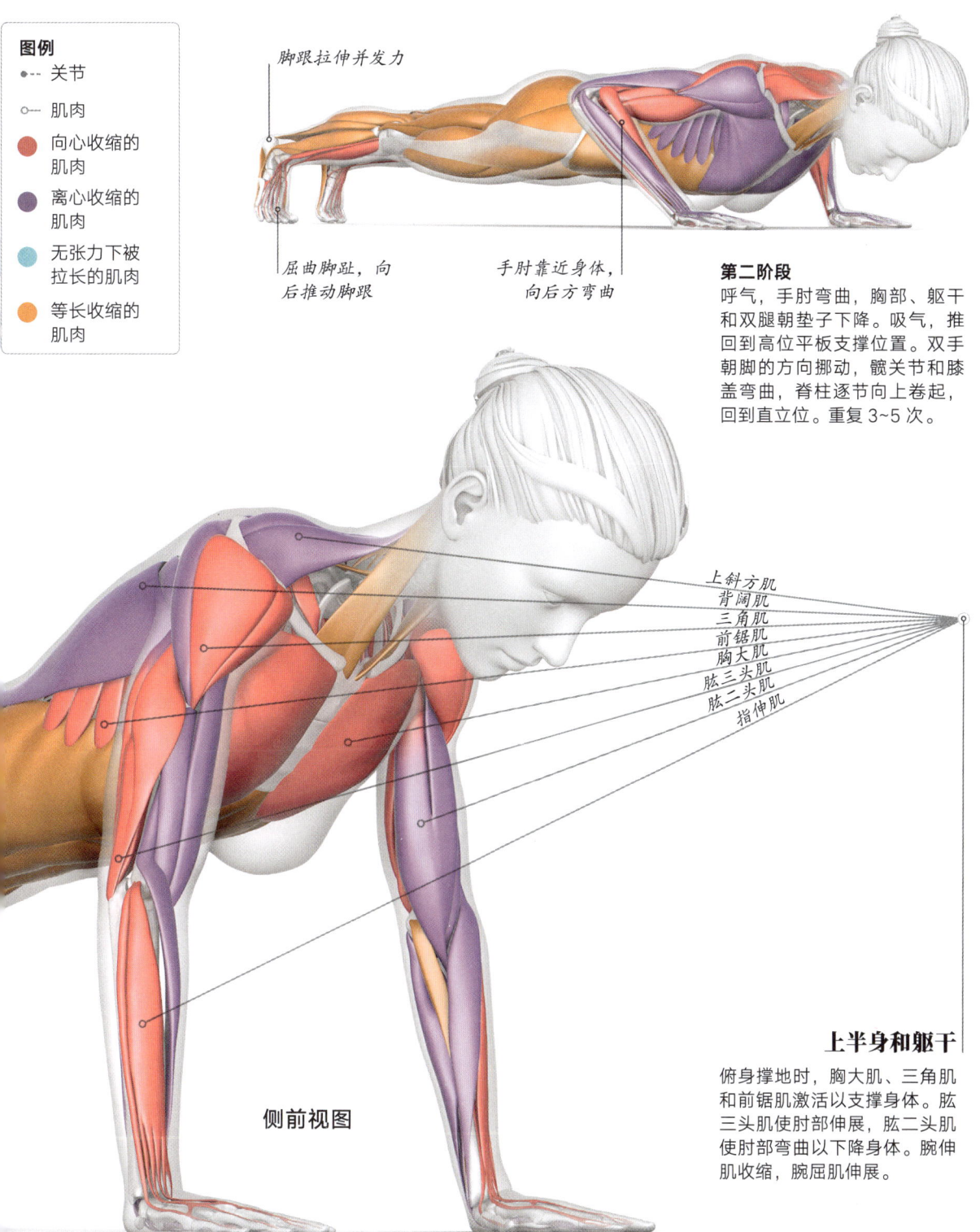

图例
- 关节
- 肌肉
- 向心收缩的肌肉
- 离心收缩的肌肉
- 无张力下被拉长的肌肉
- 等长收缩的肌肉

脚跟拉伸并发力

屈曲脚趾,向后推动脚跟

手肘靠近身体,向后方弯曲

第二阶段
呼气,手肘弯曲,胸部、躯干和双腿朝垫子下降。吸气,推回到高位平板支撑位置。双手朝脚的方向挪动,髋关节和膝盖弯曲,脊柱逐节向上卷起,回到直立位。重复3~5次。

上斜方肌
背阔肌
三角肌
前锯肌
胸大肌
肱三头肌
肱二头肌
指伸肌

侧前视图

上半身和躯干
俯身撑地时,胸大肌、三角肌和前锯肌激活以支撑身体。肱三头肌使肘部伸展,肱二头肌使肘部弯曲以下降身体。腕伸肌收缩,腕屈肌伸展。

变式动作

这两个变式都是从站立开始向下卷动。但在训练初期,你可以去掉向下卷动的动作,直到能够轻松地完成俯身撑地。手沿着垫子走到俯身撑地位置时,进一步收紧核心,并根据需要弯曲膝盖。

屈臂俯身撑地

该动作可以让双手和双腿同等承重,减轻上半身承重。肘部弯曲,保持髋关节在空中抬起。

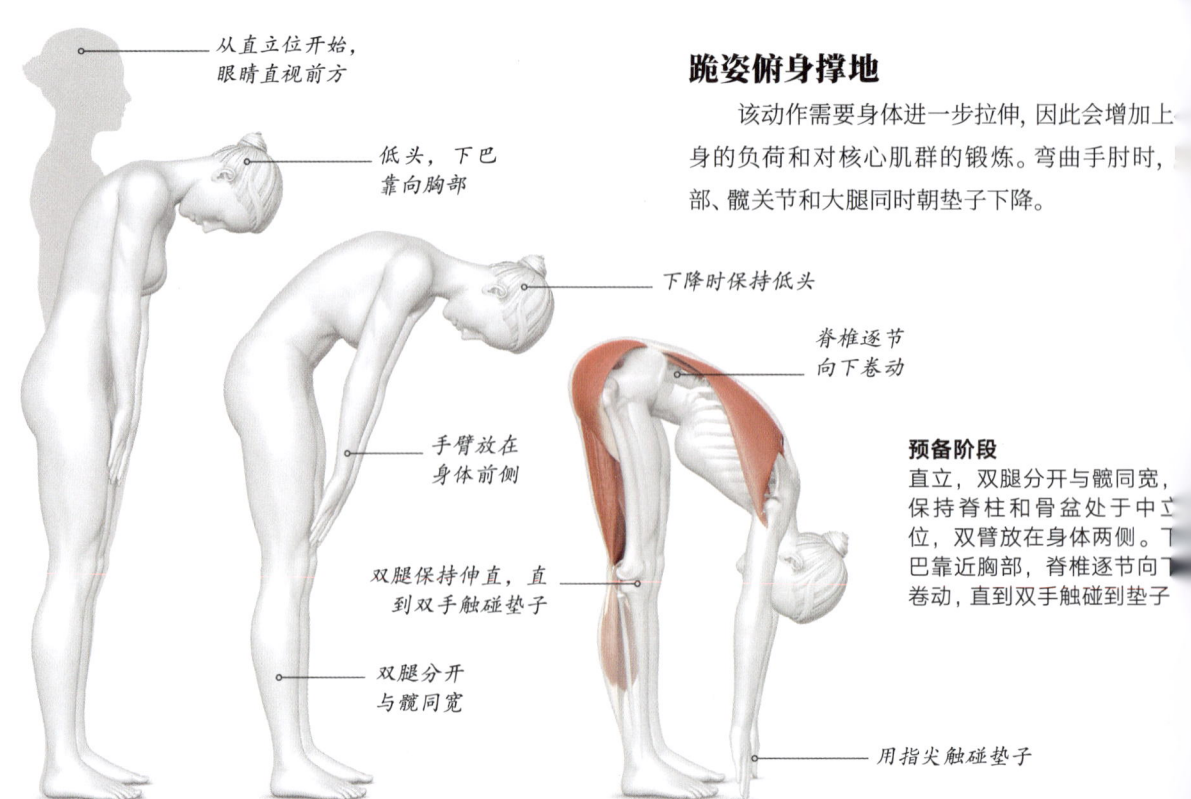

- 胸部抬起,让肩胛骨处于中立位
- 脊柱伸展,核心收紧
- 膝盖弯曲90度
- 双手放在肩膀正下方
- 双脚放松,与髋同宽

预备阶段

按照上图所示,身体从直立位置向下卷动,落到垫子上。膝盖弯曲,呈四点跪姿,肩膀在手腕正上方,背部挺直。眼睛向下注视垫子。

图例
- ● 主要目标肌肉
- ● 次要目标肌肉

跪姿俯身撑地

该动作需要身体进一步拉伸,因此会增加上身的负荷和对核心肌群的锻炼。弯曲手肘时,部、髋关节和大腿同时朝垫子下降。

- 从直立位开始,眼睛直视前方
- 低头,下巴靠向胸部
- 下降时保持低头
- 脊椎逐节向下卷动
- 手臂放在身体前侧
- 双腿保持伸直,直到双手触碰垫子
- 双腿分开与髋同宽
- 用指尖触碰垫子

预备阶段

直立,双腿分开与髋同宽,保持脊柱和骨盆处于中立位,双臂放在身体两侧。下巴靠近胸部,脊椎逐节向下卷动,直到双手触碰到垫子

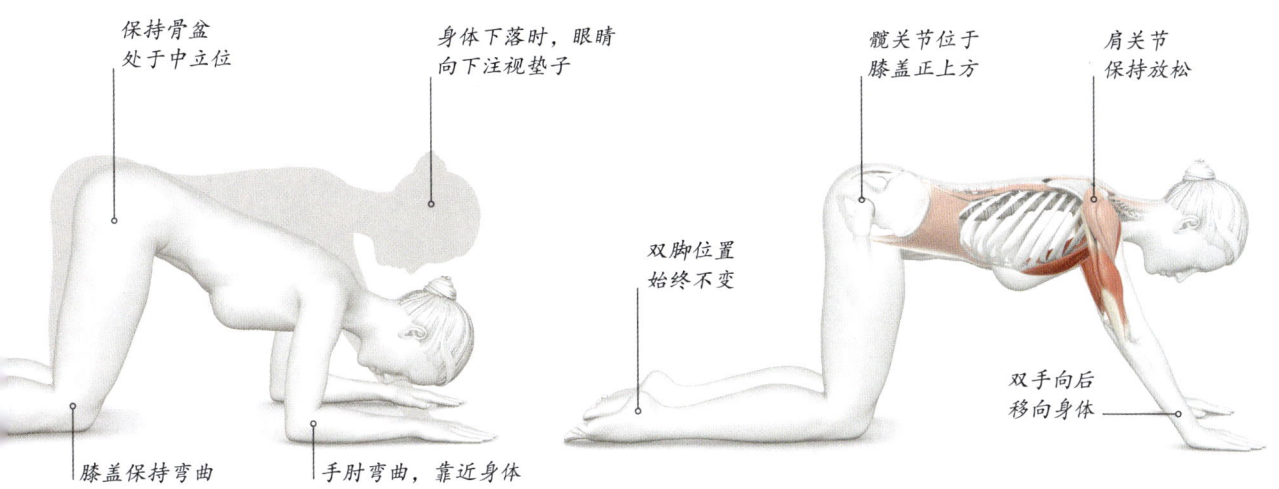

第一阶段
双手移动到身体前方。呼气，手肘弯曲，胸部朝垫子降低。肘部全程靠近身体。

第二阶段
吸气，后背向上推起，双手继续向脚的方向移动，身体向后卷动直至站立。重复3~6次。

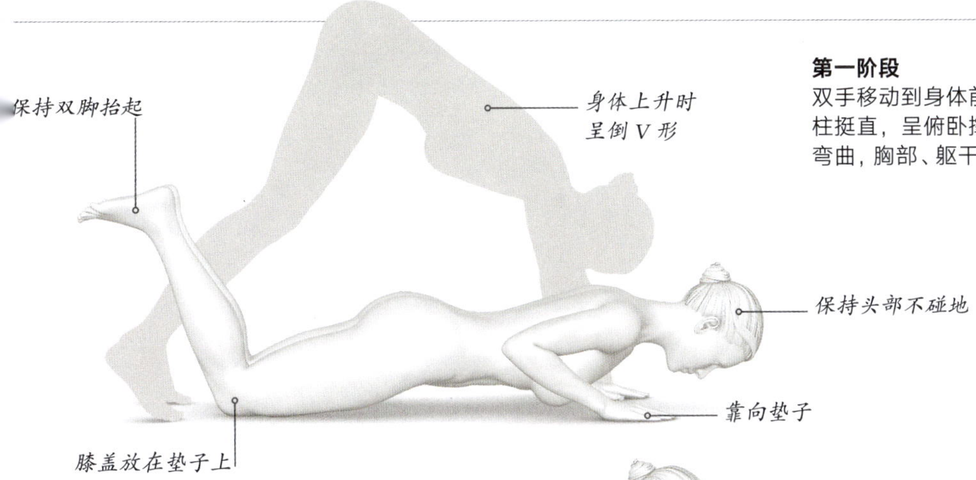

第一阶段
双手移动到身体前方，跪在地上，脊柱挺直，呈俯卧撑姿势。呼气，手肘弯曲，胸部、躯干和大腿朝垫子下降。

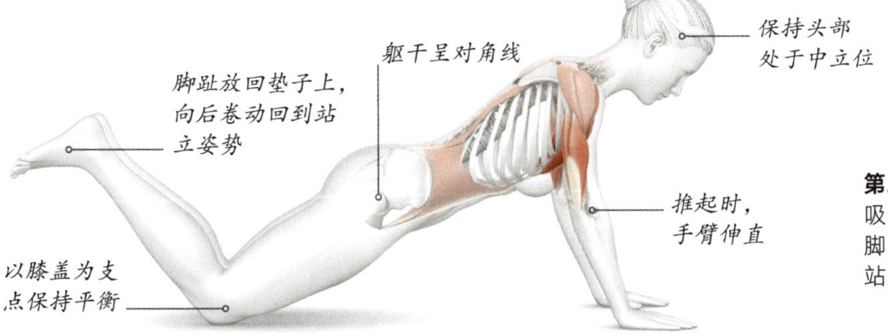

第二阶段
吸气，后背向上推起，双手继续向脚的方向移动，身体向后卷动直至站立。重复3~6次。

活动性
训练

　　本章内的动作可以通过大幅的身体运动来逐渐提高身体的平衡性,有助于缓解关节僵硬,保持肌肉伸展,对身心有舒缓和放松效果。活动性训练是力量训练的良好补充,它能显著提高你的灵活度,让你的整体训练更加全面而均衡。

脊柱伸展

脊柱伸展是一个初级动作，通过活动脊柱使其进入屈曲状态。利用这个动作激活核心，训练者可以学会正确地控制脊柱的屈曲，并矫正脊柱和腘绳肌的位置，增强它们的活动性。

动作点睛

身体重量平均分配到两块坐骨上，坐骨全程接触垫子。沿身体中线向前卷动，避免倾斜。向前伸展时注意呼气的正确模式，正确呼气才能排空腹腔，确保弯曲时没有阻力。重复脊柱伸展动作3~6次。对于双手前伸够不着腿的人，可以先练习脊柱伸展的变式动作。

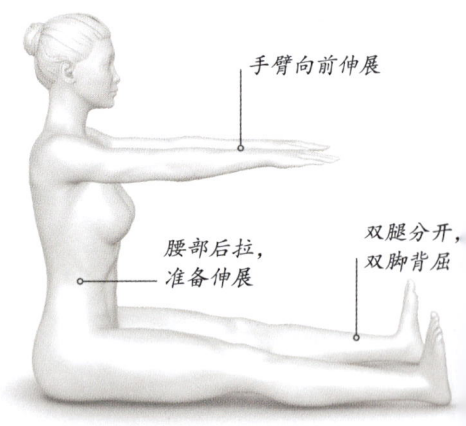

预备阶段

坐直，骨盆和脊柱保持中立位，双腿分开略宽于髋部，踝关节背屈。双臂上抬与肩同高，肩胛骨放松下沉。吸气以拉长脊柱和颈部。

躯干和下半身

腹直肌、腹内斜肌、腹外斜肌、腰大肌和腰小肌一起使脊柱弯曲，腹横肌发力抬起躯干。脊柱伸肌拉长。髋屈肌始终收缩，臀肌和腘绳肌拉长。

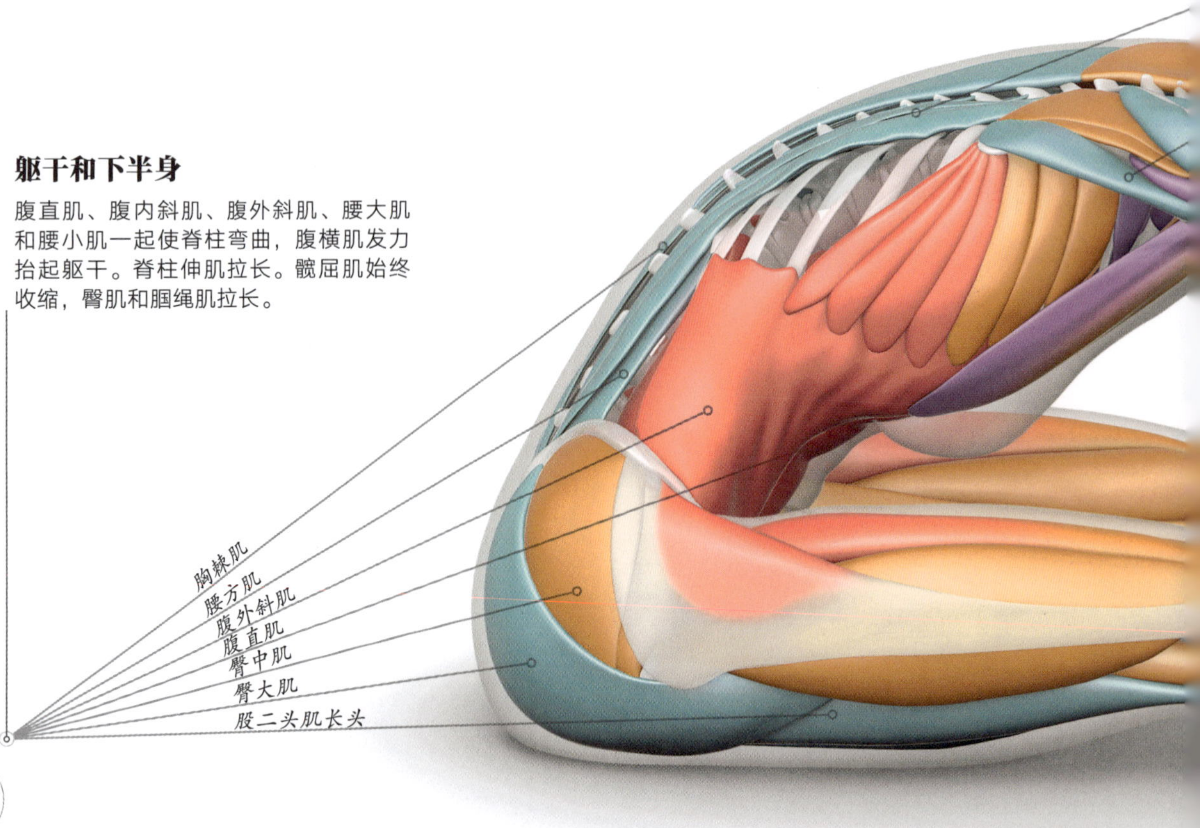

- 胸棘肌
- 腰方肌
- 腹外斜肌
- 腹直肌
- 臀中肌
- 臀大肌
- 股二头肌长头

> **注意**
> 双手前伸时，注意不要塌腰。专注于脊柱的逐节移动和节段性控制，同时收紧核心以抬高躯干。这个技巧可以恰当地锻炼脊柱并保护背部。

» 变式动作
初阶版脊柱伸展

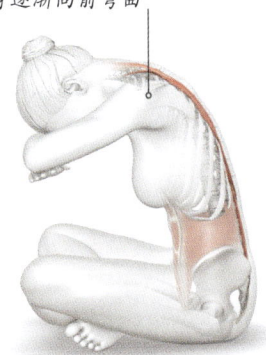

上半身

脊柱伸肌和背阔肌伸展。中斜方肌和下斜方肌稳定肩胛骨，三角肌收缩使肩关节屈曲。肱三头肌伸展肘部。

- 胸最长肌
- 上斜方肌
- 大圆肌
- 三角肌
- 肱三头肌
- 肱桡肌
- 指伸肌

预备阶段
盘腿坐直，双手前臂相叠，与肩同高。吸气，拉长颈部和脊柱。

第一阶段
呼气，上背部、中背部和下背部脊柱依次向前卷动。吸气，保持。呼气，以同样的方式让脊柱向后回到直立位。

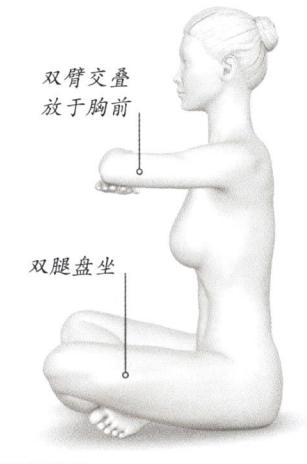

侧视图

图例
- •-- 关节
- ○— 肌肉
- ● 向心收缩的肌肉
- ● 离心收缩的肌肉
- ● 无张力下被拉长的肌肉
- ● 等长收缩的肌肉

第一阶段
呼气，从头部和颈部开始，上背部、中背部和下背部脊椎依次向前卷动。双臂前伸，掌心朝下。保持骨盆处于中立位，核心收紧。吸气，保持。呼气，按相反的顺序，脊椎逐节向后展开回到直立位。手臂回到起始位，与双腿平行。

锯式

锯式包含了脊柱的旋转和屈曲动作。旋转可以强化斜肌，而屈曲可以拉伸腘绳肌。掌握了锯式，就可以使躯干以正确的方式旋转和屈曲。

动作点睛

保持骨盆处于中立位，全程不离开垫子，尤其是身体向一侧旋转时，要特别注意另一侧髋关节保持不动。从中心开始旋转，下脊柱到上脊柱依次向前弯曲。手臂放松，自然地跟随脊柱移动，不要抬高肩胛骨。

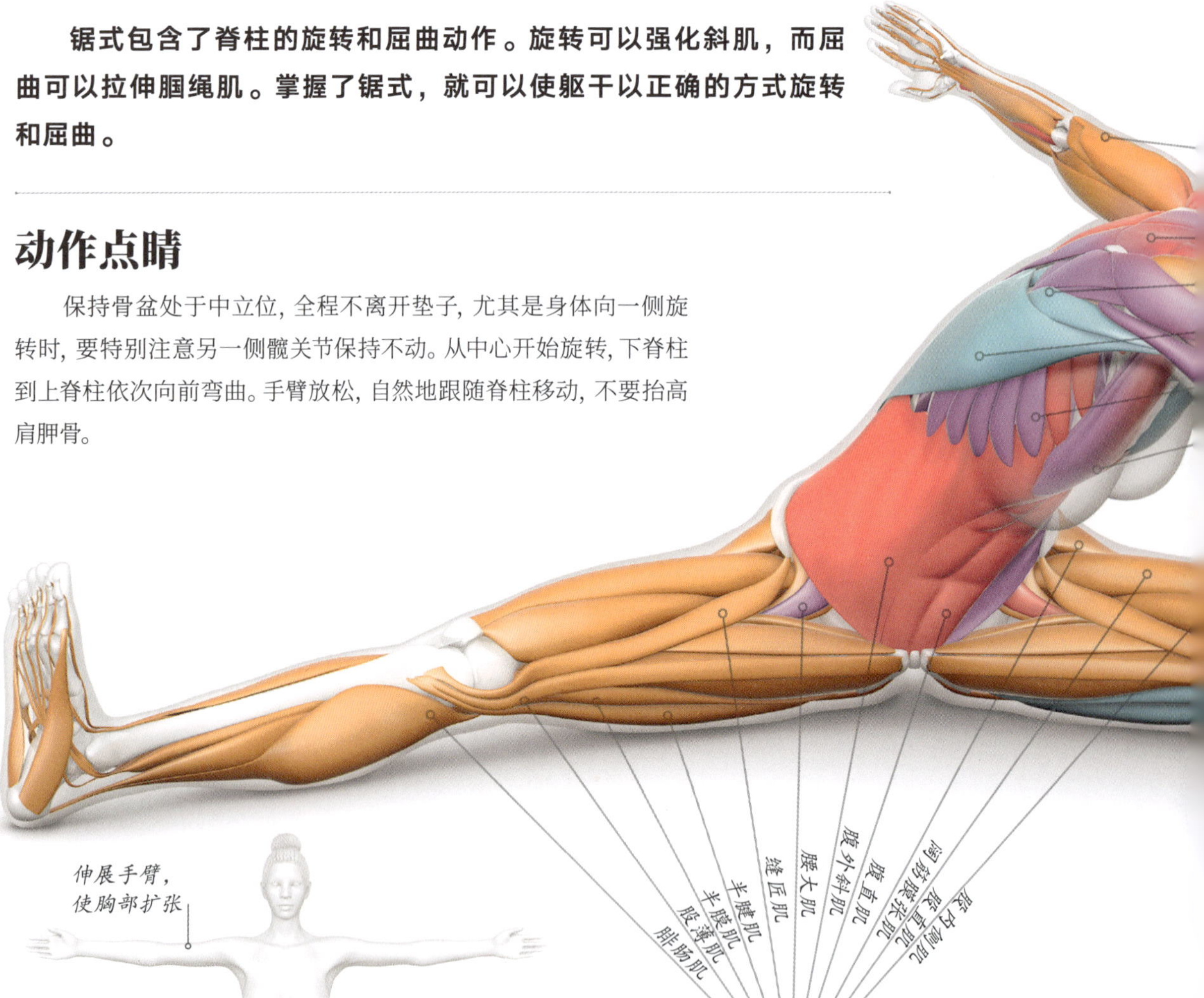

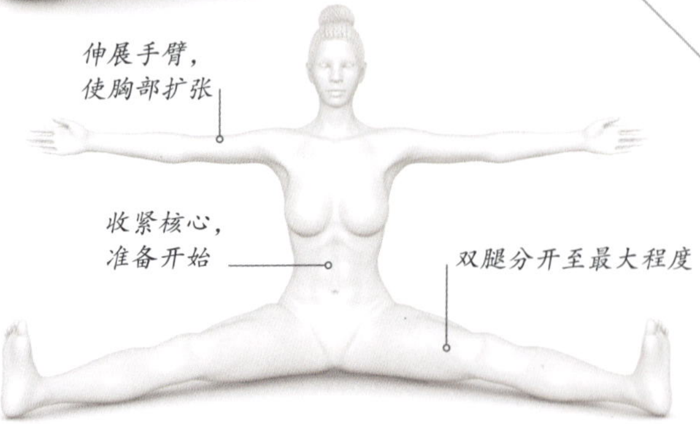

伸展手臂，使胸部扩张

收紧核心，准备开始

双腿分开至最大程度

腓肠肌
腘深肌
半腱肌
缝匠肌
腰大肌
髋外旋肌
股直肌
腹外斜肌
腹内斜肌
腹横肌

预备阶段
坐直，双腿向前伸展并分开至最大程度，踝关节背屈。脊柱和骨盆保持在中立位，双臂向外打开，与肩同高，掌心朝外。肩胛骨处于中立位，核心收紧。

下半身
髂腰肌在内的髋屈肌群和股四头肌收缩。腘绳肌、内收肌和小腿肌拉伸。臀中肌、臀小肌和梨状肌激活以稳定髋关节。

第一阶段

吸气,脊柱向左旋转,头部、颈部和手臂跟随脊柱转动。呼气,脊柱沿左腿向前弯曲,右手沿对角线伸向左脚,左臂在身后伸展。右臂向前拉伸 3 次以进一步伸展脊柱。

上半身和手臂

双臂向前伸展时,竖脊肌和背阔肌伸展,胸大肌和三角肌前束收缩,使肩关节向内旋转;同时,肱三头肌使肘部伸展。

图例
- 关节
- 肌肉
- 向心收缩的肌肉
- 离心收缩的肌肉
- 无张力下被拉长的肌肉
- 等长收缩的肌肉

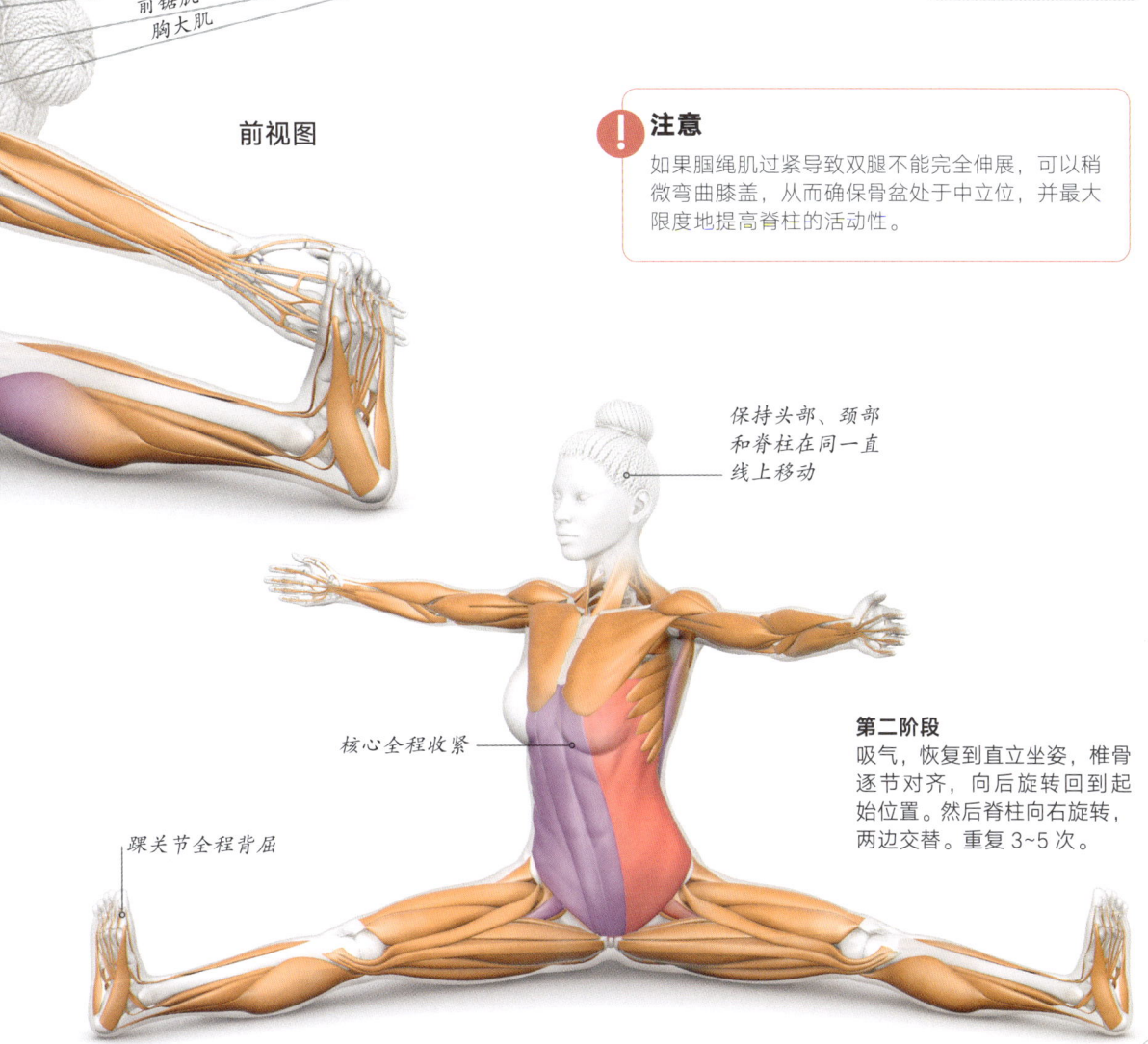

- 肱三头肌
- 三角肌
- 斜方肌中部
- 大圆肌
- 背阔肌
- 前锯肌
- 胸大肌

前视图

> **注意**
> 如果腘绳肌过紧导致双腿不能完全伸展,可以稍微弯曲膝盖,从而确保骨盆处于中立位,并最大限度地提高脊柱的活动性。

保持头部、颈部和脊柱在同一直线上移动

核心全程收紧

踝关节全程背屈

第二阶段

吸气,恢复到直立坐姿,椎骨逐节对齐,向后旋转回到起始位置。然后脊柱向右旋转,两边交替。重复 3~5 次。

脊柱扭转

该初级动作通过旋转来提高脊柱活动性，在拉长腘绳肌的同时，可以提高身体平衡性，养成良好的坐姿习惯，因此非常适合久坐的工作群体或患有轻微背痛的人群。

动作点睛

从收紧核心开始，保持骨盆稳定，确保身体重量平均分布在骨盆两侧，避免骨盆抬离垫子。脊柱垂直向上伸展，保持两侧腰线长度一致，防止向一侧屈曲。头部和脊柱保持在一条直线上移动。肩胛骨保持中立位，避免上半身和手臂过度旋转。如果不能完成手臂伸展版的脊柱扭转，可以先交叠手臂，做脊柱扭转的变式动作。

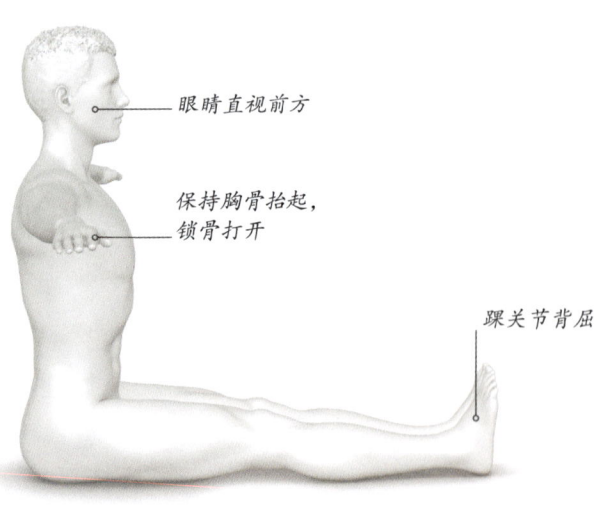

侧视图

眼睛直视前方

保持胸骨抬起，锁骨打开

踝关节背屈

预备阶段
坐直，骨盆和脊柱保持中立位。双腿前伸，大腿内侧并拢，双脚背屈。手臂向侧面延伸，抬至与肩同高，掌心朝下。

第一阶段
吸气，准备开始，脊柱向上延伸。呼气，躯干和手臂向一侧旋转，头部与脊柱保持在一条直线上，眼睛看向肩膀。在最终位置时，躯干进一步拉伸2次，以加深旋转姿势。吸气，回到预备阶段。换另一侧完成相同动作。重复6~8次。

上半身和躯干

身体右侧的腹外斜肌收缩，腹内斜肌伸展。冈上肌、三角肌和斜方肌使肩部外展，肱三头肌收缩使肘部伸展。

- 三角肌
- 冈上肌
- 菱形肌
- 冈下肌
- 髂肋肌
- 腰方肌
- 腹外斜肌

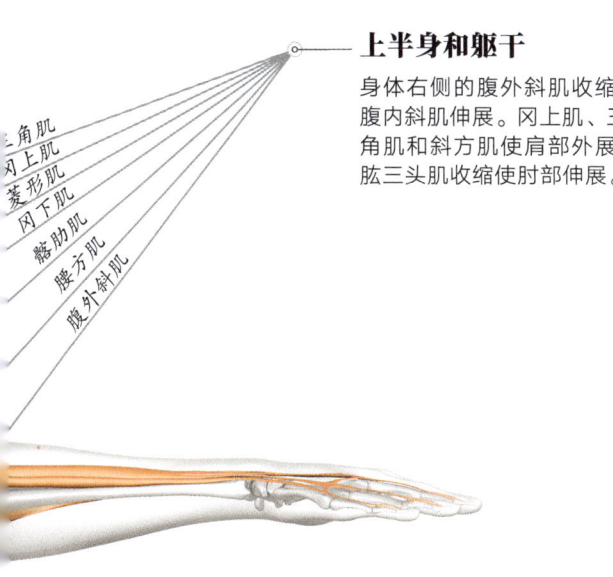

下半身

两侧脊柱伸肌和腰方肌收缩，臀肌拉伸。股四头肌负责伸展膝盖，稳定双腿，同时腘绳肌拉伸。小腿肌肉拉长，胫骨前肌和踝背屈肌收缩使脚踝弯曲。

- 臀中肌
- 臀大肌
- 股外侧肌
- 股二头肌长头
- 股直肌
- 股二头肌短头
- 胫骨前肌
- 腓肠肌
- 腓骨长肌

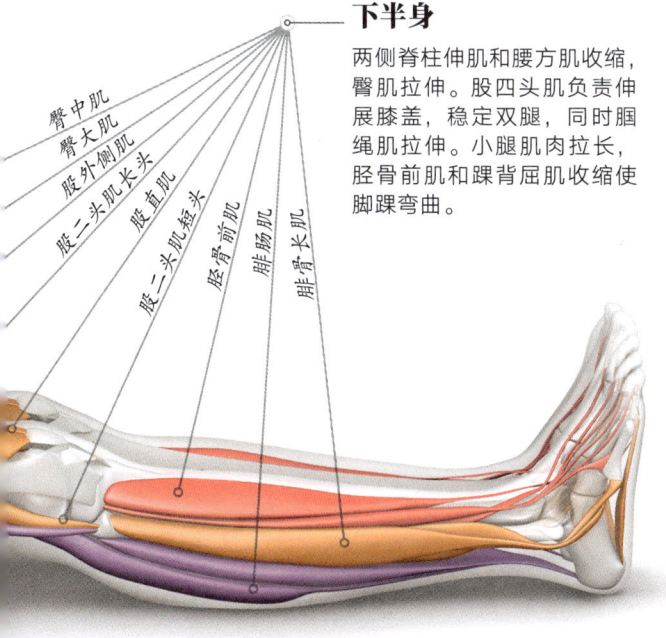

图例
- ●- - 关节
- ○— 肌肉
- ● 向心收缩的肌肉
- ● 离心收缩的肌肉
- ● 无张力下被拉长的肌肉
- ● 等长收缩的肌肉

》变式动作
初阶版脊柱扭转

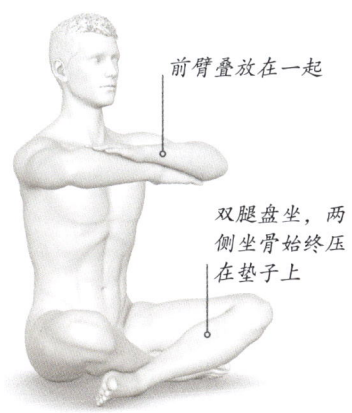

前臂叠放在一起

双腿盘坐，两侧坐骨始终压在垫子上

预备阶段

坐直，骨盆和脊柱保持中立位。双腿交叉。两只前臂叠放在一起，抬至与肩同高。

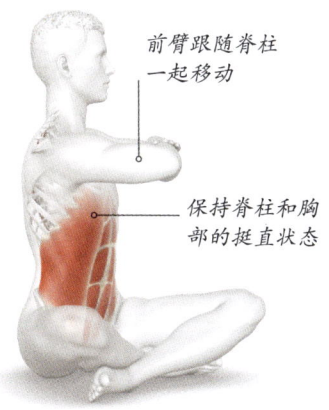

前臂跟随脊柱一起移动

保持脊柱和胸部的挺直状态

第一阶段

吸气，准备开始，脊柱向上延伸。呼气，躯干向一侧旋转，前臂和头部跟随脊柱旋转。换另一侧完成同样的动作。重复3~5次。

眼镜蛇式

眼镜蛇式是一个广受欢迎的动作,可以逐节伸展脊柱。该动作既可以强化身体后部肌肉力量,还能拉伸前部肌肉,可以缓解经常性弯腰引发的腰背部紧张问题,减轻下背部疼痛。

动作点睛

肩膀放松,用双臂轻轻托起上半身,不要用力将身体往上压。头向上伸向天花板,随后伸展胸部、胸腔、下腹部和前髋骨,使脊柱保持笔直。开始时,移动双臂远离身体,直至身体适应这种完全伸展的状态。保持臀部、腿部和脚趾全程放松。可以尝试眼镜蛇扭转式,以增加难度。

侧视图

前臂和手掌放松,掌心朝下

尾骨内收使骨盆处于中立位

双腿和双脚外旋

预备阶段
俯卧,双腿分开,距离略宽于髋部。前额放在垫子上,颈椎拉长,下巴微微内收。双臂伸向身体两侧,肘部弯曲呈90度。吸气,头部向远处拉伸,使其远离尾骨,尾骨微微内收。

图例
- ●-- 关节
- ○— 肌肉
- ● 向心收缩的肌肉
- ● 离心收缩的肌肉
- ● 无张力下被拉长的肌肉
- ● 等长收缩的肌肉

上半身

颈伸肌保持头部直立,脊柱伸肌收紧以伸展脊柱。腹肌拉伸,菱形肌收缩将两侧肩胛骨向内拉。

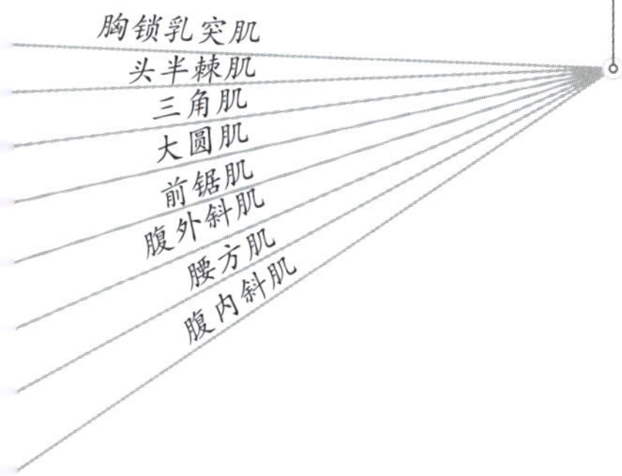

- 胸锁乳突肌
- 头半棘肌
- 三角肌
- 大圆肌
- 前锯肌
- 腹外斜肌
- 腰方肌
- 腹内斜肌

» 变式动作
眼镜蛇扭转式

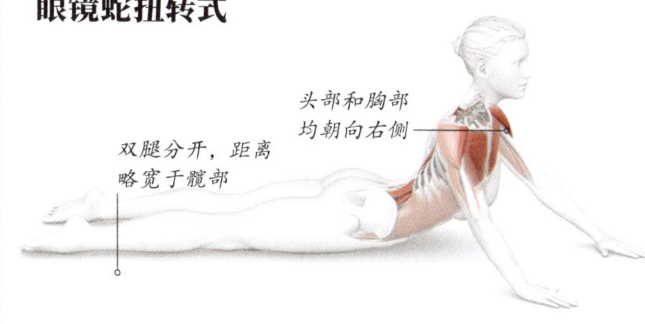

头部和胸部均朝向右侧

双腿分开,距离略宽于髋部

第一阶段

上半身抬起到眼镜蛇姿势后,双手朝右侧微微挪动,保持肘部伸展。保持躯干延伸,避免向一侧屈曲。胸腔抬起,锁骨打开。吸气,保持。呼气,双手向左侧挪动完成同样的动作。重复3~5次。

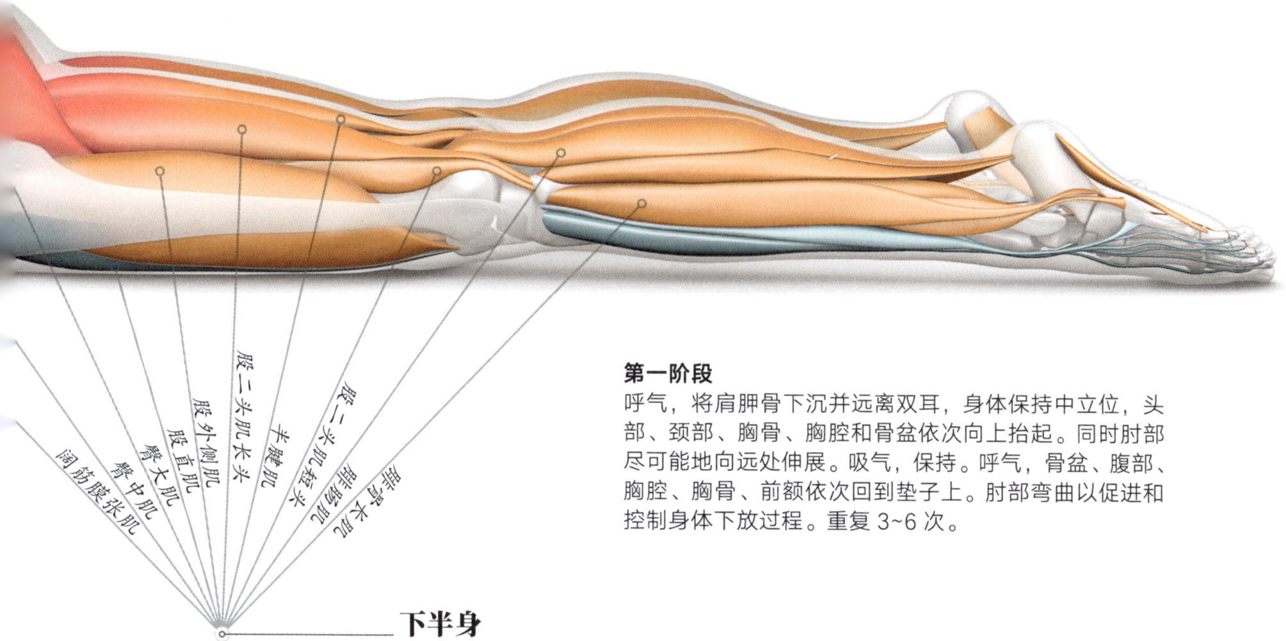

第一阶段

呼气,将肩胛骨下沉并远离双耳,身体保持中立位,头部、颈部、胸骨、胸腔和骨盆依次向上抬起。同时肘部尽可能地向远处伸展。吸气,保持。呼气,骨盆、腹部、胸腔、胸骨、前额依次回到垫子上。肘部弯曲以促进和控制身体下放过程。重复3~6次。

- 阔筋膜张肌
- 臀中肌
- 臀大肌
- 股直肌
- 股外侧肌
- 股二头肌长头
- 半腱肌
- 股二头肌短头
- 腓肠米肌

下半身

伸展时,臀大肌和腘绳肌收紧以支撑髋关节,髋屈肌拉伸。臀中肌和臀小肌负责稳定髋关节,使其轻微外旋。股四头肌收缩使膝关节伸直。

手臂展开

手臂展开是一项放松的动作,主要通过控制身体旋转来提高脊柱的活动性。该动作可以打开胸腔,活动后背,拉伸身体前侧,从而帮助身体恢复平衡。

注意

肩膀疼痛或肩关节不稳定的人,可以练习手臂展开的变式动作。它可以缩短上侧手臂的长杠杆,减少上侧手臂的圆周运动。

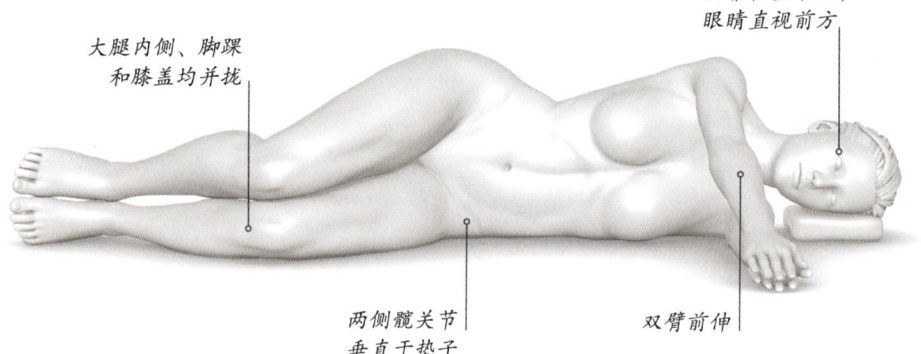

- 大腿内侧、脚踝和膝盖均并拢
- 头靠在垫子上,眼睛直视前方
- 两侧髋关节垂直于垫子
- 双臂前伸

预备阶段

侧躺,两侧髋关节和肩关节垂直于垫子。髋关节约弯曲45度,膝关节约弯曲90度。头靠在垫子上,头部和颈部处于中立位。双臂向前伸展,双手叠放在一起,掌心相对。

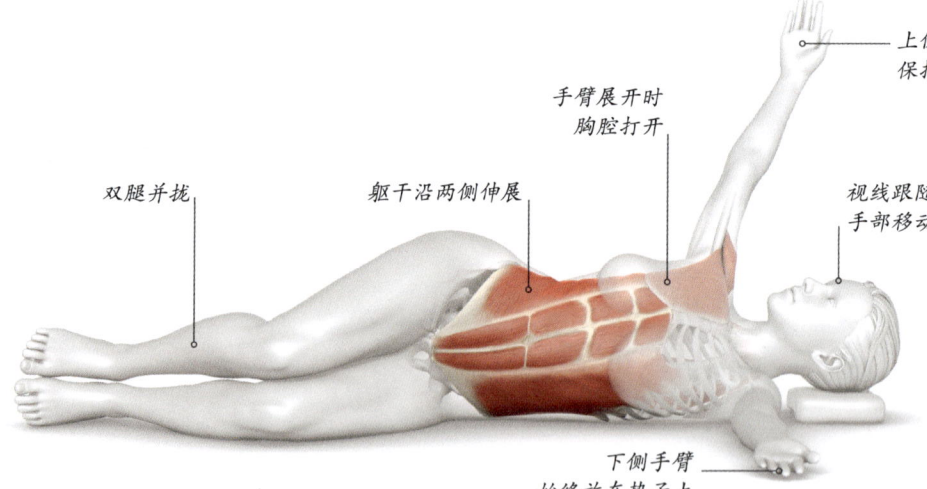

- 双腿并拢
- 手臂展开时胸腔打开
- 躯干沿两侧伸展
- 上侧手臂展开时保持手掌张开
- 视线跟随手部移动
- 下侧手臂始终放在垫子上

第一阶段

呼气,上臂向上举过头顶,向外侧伸展,脊柱和头部随着手臂旋转。

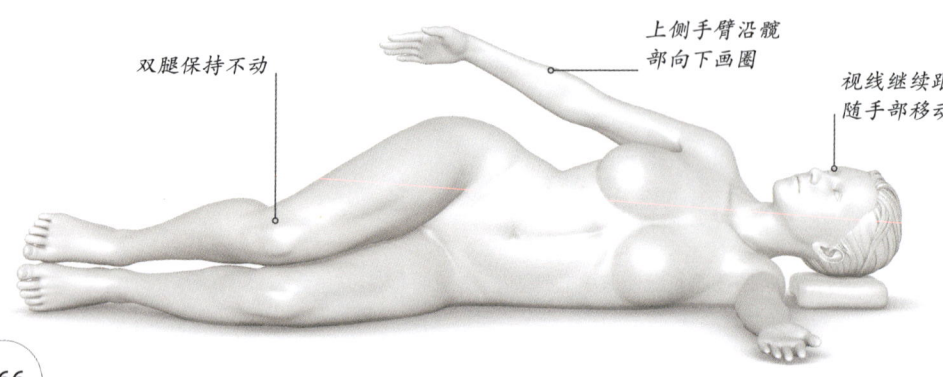

- 双腿保持不动
- 上侧手臂沿髋部向下画圈
- 视线继续跟随手部移动

第二阶段

吸气,手臂继续画圈,靠向髋部,然后回到起始位,放在下侧手臂上。重复3~6次。换边重复相同的动作。

变式动作

手臂展开有多种变式动作,比如可以改变身体杠杆的长度或位置,无论何种变式动作都能通过胸部旋转给身体带来好处。

图例
● 主要目标肌肉   ● 次要目标肌肉

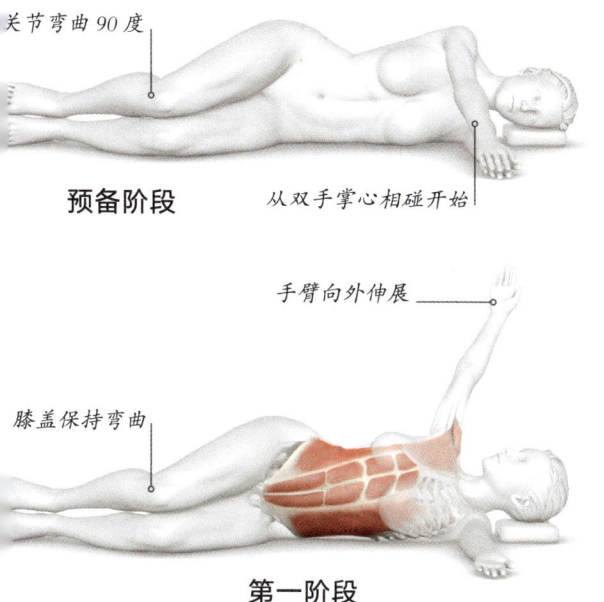

关节弯曲90度

预备阶段

从双手掌心相碰开始

膝盖保持弯曲

手臂向外伸展

第一阶段

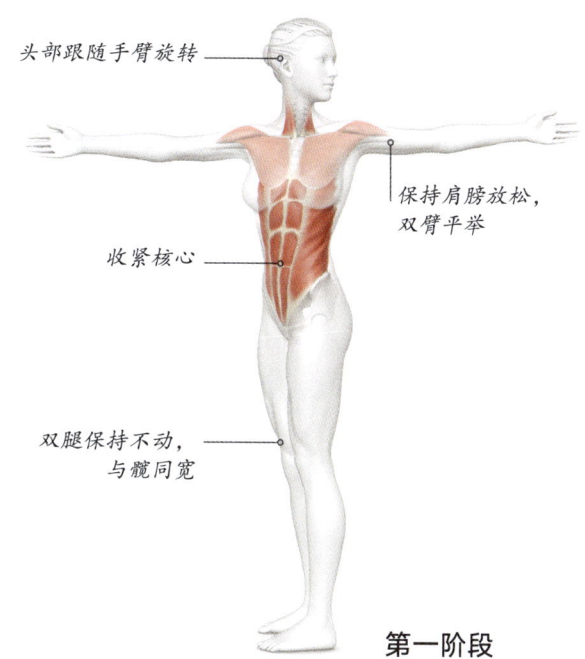

头部跟随手臂旋转

保持肩膀放松,双臂平举

收紧核心

双腿保持不动,与髋同宽

第一阶段

阶版手臂展开

该变式缩短了手臂长杠杆,降低了肩部圆周运动的幅该动作非常适合初学者练习,不需要打开胸腔,而是通部旋转来提高躯干的控制力。

阶段
备姿势向左侧卧,头靠在小垫子上。双腿和髋关节弯曲,髋关节和肩关节垂直于垫子。双臂向前伸展。

阶段
,右肘弯曲,右上臂沿左臂滑向胸部,然后向身体右侧,脊柱和头部随手臂旋转。

阶段
,头部和脊柱转回到起始位置,手臂恢复至起始位置。3~6 次。然后换另一侧完成同样的动作。

立姿手臂展开

该变式更加简易,可以作为热身或放松动作,也适合在午休时间锻炼。由于躯干不再固定在垫子上,因此会带动骨盆一起旋转。

预备阶段
站立,双脚分开与髋同宽,保持脊柱和骨盆处于中立位。双臂抬起与肩同高,肩膀放松,掌心朝内。

第一阶段
呼气,向外打开一只手臂,并尽可能远地向后旋转,同时旋转脊柱和头部。保持前臂伸直不动。

第二阶段
吸气,回到起始位置。换另一侧。交替重复 3~6 次。

穿针引线

这是一项简单的静心练习,可以旋转脊柱,打开胸部和肩部,提高肩关节的稳定性。

 注意
手臂向下和向上穿时,髋关节稍微向后摆动,避免肩关节静态下负荷过重或颈部紧张。手臂要平稳自如地移动。

> 穿针引线中的扭转动作能起到按摩消化器官的作用,因此该动作有助于消化。

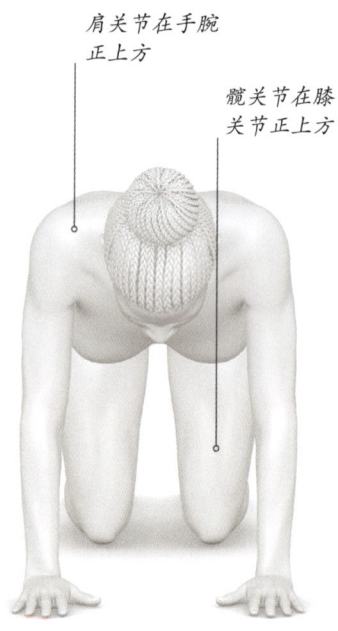

预备阶段
从四点跪姿开始,肩关节在手腕正上方,髋关节在膝关节正上方。保持脊柱和骨盆处于中立位。

第一阶段
呼气,右手抬起,手掌朝上,从左臂下方穿过身体,右肩和耳朵向下靠向垫子,头部和躯干向左旋转。

第二阶段
吸气,右臂后拉回到起始位置,然后向右抬起,直至指向天花板。重复3~6次。换边重复相同的动作。

变式动作

改变上半身或下半身的姿势，可以生成不同的穿针引线变式动作。这些变式动作可以在胸椎旋转的同时额外拉伸其他部位。

图例
- 主要目标肌肉
- 次要目标肌肉

右肘弯曲 / 转头向上看 / 躯干旋转 / 双脚放松地放在垫子上 / 支撑手手臂伸直

预备阶段/第一阶段

动作手手臂与支撑手手臂呈一条直线 / 打开肩部和胸腔 / 左腿伸向左侧 / 右臂保持不动

预备阶段/第一阶段

单手抱头式

手放在头后可以缩短手臂杠杆长度，有助于缓解肩部紧绷和提高肩部力量。该变式动作专注于躯干的旋转，而不是用手臂带动躯干旋转。做这个变式动作时，髋关节保持不动。

预备阶段
从四点跪姿开始，肩关节在手腕正上方，髋关节在膝关节正上方。右手抬起放在头部右侧。

第一阶段
吸气，腰部和躯干向右旋转，胸部和肩关节向右打开。头部右转，眼睛看向天花板。

第二阶段
呼气，回到四点跪姿的起始位置，放下右臂，眼睛看向垫子。重复该动作3~6次，然后换边重复相同的动作。

大腿拉伸式

该变式动作可以同时伸展胸部、上半身以及大腿内侧肌肉，是一项深度拉伸全身的动作。内收肌或骨盆区域有疼痛问题的人群需谨慎执行此动作。

预备阶段
从四点跪姿开始，左腿向左侧伸展。呼气，左臂从右臂下方穿过，胸部和左肩靠向垫子。

第一阶段
吸气，左臂向外打开，朝向天花板，躯干旋转，带动胸部和头部左转。

第二阶段
左臂回落，再次从右臂下方穿过。重复3~6次，然后恢复成四点跪姿，在另一侧重复相同的动作。

169

美人鱼式

这是一个侧向伸展动作,它可以拉伸身体侧面,同时移动胸椎,扩大胸腔空间,以促进横向呼吸法。美人鱼式是很好的过渡动作,适用于不同运动姿势之间的转换。

图例
● 主要目标肌肉　● 次要目标肌肉

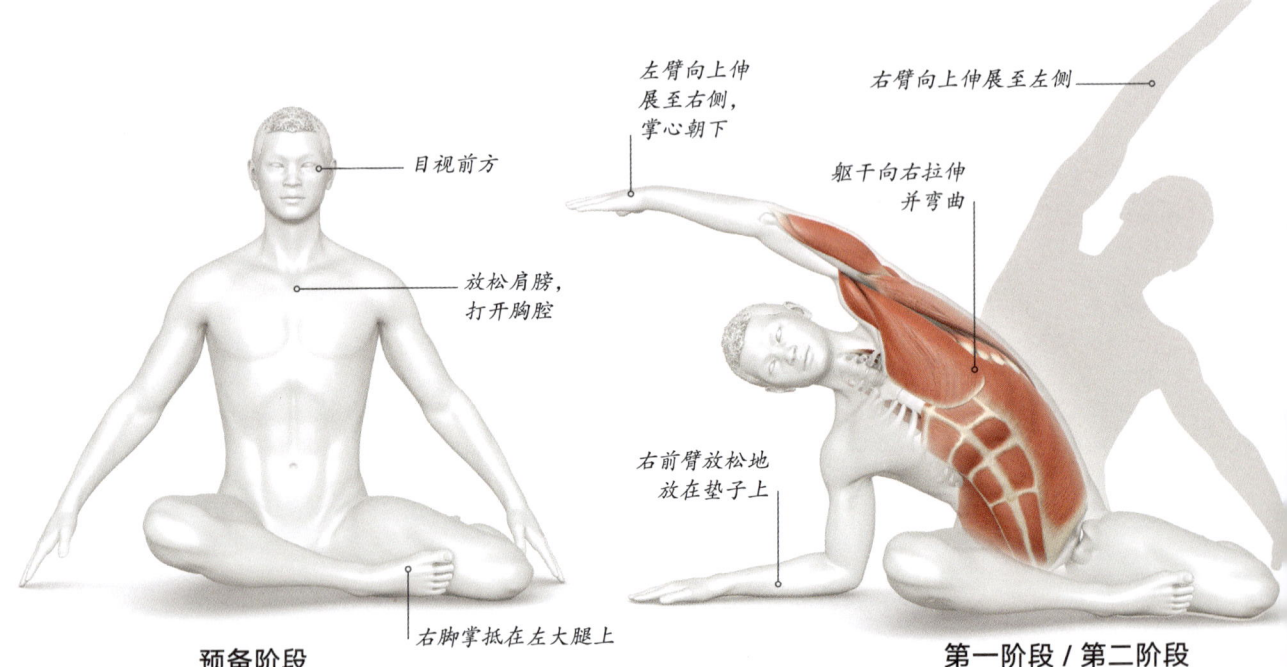

预备阶段　　　　　　　　　　　　　　　　第一阶段／第二阶段

预备阶段
坐直,保持头部、颈部、脊柱和骨盆处于中立位,双腿向左侧弯曲,双膝弯曲。右脚掌贴在左大腿上。双臂伸向身体两侧,指尖轻触垫子。

第一阶段
吸气,左臂向上伸展举过头顶。呼气,左臂继续伸展至右侧,脊柱向右延伸并弯曲。右臂沿垫子向远处滑动,直到右前臂落在垫子上,掌心朝下。

第二阶段
吸气,回到直立坐姿。呼气,右臂上抬起,移向左侧,脊柱自然弯曲。每侧重复3~5次,然后双腿交换位置朝向右侧,重复该动作。

美人鱼式动作可以用作热身,也可以在普拉提结束后用于拉伸。

变式动作

美人鱼式适合所有锻炼者,可以通过融入深度拉伸动作,改变运动方向,以及增加运动幅度,从而实现更多益处。将几个变式动作相结合,可以增添运动的趣味性。

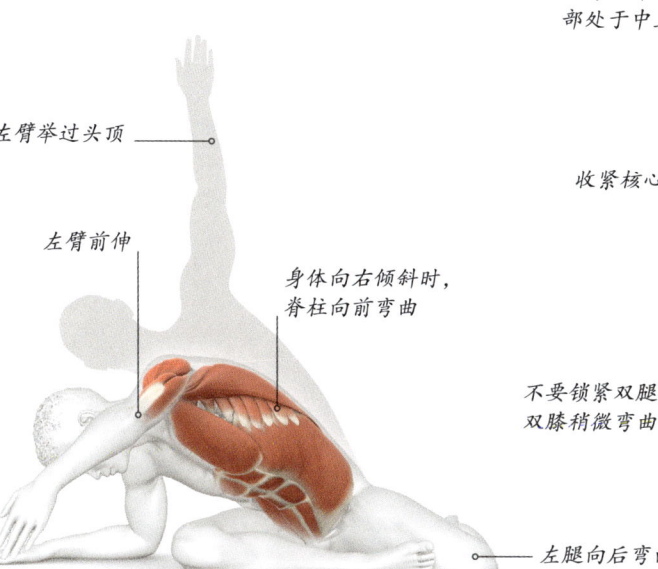

第一阶段 / 第二阶段

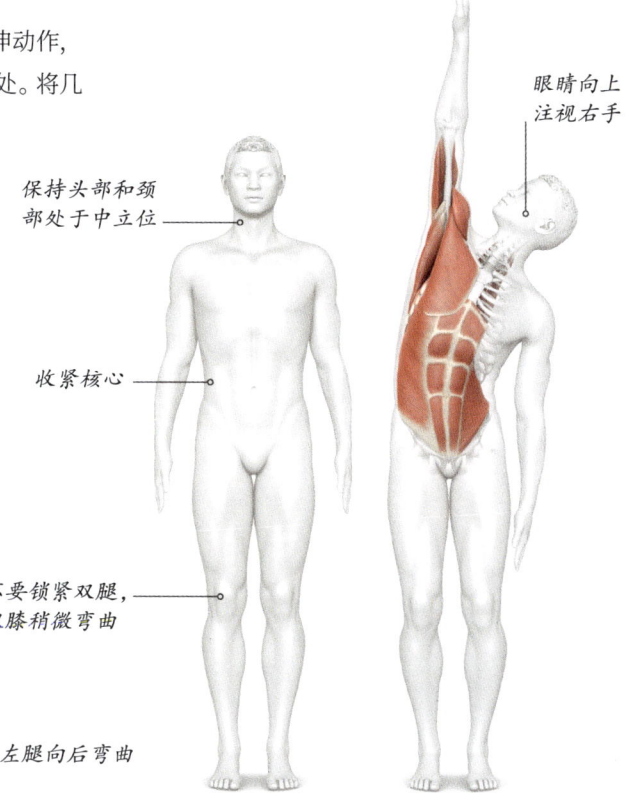

预备阶段 / 第一阶段

人鱼扭转式

该变式动作可以从各个方向活动脊柱,包括预备阶段的、第一阶段的屈曲以及第二阶段的伸展。该变式可以全般锻炼活动性,恢复身体运动,减少脊柱僵硬。

阶段
人鱼式的预备姿势开始,吸气,左臂向上伸展举过头顶。左臂继续伸展至右侧,脊柱向右延伸并弯曲。右臂沿垫远处滑动,直到右前臂落在垫子上,掌心朝下。

阶段
左臂前伸,脊柱弯曲。

阶段
左臂和胸部向上转向天花板。吸气,回到直立坐姿,左身侧放松,恢复至预备姿势。重复3~5次,然后换边重习的动作。

站姿美人鱼式

在该变式动作中,骨盆不再固定在垫子上,给予了脊柱更大的活动空间,膝盖弯曲更有利于身体移动。一侧手臂向上伸展时,另一侧手臂向下伸展,使侧向伸展达到最大化。

预备阶段
站直,双臂在身体两侧向下伸展,掌心朝内。

第一阶段
吸气,准备。呼气,左臂向下伸展,同时,右臂向上伸展,右手掌心朝外,膝盖微微弯曲。转头看向右手。

第二阶段
吸气,回到起始位置,换另一侧重复该动作,左臂向上、右臂向下伸展。两侧交替,重复3~5次。

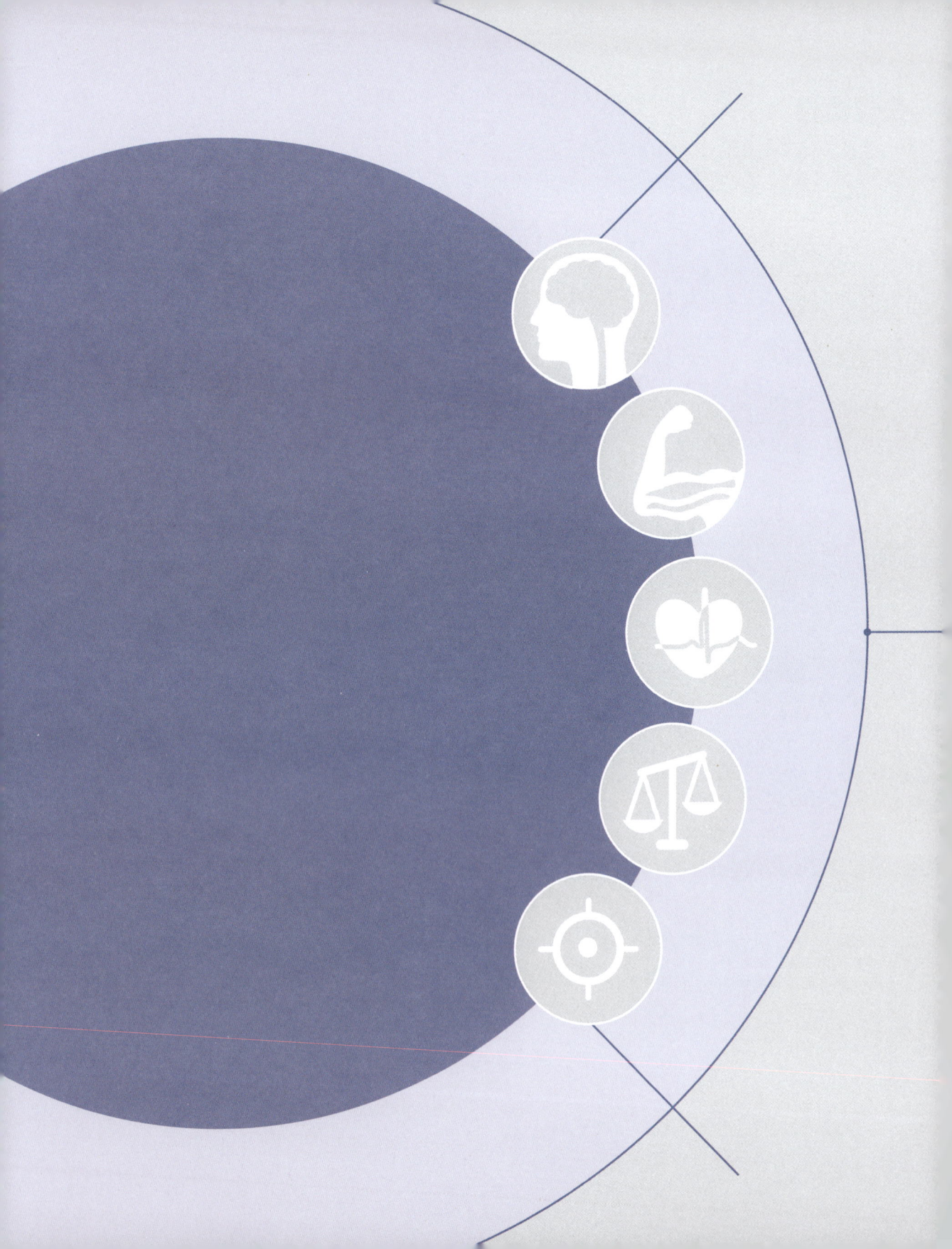

普拉提训练计划

　　每个人都应该体验到普拉提带来的好处。不同健康水平、经验、能力、身体状况的人，甚至是伤员，都可以在普拉提基本原则和精神的指导下，安全高效地进行普拉提锻炼。这部分内容介绍了多种情况下的普拉提锻炼建议：处于初级、中级或高级水平，遭受背痛或关节炎，长时间久坐，怀孕，或者是想提高游泳或跑步等其他运动的人士都能找到适合自己的运动建议。这一部分内容在清楚表明普拉提适用于大多数人的同时，更体现了普拉提能够满足各种需求的卓越能力。

大众健身

正如书中展示的各种各样的变式，普拉提训练可以根据个人的熟练程度进行调整。下面将介绍在开始或想要强化普拉提训练时需要考虑什么，以及如何进一步提升。训练时要注意随时关注身体情况，有必要的话，可以暂停训练或降低一些难度。

训练方案类型

这里将常规的普拉提训练方案分为初级、中级和高级，每种方案都由不同的基本动作以及提升动作构成。

初级阶段

初级阶段适合新手，长时间没有练习普拉提或者正在从伤病中恢复的锻炼者。这一阶段的重点是打好基础，学习预备姿势、如何激活核心肌群以及基本的运动模式。这些基础对于构建坚实的运动能力和支撑逐渐增加的练习难度至关重要。

如果核心肌群在初级阶段没能被有效激活或者无法承担较低水平的负荷，那么之后加大负荷的话就可能会对身体造成伤害。但是如果在最初阶段就能发现弱项，就可以根据弱项调整动作，并在以后的练习中多加注意。可以使用小型器械作为辅助，例如在双膝之间放置软球，以进一步锻炼核心肌群并提高稳定性。较慢的练习节奏有助于锻炼者熟悉普拉提的原则，从而巩固练习成果，为后续打下基础。

中级阶段

中级阶段引入了更多动作，以加强技能的训练。练习次数和循环次数会增加，每项动作会有更多的变式，以强化力量和耐力。熟悉动作之后，可以更多地使用小型器械来加大难度，但不需要转向高级练习。

此阶段还鼓励将普拉提原则应用在其他运动中，例如力量训练或有氧运动，从而进一步应用技能，并强化身心联接。普拉提还可以作为其他运动的热身或放松动作。

可以将几个动作按顺序组合在一起以加快训练进度，一组动作结束之后可以休息一会儿。然而，为了确保实现最佳效果，每组动作之后应安排休息时间。

训练进度表
每个难度等级的动作都可以重复练习，既能享受运动的乐趣，还能提高普拉提技术。一个级别的目标实现后，就可以考虑进入下一级别了。如果感到下一级别挑战性太大，可以从中选择几个新的动作，与上一个级别的动作相结合。

初级
- 可以控制核心收缩，保持身体部位处于中立位
- 可以使运动和呼吸相配合
- 可以轻松完成每项动作

中级
- 对运动技巧驾轻就熟
- 不会出现代偿运动
- 加入小型器械及变式动作

高级
- 能够熟练地进行练习
- 能够完美协调动作与呼吸
- 能够在不同动作之间流畅过渡

高级阶段

高级阶段（后文简称"高阶"）的练习仍以初级动作来热身，但高级阶段的运动节奏更快，包含的动作也更多。每种动作可以加入更多的变化，比如脉冲或保持，可以充分利用这些变化来加大对身体的挑战并增强肌肉耐力，然后再进入下一阶段的训练。高阶练习需要频繁变换动作姿势来使身体保持持续运动，提高心率，并不断提升运动技术；同时需要更多的技术意识，能够使身体回归到动作起始位，再进阶到更高水平的练习。高阶练习不需要过多指令，因为在之前的练习中已经积累了一定的技术和知识。高阶练习节奏快、强度高，休息时间短，也可以采用活动休息法，即用较低水平的练习来代替完全休息。

> 定期进行普拉提运动对你的身体健康和心理健康都有益处。

训练难度对照表

普拉提方案的动作构成反映了不同阶段下的能力差异。下面的参考准则可以帮助你创建一份难度适中的训练方案。根据自身需要，可以对其进行调整。

变量	初级	中级	高级
动作数量	3~6个	8~10个	10个
组数和重复次数	1~2组，重复5~10次	2~3组，重复8~10次	3~4组，重复8~10次
组间休息	最多（如果需要）	适中	最少
运动负荷	小	中	大
姿势变化	最少；2~3次	中等；3~4次	多且频繁
运动节奏	慢速	中等	随动作加快节奏

初级训练计划

这里详细介绍了3个初级训练方案。首先浏览动作清单,然后练习基本动作。重复几次,先熟悉自己的身体情况,之后开始练习训练方案1中的其他动作组合,每周完成1~2次训练。

运动前准备清单

✔ 练习在平躺、侧卧、俯卧或四点跪姿中找到脊柱和骨盆的中立位。

✔ 将双腿调整至正确对线状态,胸腔下沉,肩膀和手臂放松,颈部伸展,头部保持中立位。

✔ 慢慢激活核心,30%的力量由收紧下腹部来产生(不是过度向内收或向外撑)。

✔ 保持腹肌收紧,完成3~5次均匀的呼吸。

✔ 练习基本动作时,牢记以上原则。

基本动作

每个动作重复:8次
整组循环:1次

1. 骨盆倾斜(见第41页)
2. 过顶转臂(见第41页)
3. 髋部扭转(双脚着地式)(见第101页)
4. 单腿拉伸(初级水平式)(见第56页)
5. 肩桥(基础版肩桥)(见第80页)
6. 卷腹(见第42页)

训练方案1

脊柱活动性和核心训练

每个动作重复:8~10次
整组循环:1~2次

1. 骨盆倾斜(见第41页)
2. 肩桥(基础版肩桥)(见第80页)
3. 空中剪刀(单腿抬起式)(见第74页)
4. 百次拍击(单腿桌面式)(见第48页)
5. 卷腹(见第42页)
6. 眼镜蛇式(见第164页)

肩关节和髋关节训练

每个动作重复:8~10次
整组循环:1~2次

1. 肩桥(基础版肩桥)(见第80页)
2. 单腿画圈(膝盖弯曲式)(见第92页)
3. 蚌式开合(见第110页)
4. 侧卧开合(见第111页)
5. 侧弯(半屈侧弯)(见第106页)
6. 泳式(低头慢速版)(见第84页)

全身训练1

每个动作重复:8~10次
整组循环:1~2次

1. 单腿拉伸(弹力带辅助式)(见第57页)
2. 空中剪刀(单腿抬起式)(见第74页)
3. 卷腹旋体(见第43页)
4. 侧踢(屈膝式)(见第96页)
5. 天鹅潜水(上半身式)(见第66页)
6. 单腿后拉(悬停平板支撑)(见第136页)

全身训练2

每个动作重复:8~10次
整组循环:1~2次

1. 百次拍击(单腿桌面式)(见第48页)
2. 空中剪刀(单腿抬起式)(见第74页)
3. 髋部扭转(双脚着地式)(见第101页)
4. 长躯席卷(弹力带辅助式)(见第119页)
5. 天鹅潜水(上半身式)(见第66页)
6. 泳式(低头慢速版)(见第84页)

训练方案2

脊柱活动性和核心训练

每个动作重复：8~10 次
整组循环：2~3 次

1. 髋部扭转（双脚着地式）(见第 101 页)
2. 肩桥（髋部外展式）(见第 80 页)
3. 百次拍击（单腿桌面式）(见第 48 页)
4. 空中剪刀（单腿抬起式）(见第 74 页)
5. 手臂展开（见第 166 页）
6. 卷腹（见第 42 页）

肩关节和髋关节训练

每个动作重复：8~10 次
整组循环：2~3 次

1. 过顶转臂（见第 41 页）
2. 单腿拉伸（弹力带辅助式）(见第 57 页)
3. 单腿画圈（弹力带辅助式）(见第 93 页)
4. 蚌式开合（见第 110 页）
5. 俯身撑地（屈臂俯身撑地）(见第 154 页)
6. 侧弯（半屈侧弯）(见第 106 页)

全身训练

每个动作重复：8~10 次
整组循环：2~3 次

1. 长躯席卷（弹力带辅助式）(见第 119 页)
2. 卷腹旋体（见第 43 页）
3. 肩桥（髋部外展式）(见第 80 页)
4. 侧踢（屈膝式）(见第 96 页)
5. 泳式（四点跪姿版）(见第 85 页)
6. 单腿后拉（悬停平板支撑）(见第 136 页)

训练方案3

脊柱活动性和核心训练

每个动作重复：8~10 次
整组循环：2~3 次

1. 肩桥（基础版肩桥）(见第 80 页)
2. 百次拍击（单腿桌面式）(见第 48 页)
3. 髋部扭转（双脚着地式）(见第 101 页)
4. 卷腹（见第 42 页）
5. 脊柱伸展（初阶版脊柱伸展）(见第 159 页)
6. 空中剪刀（单腿抬起式）(见第 74 页)

肩关节和髋关节训练

每个动作重复：8~10 次
整组循环：2~3 次

1. 美人鱼式（见第 170 页）
2. 单腿画圈（单腿撑地式）(见第 92 页)
3. 蚌式开合（见第 110 页）
4. 侧卧开合（见第 111 页）
5. 侧弯（半屈侧弯）(见第 106 页)
6. 俯身撑地（屈臂俯身撑地）(见第 154 页)

全身训练

每个动作重复：8~10 次
整组循环：2~3 次

1. 穿针引线（见第 168 页）
2. 卷腹（见第 42 页）
3. 卷腹旋体（见第 43 页）
4. 泳式（低头慢速版）(见第 84 页)
5. 泳式（四点跪姿版）(见第 85 页)
6. 脊柱扭转（初阶版脊柱扭转）(见第 163 页)

中级训练计划

以下训练方案创造性地结合了多种动作,是初级训练的拓展。如果能够完成初级的所有训练方案,就可以开始中级训练了。每组动作从热身动作开始,以放松动作结束。在每个练习中专注于技术和呼吸控制,以轻松应对下个阶段。

训练方案

热身动作

每个动作重复:6~8 次
整组循环:1 次

1. 美人鱼式(见第 170 页)
2. 过顶转臂(见第 41 页)
3. 骨盆倾斜(见第 41 页)
4. 肩桥(基础版肩桥)(见第 80 页)
5. 单腿拉伸(单腿运动式)(见第 56 页)
6. 空中剪刀(单腿抬起式)(见第 74 页)

传统顺序

每个动作重复:8~10 次
整组循环:2~3 次

1. 百次拍击(双腿桌面式)(见第 48 页)
2. 长躯席卷(垫上式)(见第 118 页)
3. 单腿拉伸(见第 54 页)
4. 后滚(见第 50 页)
5. 单腿拉伸(双腿桌面式)(见第 57 页)
6. 空中剪刀(见第 72 页)
7. 肩桥(单腿伸展式)(见第 81 页)
8. 侧踢(手肘撑地双腿抬高式)(见第 97 页)
9. 泳式(见第 82 页)
10. 单腿前拉(见第 138 页)
11. 脊柱扭转(见第 162 页)
12. 蛙泳式(见第 148 页)

全身训练

每个动作重复:8~10 次
整组循环:2~3 次

1. 卷腹旋体(见第 43 页)
2. 腹斜肌交叉伸展(见第 149 页)
3. 长躯席卷(见第 116 页)
4. 超越卷动(见第 120 页)
5. 单腿前拉(单腿滑动式)(见第 141 页)
6. 髋部扭转(见第 98 页)
7. 锯式(见第 160 页)
8. 侧卧并腿抬起(见第 112 页)
9. 跪姿侧踢(见第 102 页)
10. 侧弯(蚌式半屈侧弯)(见第 106 页)
11. 泳式(见第 82 页)
12. 天鹅潜水(天鹅潜水预备式)(见第 67 页)

放松动作

每个动作重复:6~8 次
整组循环:1 次

1. 猫牛式(见第 40 页)
2. 穿针引线(见第 168 页)
3. 婴儿式伸展(见第 41 页)
4. 立姿手臂展开(见第 167 页)
5. 髋部扭转(双脚着地式)(见第 101 页)
6. 锯式(见第 160 页)

上半身训练

每个动作重复：8~10 次
整组循环：2~3 次

1. 眼镜蛇式（见第 164 页）
2. 蛙泳式（见第 148 页）
3. 天鹅潜水（天鹅潜水预备式）（见第 67 页）
4. 侧弯（手肘触膝式半屈侧弯）（见第 107 页）
5. 手臂展开（见第 166 页）
6. 双腿拉伸（卷腹式）（见第 61 页）
7. 单腿前拉（反向平板式）（见第 140 页）
8. 脊柱伸展（见第 158 页）
9. 泳式（四点跪姿版）（见第 85 页）
10. 单腿后拉（悬停平板支撑）（见第 136 页）
11. 俯身撑地（跪姿俯身撑地）（见第 154 页）
12. 婴儿式伸展（见第 41 页）

下半身训练

每个动作重复：8~10 次
整组循环：2~3 次

1. 肩桥（单腿伸展式）（见第 81 页）
2. 髋部扭转（双腿扭转式）（见第 101 页）
3. 单腿画圈（见第 90 页）
4. 空中剪刀（见第 72 页）
5. 倒踩单车（见第 76 页）
6. 侧踢（见第 94 页）
7. 侧卧并腿抬起（见第 112 页）
8. 泳式（四点跪姿版）（见第 85 页）
9. 单腿后拉（见第 134 页）
10. 单腿后拉（单腿外展平板支撑）（见第 137 页）
11. 穿针引线（大腿拉伸式）（见第 169 页）
12. 引颈前伸（见第 126 页）

全身训练

每个动作重复：8~10 次
整组循环：2~3 次

1. 单腿拉伸（双腿桌面式）（见第 57 页）
2. 双腿拉伸（单腿协调式）（见第 61 页）
3. 髋部扭转（双腿扭转式）（见第 101 页）
4. 腹斜肌交叉伸展（见第 149 页）
5. 长躯席卷（见第 116 页）
6. 肩桥（见第 78 页）
7. 蚌式开合（见第 110 页）
8. 侧踢（双腿抬高式）（见第 97 页）
9. 蛙泳式（见第 148 页）
10. 单腿后拉（悬停转高位平板支撑）（见第 137 页）
11. 俯身撑地（见第 152 页）
12. 海豹拍鳍（见第 86 页）

普拉提运动解剖学

高级训练计划

在完全掌握中级练习后，可以尝试高级水平的垫上练习。每组动作还是从热身动作开始，以放松动作结束。练好每个单独的动作之后，再以组合的方式按顺序进行练习。

训练方案

热身动作

每个动作重复：6~8 次
整组循环：1 次

1. 猫牛式（见第 40 页）
2. 美人鱼式（见第 170 页）
3. 过顶转臂（见第 41 页）
4. 肩桥（基础版肩桥）（见第 80 页）
5. 单腿拉伸（单腿运动式）（见第 56 页）
6. 空中剪刀（交替抬腿式）（见第 74 页）

放松动作

每个动作重复：6~8 次
整组循环：1 次

1. 眼镜蛇式（见第 164 页）
2. 婴儿式伸展（见第 41 页）
3. 穿针引线（大腿拉伸式）（见第 169 页）
4. 髋部扭转（双脚着地式）（见第 101 页）
5. 俯身撑地（跪姿俯身撑地）（见第 154 页）
6. 美人鱼式（站姿美人鱼式）（见第 171 页）

传统顺序

每个动作重复：8~12 次
整组循环：2~4 次

1. 百次拍击（双腿桌面式卷腹）（见第 49 页）
2. 长躯席卷（见第 116 页）
3. 单腿拉伸（见第 54 页）
4. 单腿画圈（见第 90 页）
5. 双腿拉伸（见第 58 页）
6. 空中剪刀（交替抬腿伸展式）（见第 75 页）
7. 肩桥（见第 78 页）
8. 脊柱扭转（见第 162 页）
9. 泳式（见第 82 页）
10. 单腿后拉（见第 134 页）
11. 侧弯（见第 104 页）
12. 俯身撑地（见第 152 页）

全身训练

每个动作重复：8~12 次
整组循环：2~4 次

1. 空中剪刀（交替抬腿式）（见第 74 页）
2. 双腿拉伸（卷腹式）（见第 61 页）
3. 腹斜肌交叉伸展（见第 149 页）
4. 脊柱伸展（见第 158 页）
5. 跪姿侧踢（见第 102 页）
6. 侧弯（见第 104 页）
7. 侧转（见第 108 页）
8. 俯身撑地（见第 152 页）
9. 眼镜蛇式（见第 164 页）
10. 双腿上踢（见第 70 页）
11. 泳式（见第 82 页）
12. 单腿后拉（见第 134 页）

上半身训练	**下半身训练**	**全身训练**
每个动作重复：8~12 次 **整组循环**：2~4 次	**每个动作重复**：8~12 次 **整组循环**：2~4 次	**每个动作重复**：8~12 次 **整组循环**：2~4 次
1. 卷腹（见第 42 页）	1. 肩桥（见第 78 页）	1. 长躯席卷（垫上式）（见第 118 页）
2. 腹斜肌交叉伸展（见第 149 页）	2. 单腿画圈（见第 90 页）	2. 双腿拉伸（见第 58 页）
3. 脊柱伸展（见第 158 页）	3. 空中剪刀（交替抬腿伸展式）（见第 75 页）	3. V 形悬体（见第 130 页）
4. 单腿前拉（见第 138 页）	4. 倒踩单车（见第 76 页）	4. 空中折刀（见第 128 页）
5. 手臂展开（见第 166 页）	5. 蚌式开合（见第 110 页）	5. 空中瓶塞（见第 122 页）
6. 泳式（见第 82 页）	6. 侧卧开合（见第 111 页）	6. 回力式（见第 142 页）
7. 蛙泳式（见第 148 页）	7. 双腿上踢（见第 70 页）	7. 引颈前伸（见第 126 页）
8. 婴儿式伸展（见第 41 页）	8. 跪姿侧踢（见第 102 页）	8. 侧踢（手肘撑地双腿抬高式）（见第 97 页）
9. 单腿后拉（悬停转高位平板支撑）（见第 137 页）	9. 倒置平衡（见第 150 页）	9. 侧弯（手肘触膝式半屈侧弯）（见第 107 页）
10. 俯身撑地（见第 152 页）	10. 锯式（见第 160 页）	10. 单腿上踢（见第 68 页）
11. 天鹅潜水（见第 64 页）	11. 单腿上踢（见第 68 页）	11. 泳式（见第 82 页）
12. 侧转（见第 108 页）	12. 泳式（见第 82 页）	12. 单腿后拉（单腿外展平板支撑）（见第 137 页）

有益跑步的普拉提训练

研究表明，普拉提可以降低跑步者的受伤概率。普拉提动作可以有效地热身或者放松，也可以作为日常强化训练的一部分，辅助跑步训练。

常见的跑步损伤

每年跑步者的受伤比例高达80%。受伤的原因是多方面的，但恰当的干预措施可以预防大多数的运动损伤。

为什么跑步者容易受伤？

跑步是最常见、最容易实现的运动形式之一，也是许多其他运动的基础。跑步具有持续性、重复性和强冲击性的特点，因此造成过度劳损的概率较高。损伤部位主要是下肢，并且60%的损伤是由于错误训练造成的。常见错误是跑步距离、速度或者跑步频率增加过快，导致运动负荷超出了身体承受能力。

跑步者的技术直接决定着跑步时的表现和身体受损的风险。脚跟着地会增加膝盖的负荷，因此更容易受伤。如果臀部肌肉力量不足，可能会导致髋内收或内旋，膝关节和踝关节也会内旋（见右图）。落地时的地面冲击力则会直接作用于腿部，使肌肉和关节处于超负荷状态。

普拉提的作用

保持脊柱和骨盆中立位以及良好的体态是普拉提练习的前提。普拉提可以有效激活核心，稳定局部，让四肢在肌肉的支撑下灵活移动。这样在跑步时可以提高手臂和双腿之间的协调性，还能为核心肌群和斜肌的锻炼提供动力。提高核心肌群耐力还可以防止长跑运动员在跑步时疲劳，保持良好的跑步姿势。可以根据右图的核心训练计划来锻炼核心肌群。

普拉提可以通过提高对髋关节和膝关节的控制，增强臀外侧肌力量来矫正下肢的对线状态。普拉提还可以防止髋关节内收或内旋，改善腿形。普拉提的髋部伸展练习（见右页的训练计划）可以增强臀肌力量，为跑步提供动力来源。

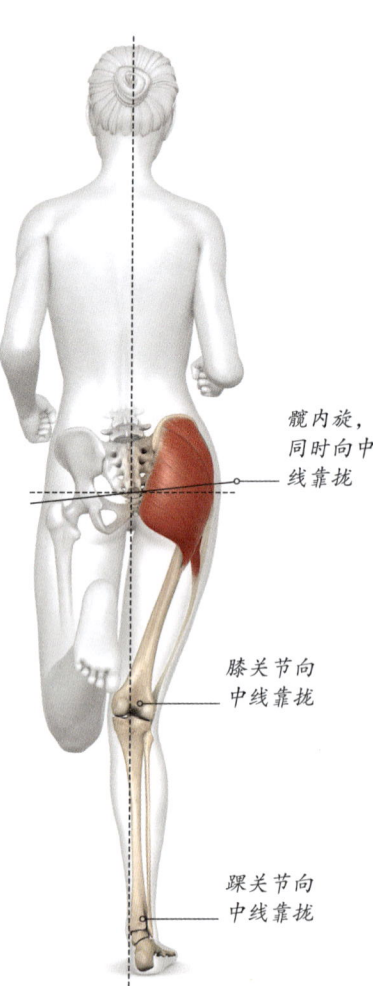

髋内旋，同时向中线靠拢

膝关节向中线靠拢

踝关节向中线靠拢

错误的跑步生物力学表现

如果跑步者的臀肌无力，膝关节向中线靠拢时会造成膝内翻，踝关节向中线靠拢时会造成踝过度内旋。

热身动作

跑步热身由动态的动作组成，以增进脊柱、肩膀、臀部、膝盖和脚踝的关节活动性，缓解这些部位的肌肉僵硬。此外，还要激活臀肌、髋外展肌和核心肌群，以做好跑步准备。

右侧表格内容是在跑步之前的垫上热身动作。脊柱扭转、空中剪刀和蚌式开合可以通过站姿来完成。热身运动可以更有效地激活肌肉，让身体和双腿做好跑步准备。

热身动作

每个动作重复：6~8 次
整组循环：1 次

1. 穿针引线(见第 168 页)
2. 泳式(四点跪姿版)(见第 85 页)
3. 肩桥(基础版肩桥)(见第 80 页)
4. 髋部扭转(单腿扭转式)(见第 100 页)
5. 脊柱扭转（初阶版脊柱扭转）(见第 163 页)
6. 空中剪刀(交替抬腿式)(见第 74 页)
7. 蚌式开合(见第 110 页)
8. 侧踢(屈膝式)(见第 96 页)

放松动作

在跑步过程中，肌肉不断地收缩和放松，承受重复动作带来的压力，缓冲着地冲击力。跑后的活动性运动和拉伸运动（见下表）可以缓解运动后的肌肉紧绷。

进行5~30秒的放松动作可以活动关节，缓解肌腱僵硬。用较慢的呼吸模式配合这些动作，心率也会慢慢降低，从而让身体慢慢恢复至放松状态。有效的运动模式和呼吸控制相结合，让普拉提成为跑步后放松的首选。

核心训练

每个动作重复：8~10 次
整组循环：2~3 次

1. 百次拍击(见第 46 页)
2. 空中剪刀(交替抬腿伸展式)(见第 75 页)
3. 单腿拉伸(见第 54 页)
4. 双腿拉伸(见第 58 页)
5. 空中剪刀(见第 72 页)
6. 倒踩单车(见第 76 页)
7. 腹斜肌交叉伸展(见第 149 页)
8. 单腿后拉(见第 134 页)

髋部/臀大肌训练

每个动作重复：8~10 次
整组循环：2~3 次

1. 肩桥(见第 78 页)
2. 单腿画圈(见第 90 页)
3. 髋部扭转(单腿扭转式)(见第 100 页)
4. 蚌式开合(见第 110 页)
5. 侧卧开合(见第 111 页)
6. 侧弯(蚌式半屈侧弯)(见第 106 页)
7. 侧踢(见第 94 页)
8. 泳式(四点跪姿版)(见第 85 页)

放松动作

每个动作重复：4~6 次
整组循环：1~2 次

1. 俯身撑地(见第 152 页)
2. 眼镜蛇式(见第 164 页)
3. 婴儿式伸展(见第 41 页)
4. 脊柱扭转（初阶版脊柱扭转）(见第 163 页)
5. 美人鱼式(见第 170 页)
6. 锯式(见第 160 页)
7. 髋部扭转(双脚着地式)(见第 101 页)
8. 穿针引线(大腿拉伸式)(见第 169 页)

有益游泳的普拉提训练

游泳的独特之处在于，身体要在无支撑点的漂浮状态下，通过对抗流阻力进行锻炼。游泳者依靠核心力量支撑身体，并通过动力链将内在力量转化为推进力。普拉提作为一种非冲击性运动，需要调动核心，伸展四肢，是游泳运动的良好辅助。

游泳的生物力学

游泳的目标之一是在尽可能短的时间内完成特定距离。因此需要最大限度地减少水的阻力，以实现在水中加速的目的。

游泳者需要尽可能保持身体呈水平和流线型姿势（特别是在自由泳中），在划水时保持躯干稳定。一个强大的核心可以传递给四肢更大的能量。游泳时四肢必须远离躯干，这样产生的推进力才能克服水的阻力。

身体左右对称意味着两侧产生的力量相等，此时向前划动的距离更远，划水效果更好。然而，游泳者的左右侧力量通常是不对称的。在肌肉力量不平衡的情况下，人们通常会使用其他肌肉代偿，以确保两侧力量均等。

划水时，肩胛骨的稳定性对其延展和侧旋非常重要，对颈椎和胸椎活动性而言亦是如此。髋部伸展主要是由下半身发力，同时骨盆和腰椎保持稳定。最后，连贯的划水动作还需要规律的呼吸模式加以配合。

普拉提对游泳的作用

普拉提益处之一在于可以将特定关节独立开来，增强局部肌肉的稳定性，同时通过核心肌群连接身体以保持躯干稳定。有证据表明普拉提可以有效提高自由泳成绩，可以明显提高整体游泳速度和转身时的游泳速度。

背阔肌是背部最大的肌肉，负责双臂在头顶划水，拉动身体向前。锻炼后斜链的普拉提动作可以最大限度地激发肌肉潜力。

游泳训练和长距离竞赛需要强

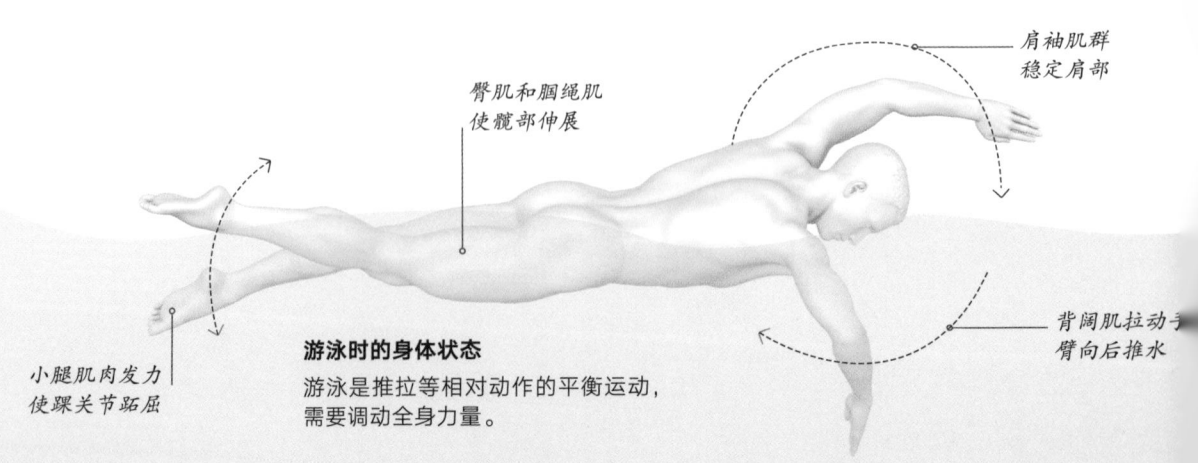

小腿肌肉发力使踝关节跖屈

臀肌和腘绳肌使髋部伸展

肩袖肌群稳定肩部

背阔肌拉动手臂向后推水

游泳时的身体状态
游泳是推拉等相对动作的平衡运动，需要调动全身力量。

大的核心耐力,以支撑躯干并传递力量。在普拉提练习中,有一些锻炼核心肌群的动作可以增强游泳效能,比如,后滚和超越卷动实际上也涉及转动时的翻滚动作,而目的正是加强核心力量。

游泳需要用到各处肌肉,因此针对游泳的普拉提计划应该包含全身。如果身体特定部位肌肉力量弱,该计划可以做针对性调整,以改善不对称现象。针对游泳的重点部位练习包括以下。

● **肩部/上背部训练:** 蛙泳式(见第148页)、天鹅潜水(见第64页)、俯身撑地(见第152页)、侧弯(见第104页)。

● **臀部训练:** 肩桥(见第78页),侧卧开合(见第111页),单腿画圈(见第90页),单腿上踢(见第68页)。

● **核心训练:** 百次拍击(见第46页),双腿拉伸(见第58页),腹斜肌交叉伸展(见第149页),卷腹旋体(见第43页),V形悬体(见第130页),髋部扭转(见第98页),空中折刀(见第128页),空中瓶塞(见第122页),单腿后拉(见第134页)。

● **针对转身动作的核心训练:** 后滚(见第50页),超越卷动(见第120页),长躯席卷(见第116页)。

训练方案

这些训练方案旨在通过泳池外的训练来提高游泳水平,建议在休息日或游泳前几个小时进行这些训练。

初级训练

每个动作重复: 8~10 次
整组循环: 2 次

1. 百次拍击(双腿桌面式)(见第48页)
2. 单腿拉伸(双腿桌面式)(见第57页)
3. 髋部扭转(双脚着地式)(见第101页)
4. 单腿前拉(反向桌式)(见第140页)
5. 侧弯(半屈侧弯)(见第106页)
6. 泳式(低头慢速版)(见第84页)
7. 单腿后拉(悬停转高位平板支撑)(见第137页)
8. 穿针引线(单手抱头式)(见第169页)

初级到中级训练

每个动作重复: 10 次
整组循环: 2-3 次

1. 后滚(见第 50 页)
2. 双腿拉伸(单腿协调式)(见第 61 页)
3. 卷腹旋体(见第 43 页)
4. 侧弯(手肘触膝式半屈侧弯)(见第 107 页)
5. 蛙泳式(见第 148 页)
6. 泳式(见第 82 页)
7. 泳式(四点跪姿版)(见第 85 页)
8. 俯身撑地(见第 152 页)

中级到高级训练

每个动作重复: 10-12 次
整组循环: 4 次

1. 百次拍击(见第 46 页)
2. 双腿拉伸(见第 58 页)
3. 腹斜肌交叉伸展(见第 149 页)
4. V 形悬体(见第 130 页)
5. 侧卧并腿抬起(见第 112 页)
6. 侧转(见第 108 页)
7. 单腿后拉(每条腿拉伸不超过 10 次)(见第 134 页)
8. 弓形摇摆(见第 146 页)

提升力量的普拉提训练

举重和普拉提是截然不同的两种运动类型，但它们并不相互排斥。两者都采用阻力训练，且最终目标都是提升肌肉力量、肌肉耐力和核心力量。

有益举重的普拉提训练

深蹲、硬拉和卧推等力量训练主要是线性锻炼，专注于特定的肌肉或肌肉群，需要脊柱始终保持中立位，运动模式单一。

力量训练是指利用外部重量或自身重量提供阻力达到训练肌肉的目的。这些训练可以是复合型锻炼（有多个肌群和关节参与），也可以是针对单独肌群的锻炼。这两种都是单一平面内的运动。力量训练可以通过特定肌群的运动来提高力量，但一旦出现运动偏差或动作紊乱，都可能导致整体运动表现下降。

重复地进行力量训练可能会进一步增强力量，但并不能弥补身体弱项。动作障碍可能导致身体受损，但对经验丰富的训练者而言往往表现不明显。普拉提注重全身锻炼，有各种各样的姿势变化，专注于改善体态、增强身体意识和纠正错误的运动模式。

下面介绍3个主要的复合型力量训练动作以及普拉提在其中的运用。

深蹲

深蹲由臀大肌和腘绳肌发力。臀中肌稳定骨盆，防止髋关节内收。髋关节肌无力会导致深蹲表现变差。侧卧姿势的普拉提练习，如蚌式开合（见第110页）和侧卧开合（见第111页），可以更多地锻炼到臀中肌，增强骨盆稳定性。

硬拉

硬拉的姿势不对或是在核心不稳的情况下负荷过重，都会导致下背部疼痛。在硬拉之前，学习激活并强化核心可以保护腰椎。在核心力量不足的情况下，可以激活竖脊肌等深层肌肉作为替代，以减轻整体肌肉的负荷。核心力量和臀肌力量相结合可以有效增强下半身的驱动力。

正念

普拉提动作的指令通常具备非常精确的技术指导。这可以提供内部专注，将注意力集中在正在执行的动作上。外部专注更多想的是运动的最终结果。研究表明，当举重运动员采用内部专注时，肌肉的活动增加，动作增强。内部专注可以建立紧密的身心连接，提高身体意识，因此普拉提可以用来矫正举重运动中的动作障碍。

卧推

举重时，约有36%的损伤都是由于肩关节缺乏稳定性引起的。哑铃举离身体越远，肩关节需要的稳定性就越强。普拉提练习可以锻炼肩关节深层肌群和核心稳定肌群。这些肌群可以增强肩关节稳定性，并在肩关节负荷过重时提供局部支撑。

如何在力量训练中加入普拉提

- 用普拉提来热身,为力量训练做准备。

- 在力量训练后,用普拉提来活动并放松身体,增加关节活动性,缓解肌肉紧张。

- 在力量训练后,用普拉提来激活全身肌肉,即使是在分化训练日(分化训练指的是把不同的肌肉群分开训练)。

- 用普拉提来进一步强化某个身体部位,例如在练背日,练习能够增强肩胛骨稳定性的普拉提动作。

- 在非力量训练日,用普拉提来锻炼全身,培养姿势意识和保持低强度的肌肉活动。

热身动作

每个动作重复:6~8 次
整组循环:1~2 次

1. 猫牛式(见第 40 页)

2. 穿针引线(大腿拉伸式)(见第 169 页)

3. 髋部扭转(双脚着地式)(见第 101 页)

4. 蚌式开合(见第 110 页)

5. 肩桥(髋部外展式)(见第 80 页)

6. 俯身撑地(见第 152 页)

放松动作

每个动作重复:6~8 次
整组循环:1~2 次

1. 锯式(见第 160 页)

2. 脊柱扭转(见第 162 页)

3. 髋部扭转(双脚着地式)(见第 101 页)

4. 肩桥(基础版肩桥)(坚持时间不超过 30 秒,在骨盆下放一个软球作支撑)(见第 80 页)

5. 手臂展开(立姿手臂展开)(见第 167 页)

6. 美人鱼式(站姿美人鱼式)(见第 171 页)

训练方案

全身训练计划1

每个动作重复:8~10 次
整组循环:3~4 次

1. 百次拍击(见第 46 页)

2. 单腿拉伸(见第 54 页)

3. 肩桥(见第 78 页)

4. 蚌式开合(见第 110 页)

5. 侧卧开合(见第 111 页)

6. 侧弯(蚌式半屈侧弯)(见第 106 页)

7. 双腿上踢(见第 70 页)

8. 俯身撑地(见第 152 页)

全身训练计划2

每个动作重复:8~10 次
整组循环:3~4 次

1. 百次拍击(见第 46 页)

2. 髋部扭转(见第 98 页)

3. 双腿拉伸(见第 58 页)

4. 腹斜肌交叉伸展(见第 149 页)

5. 侧踢(见第 94 页)

6. 蚌式开合(见第 110 页)

7. 锯式(见第 160 页)

8. 单腿后拉(见第 134 页)

全身训练计划3

每个动作重复:8~10 次
整组循环:3~4 次

1. 卷腹(见第 42 页)

2. 髋部扭转(单腿扭转式)(见第 100 页)

3. 侧卧开合(见第 111 页)

4. 蛙泳式(见第 148 页)

5. 侧弯(见第 104 页)

6. V 形悬体(见第 130 页)

7. 肩桥(髋部外展式)(见第 80 页)

8. 单腿前拉(反向平板式)(见第 140 页)

有益于久坐群体的普拉提训练

数字化革命与居家办公的兴起导致了人们比以往任何时候都更加久坐的生活方式。长时间保持静态姿势会导致我们的体态发生变化,可能会引起疼痛、紧张僵硬或椎间盘问题。这些问题会影响我们的日常活动,甚至影响我们的心理健康。

15% 的腰肌僵硬是由久坐引起的。

普拉提是如何改善久坐问题的

我们的身体天生就适合运动,当我们不得不在办公桌前久坐时,我们往往会采取不良的坐姿,久而久之造成肌肉劳损,甚至影响体态。而普拉提可以改善体态,提高全身活动性。

我们会发现我们的身体难以长时间保持同一坐姿,并且肌肉长时间工作也会容易疲劳或更早地进入疲劳状态。这可能导致身体开始弯腰驼背,以采取更"舒适"的姿势。从长远来看,这些姿势可能会拉伤其他肌肉,因为它们承担了本不该承担的额外负荷。然后肌肉产生酸痛、疼痛和紊乱等症状,并进一步形成其他不良体态,造成恶性循环。

普拉提练习可以增加身体活动性,打开胸腔、肩部和髋部以缓解肌肉紧张,同时强化肩胛骨、核心肌群和臀肌。久坐会减弱臀肌力量,因为这时它们处于不活跃状态——肌肉需要定期活动以保持其力量和效率。在诸如行走和跑步的基本动作中,臀肌是髋部的主要发力肌肉,所以臀肌无力也会导致髋关节疼痛。

定期练习普拉提可以激活肌肉、提升肌肉力量和耐力,使身体能够保持良好的姿势,最大限度地减少身体不适。普拉提锻炼不仅能够为身体创造更大的能量,它独有的身心连接还能对情绪产生积极的影响。每周简短地进行一次普拉提锻炼,甚至只是在办公桌前练习几个动作,都可以为身心带来诸多益处,并改善坐姿。

久坐的危害
姿势综合征(见右页)会使胸部、臀部和身体前侧的肌肉紧张,身体后侧肌肉拉长,导致上背部、脊柱和臀部的肌肉无力。

普拉提的好处

普拉提运动可以从以下方面解决久坐引发的恶性循环：

提高身体活动性
打破静态姿势
强化姿势肌
矫正体态
提高能量
改善情绪

从坐到办公桌前的那一刻起，就调整成正确的姿势。

- 贴着椅背坐，使脊柱得到支撑并沿着椅背伸展。
- 在腰背部放置一条卷起的毛巾或腰椎垫，以维持正常的腰椎曲线。
- 双脚平放在地上，确保两只脚承受的重量均等。

办公坐姿技巧

- 保持骨盆处于中立位，确保两侧坐骨承受的重量均等。
- 将肋骨对齐于骨盆正上方。
- 双手手肘以90度弯曲放在桌面上，保持手腕处于中立位。
- 挺胸，保持锁骨打开，肩膀放松。
- 每30分钟起身活动一下，然后重新摆正坐姿。

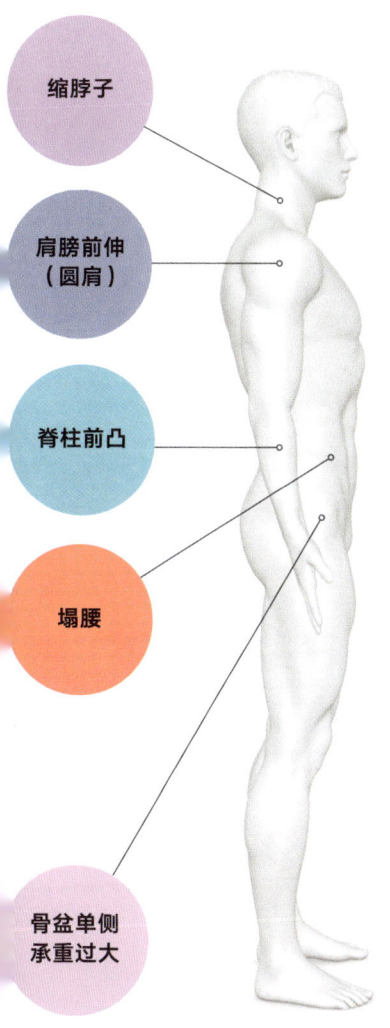

缩脖子

肩膀前伸（圆肩）

脊柱前凸

塌腰

骨盆单侧承重过大

办公桌前的训练计划

普拉提可以矫正不良体态，改善头部和骨盆的对线情况，调整髋关节角度，优化脊柱的纵向对线，改善胸椎后凸和腰椎前凸。有关这些体态功能障碍的解释，请参阅第25页。

可以使用右边这个简单的训练计划来活动身体，每天练习2次，每个动作重复6~8次。如果时间紧张，可以每天练习1次；如果时间充裕，或者感觉多次练习更有利于调整坐姿的话，可以每天练习2~3次。

伏案工作的日常锻炼

这7个简单的普拉提动作可以让你从长时间的伏案工作中解脱出来。尝试完成至少一组动作循环。

 每个动作重复：6~8次
整组循环：1~3次

1. 骨盆倾斜(在椅子上完成)(见第41页)
2. 长躯席卷(椅上式)(见第118页)
3. 空中剪刀(单腿抬起式)(在椅子上完成)(见第74页)
4. 手臂展开(立姿手臂展开)(见第167页)
5. 肩桥(髋部外展式)(见第80页)
6. 美人鱼式(第一阶段)(见第170页)
7. 手臂外展(见第40页)

工作投入时，很容易忘记活动和伸展身体。

垫上训练计划

垫上训练旨在提高坐姿时的躯干稳定性和肌肉耐力。它还结合了后链肌群的练习，能锻炼从颈部到脚踝的背部肌肉。

这些训练有助于减少前屈时的肌肉紧张，加强身体背部力量，帮助身体保持直立。每个锻炼环节都会以提高身体活动性的动作结束，确保脊柱可以自由活动，并最大限度地缓解静态坐姿导致的肌肉僵硬。请确保在每次锻炼前进行热身。

从初级训练开始，按顺序完成训练。每周重复以下3种初级训练方案，直到可以轻松完成任意一种。然后可以进行中级训练，最后再进阶到高级训练。

每个训练方案都设定了动作重复次数和整组循环次数，但如果时间紧张，不足以完成整组动作，可以从中选择几个动作，也可以间歇性地完成训练。右边方框中的内容介绍了如何在锻炼中穿插休息。动作间休息和组间休息可以有效预防肌肉疲劳。

初级训练
每个动作进行 30 秒，动作之间休息 15 秒，组间休息 30~60 秒。

中级训练
每个动作进行 45 秒，动作之间休息 15 秒，组间休息 30~45 秒。

高级训练
每个动作进行 60 秒，动作之间没有休息，组间休息 30~45 秒。

训练方案

初级训练方案1

每个动作重复：8~10 次
整组循环：1 次

1. 手臂外展(见第 40 页)
2. 百次拍击(单腿桌面式)(见第 48 页)
3. 空中剪刀(单腿抬起式)(见第 74 页)
4. 单腿拉伸(初级水平式)(见第 56 页)
5. 肩桥(基础版肩桥)(见第 80 页)
6. 泳式(低头慢速版)(见第 84 页)
7. 脊柱扭转(初阶版脊柱扭转)(见第 163 页)
8. 手臂展开(立姿手臂展开)(见第 167 页)

初级训练方案2

每个动作重复：8~10 次
整组循环：1 次

1. 手臂外展(见第 40 页)
2. 百次拍击(单腿桌面式)(见第 48 页)
3. 空中剪刀(单腿抬起式)(见第 74 页)
4. 髋部扭转(双脚着地式)(见第 101 页)
5. 蚌式开合(见第 110 页)
6. 双腿上踢(见第 70 页)
7. 天鹅潜水(上半身式)(见第 66 页)
8. 美人鱼式(站姿美人鱼式)(见第 171 页)

初级训练方案3

每个动作重复：8~10 次
整组循环：1 次

1. 长躯席卷(椅上式)(见第 118 页)
2. 百次拍击(单腿桌面式)(见第 48 页)
3. 空中剪刀(单腿抬起式)(见第 74 页)
4. 肩桥(基础版肩桥)(见第 80 页)
5. 泳式(低头慢速版)(见第 84 页)
6. 单腿前拉(反向桌式)(见第 140 页)
7. 天鹅潜水(上半身式)(见第 66 页)
8. 眼镜蛇式(见第 164 页)

中级练习方案1

每个动作重复：8~10 次
整组循环：2 次

1. 长躯席卷(垫上式)(见第 118 页)
2. 百次拍击(双腿桌面式)(见第 48 页)
3. 空中剪刀(交替抬腿式)(见第 74 页)
4. 单腿拉伸(双腿桌面式)(见第 57 页)
5. 肩桥(髋部外展式)(见第 80 页)
6. 泳式(四点跪姿版)(见第 85 页)
7. 蛙泳式(见第 148 页)
8. 手臂展开(见第 166 页)

中级练习方案2

每个动作重复：8~10 次
整组循环：2 次

1. 双腿拉伸(双腿拉伸预备式)(见第 60 页)
2. 百次拍击(双腿桌面式)(见第 48 页)
3. 空中剪刀(交替抬腿式)(见第 74 页)
4. 单腿拉伸(双腿桌面式)(见第 57 页)
5. 蚌式开合(见第 110 页)
6. 双腿上踢(见第 70 页)
7. 蛙泳式(见第 148 页)
8. 站姿美人鱼式(见第 171 页)

中级练习方案3

每个动作重复：8~10 次
整组循环：2 次

1. 长躯席卷(垫上式)(见第 118 页)
2. 百次拍击(双腿桌面式)(见第 48 页)
3. 空中剪刀(交替抬腿式)(见第 74 页)
4. 肩桥(膝盖抬升式)(见第 81 页)
5. 泳式(四点跪姿版)(见第 85 页)
6. 单腿前拉(反向平板式)(见第 140 页)
7. 天鹅潜水(上半身与手臂式)(见第 66 页)
8. 眼镜蛇式(见第 164 页)

高级训练方案1

每个动作重复：8~10 次
整组循环：2~3 次

1. 双腿拉伸(单腿协调式)(见第 61 页)
2. 百次拍击(双腿桌面式)(见第 48 页)
3. 空中剪刀(交替抬腿伸展式)(见第 75 页)
4. 单腿拉伸(双腿桌面式)(见第 57 页)
5. 肩桥(膝盖抬升式)(见第 81 页)
6. 泳式 (见第 82 页)
7. 蛙泳式 (见第 148 页)
8. 脊柱扭转 (见第 162 页)

高级训练方案2

每个动作重复：8~10 次
整组循环：2~3 次

1. 双腿拉伸(单腿协调式)(见第 61 页)
2. 百次拍击(双腿桌面式卷腹)(见第 49 页)
3. 空中剪刀(交替抬腿式)(见第 74 页)
4. 单腿拉伸(见第 54 页)
5. 侧踢 (见第 94 页)
6. 双腿上踢 (见第 70 页)
7. 蛙泳式 (见第 148 页)
8. 穿针引线 (见第 168 页)

高级训练方案3

每个动作重复：8~10 次
整组循环：2~3 次

1. 双腿拉伸(见第 58 页)
2. 百次拍击(双腿桌面式卷腹)(见第 49 页)
3. 空中剪刀(交替抬腿伸展式)(见第 75 页)
4. 肩桥(单腿伸展式)(见第 81 页)
5. 泳式(见第 82 页)
6. 单腿前拉(单腿滑动式)(见第 141 页)
7. 天鹅潜水(天鹅潜水预备式)(见第 67 页)
8. 眼镜蛇式 (见第 164 页)

普拉提运动解剖学

有益女性健康的普拉提训练

怀孕期间、产后和更年期都会严重影响女性的激素水平、生理和心理健康。这些关键阶段都需要特定的调整，来适应并解决身体上的变化。普拉提对每个阶段来说，都是一种很好的锻炼方法，因为其动作没有冲击力，有大量的变式动作，且重点训练部位是核心肌群和盆底肌群。

怀孕阶段

从怀孕早期开始，孕妇的身体就发生了很多变化。怀孕会影响身体大部分系统。定期锻炼有助于健康妊娠，对母亲和胎儿都有益。

随着胎儿长大，重心会前移，而支撑基础并没有相应增加。母亲的身体姿势会因此发生变化，容易引起腰椎前凸等问题。腰椎前凸会导致前侧腹肌和后侧臀肌的力量变弱。怀孕第8周起，松弛素就可能会导致韧带松弛，引起骨盆不稳定或关节活动度增加。怀孕时体重的增加也会进一步加重骨盆和关节的负担。

普拉提的作用

普拉提是一种安全的孕期锻炼方法，研究证实了它在减少腰部和骨盆疼痛方面的作用。普拉提可以通过提高核心稳定性和力量，以及强化脊柱以矫正不良姿势来实现这一目标。下背部疼痛、盆底肌功能异常和呼吸障碍之间存在直接联系，而普拉提动作就是针对这些问题来设计的。

放松
通过身心连接促进身体放松，缓解焦虑。

上背部力量
强化上背部和肩胛骨肌肉，缓解怀孕导致的胸部僵硬。

呼吸控制
用温和的呼吸技巧帮助身体保持平静、放松，呼吸技巧还可以在分娩时使用。

背部和臀部力量
强化背部和臀部肌肉，以改善腰椎前凸，解决臀肌力量薄弱问题。

孕期练习普拉提的益处

核心和盆底肌力量
普拉提鼓励用核心和盆底肌发力，以支撑腹部和骨盆。

孕期练习普拉提的注意事项

低血压	避免多次/快速更换姿势,不要做向下卷动
韧带松弛	避免过度拉伸关节
仰卧位	从怀孕 16 周开始避免仰卧,或每次仰卧不超过 2 分钟
腹部负荷	从怀孕 16 周开始,避免双腿呈水平桌面位的动作和涉及卷腹的动作
俯卧位	用四点跪姿代替俯卧
倒立	避免倒立类的动作,如空中折刀(见第 128 页)

缓解骨盆带疼痛的小妙招

骨盆带疼痛指骨盆和臀部区域内的疼痛。为了缓解骨盆带疼痛,可以尝试以下几点:
- 练习时在膝盖之间夹一个枕头或软球。
- 双腿分开距离不要超过髋部宽度。
- 避免髋关节向内或向外旋转。
- 避免肩桥和深蹲等动作。
- 尝试等长运动,即在不移动身体部位的情况下对抗阻力进行锻炼。

缓解下背部疼痛的小妙招

下背部疼痛可能会出现在妊娠的任何一个阶段,但在孕晚期更为普遍,因为随着婴儿体重的不断增加和孕妇体态的进一步改变,背部会承受额外的压力。
- 确保背部始终得到支撑。
- 尝试可以提高活动性的动作,如骨盆倾斜和猫牛式。
- 用侧卧姿势锻炼,以减轻背部负担。
- 确保核心肌群和盆底肌得到足够的激活。

盆底肌训练

- 尽早开始训练,并在整个孕期及产后阶段,每天进行 3 次锻炼。
- 夹紧臀部,将下腹部前侧向胃部方向上提大约 30%。
- 进行两种不同方式的收缩:先快速收缩 10 次,再慢速收缩 10 次,每次收缩后保持 10 秒。

孕早期的训练计划

每个动作重复: 10~12 次
整组循环: 2~3 次

1. 肩桥(髋部外展式)(见第 80 页)
2. 空中剪刀(交替式抬腿)(见第 74 页)
3. 卷腹(见第 42 页)
4. 蚌式开合(见第 110 页)
5. 手臂展开(见第 166 页)
6. 泳式(低头慢速版)(见第 84 页)
7. 天鹅潜水(上半身式)(见第 66 页)

孕中期的训练计划

每个动作重复: 10~12 次
整组循环: 2~3 次

1. 猫牛式(见第 40 页)
2. 空中剪刀(单腿抬起式)(将枕头放在身后使上半身倾斜)(见第 74 页)
3. 单腿拉伸(单腿运动式)(将枕头放在身后使上半身倾斜)(见第 56 页)
4. 髋部扭转(双脚着地式)(见第 101 页)
5. 侧卧开合(见第 111 页)
6. 侧踢(屈膝式)(见第 96 页)
7. 穿针引线(见第 168 页)

孕晚期的训练计划

每个动作重复: 8~10 次
整组循环: 2~3 次

根据身体情况,适当减少次数或放慢速度。

1. 手臂外展(见第 40 页)
2. 百次拍击(单腿桌面式)(坐在椅子上进行)(见第 48 页)
3. 空中剪刀(单腿抬起式)(坐在椅子上进行)(见第 74 页)
4. 侧踢(屈膝式)(见第 96 页)
5. 泳式(四点跪姿版)(见第 85 页)
6. 手臂展开(立姿手臂展开)(见第 167 页)

产后时期

产后指的是孕妇分娩以后的一段时间。在这一时期，除了情绪上的波动，母亲可能还会出现一些身体上的症状，以及因照顾婴儿导致的体态变化。普拉提可以从短期或长期角度来解决这些问题。

腹直肌分离

腹直肌分离指的是前腹壁肌肉在垂直方向上的自然分离。由于连接左右腹直肌的结缔组织——腹白线受到过度拉伸，所有女性在孕晚期都会发生不同程度的腹直肌分离情况。大约半数女性会在产后8周内自然恢复，但在某些情况下，腹直肌分离也可能会导致腹部肌肉持续性无力。这些肌肉负责支撑躯干和骨盆底，同时参与咳嗽、打喷嚏、大笑和如厕等功能，而肌肉无力会导致这些功能发生障碍。

普拉提练习可以正确激活腹肌，是使肌肉持续适应和解决腹直肌分离的最佳方式之一。

要想改善腹直肌分离，普拉提练习应该从单独的核心肌群和盆底肌训练开始，逐步进阶到斜肌和腹直肌训练，最后是模仿日常活动的功能性训练。

在核心力量增强之前，应避免以下动作：锻炼斜肌的动作、双腿同时抬起以及仰卧起坐。

盆底功能障碍

怀孕期间骨盆承受的压力和重力增加，可能出现骨盆底功能障碍。阴道分娩创伤、多胎妊娠或婴儿出生体重过高也容易引起盆底功能障碍。无论是顺产还是剖腹产的女性，盆底功能障碍的发生率高达75%。它可产生一系列异常表现，包括大小便失禁、盆腔器官脱垂和性交疼痛等。盆底功能障碍与下背部疼痛和腹直肌分离相伴发生，严重影响心理健康。

25%~40%的女性不知道盆底肌位置，也不了解如何锻炼盆底肌。在怀孕期间锻炼盆底肌，尿失禁的风险可以降低50%，产后进行锻炼，风险可以降低35%。

可以将盆底肌的激活整合到下蹲、弓步和硬拉等动作中，锻炼后注意充分放松肌肉。每天锻炼3次，持续3~6个月。

正常腹部与腹直肌分离

正常腹部是完整的腹直肌和腹白线。腹直肌分离则表现为腹壁增宽和腹白线拉伸。

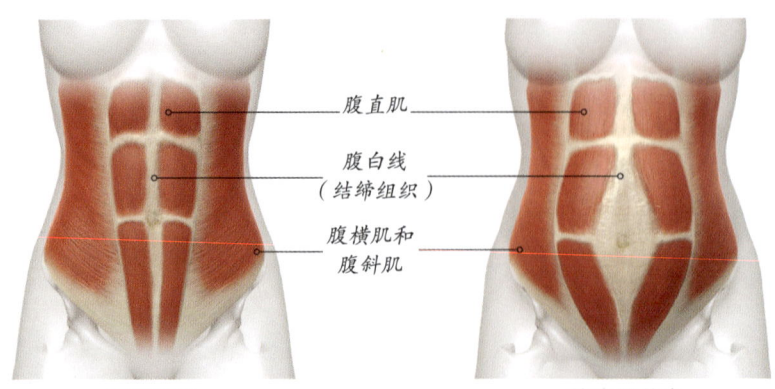

正常腹部　　　　　　　　腹直肌分离

产后普拉提的注意事项

- 普拉提运动不应该造成任何疼痛。如果出现疼痛加剧、产后出血、失禁或阴道坠胀感，请寻求专业医护帮助。

- 避免仰卧起坐、全平板支撑或上下抬腿等加重腹部负荷的动作。

- 避免压迫骨盆底，尤其注意避免卷腹动作。

- 避免过度劳累，不要在疲劳或精力不足的情况下运动。

产后 6~12 周的训练计划

每个动作重复：5~10 次
整组循环：1~3 次

1. 百次拍击(单腿桌面式)(见第 48 页)
2. 单腿拉伸(初级水平式)(见第 56 页)
3. 空中剪刀(单腿抬起式)(见第 74 页)
4. 肩桥(基础版肩桥)(见第 80 页)
5. 髋部扭转(双脚着地式)(见第 101 页)
6. 猫牛式(见第 40 页)
7. 手臂外展(见第 40 页)

产后 12~18 周的训练计划

每个动作重复：8~10 次
整组循环：2~3

1. 百次拍击(双腿桌面式)(见第 48 页)
2. 肩桥(膝盖抬升式)(见第 81 页)
3. 卷腹(见第 42 页)
4. 单腿拉伸(双腿桌面式)(见第 57 页)
5. 蚌式开合(见第 110 页)
6. 侧弯(半屈侧弯)(见第 106 页)
7. 泳式(四点跪姿版)(见第 85 页)

产后 18~24 周的训练计划

每个动作重复：10~12 次
整组循环：3~4 次

1. 肩桥(见第 78 页)
2. 单腿拉伸(见第 54 页)
3. 双腿拉伸(单腿协调式)(见第 61 页)
4. 侧踢(见第 94 页)
5. 蛙泳式(见第 148 页)
6. 单腿后拉(悬停转高位平板支撑)(见第 137 页)
7. 脊柱扭转(见第 162 页)

绝经期

绝经是月经周期的自然结束,绝经期一般是末次月经后,12个月未出现月经。研究表明,普拉提有助于提高绝经期女性的力量、身体功能和生活质量。

绝经期症状是由于雌激素水平降低和卵巢功能衰退造成的。主要发生在45~55岁,然而也有部分女性会出现20多岁就过早绝经的症状。过早绝经会影响人的身体健康,90%的女性能够寻求解决办法。 绝经期女性可以进行力量训练,以缓解绝经导致的骨质疏松、肌肉质量和力量下降、盆底肌肉萎缩、身体失衡、抑郁和焦虑等问题。

普拉提的作用

普拉提能够有效缓解绝经期症状。每周练习2~3次,坚持8~12周,就可以明显促进腰部健康、增加肌肉力量以及强健骨骼。在绝经前1年到绝经后5年的时间段内,骨质流失会加速。持续的普拉提练习对于维持骨骼健康至关重要。练习的重点应该放在核心肌群和盆底肌共同协作上,可以在膝盖之间放置软球以强化核心肌群和盆底肌的连接。

绝经期的训练计划

每个动作重复：8~10 次
整组循环：2~3 次

1. 百次拍击(双腿桌面式卷腹)(见第 49 页)
2. 单腿拉伸(见第 54 页)
3. 单腿画圈(见第 90 页)
4. 蚌式开合(见第 110 页)
5. 单腿后拉(见第 134 页)
6. 俯身撑地(见第 152 页)
7. 美人鱼式(见第 170 页)

缓解背痛的普拉提训练

在全球，下背部疼痛是导致残疾的主要原因之一，而普拉提以缓解下背部疼痛而闻名。普拉提功效众多，其强化核心和稳定脊柱的作用可以有效缓解背部疼痛。已经有广泛的证据证实了普拉提的这些作用，因此患有下背部疼痛的人群可以放心进行普拉提锻炼。

> 背痛的复发率很高，脊柱局部稳定肌训练可有效降低复发率。

下背部疼痛

大部分的背痛属于非特异性腰背痛，难以确定其病因。下背部疼痛根据疼痛位置不同，以及是否为机械性背痛进行分类。

研究表明，80%的成年人都会经历背痛。周遭环境、社会地位、经济基础或心理状况较差的劳动人群或者有背痛发病史的人群有更高的发病率。背部位于身体正中位置，因此极易受到机械应力影响。

机械性背痛

急性发作的背痛可在数周内缓解。其中2%~3%的人会发展成慢性腰背痛。更糟糕的是，60%~85%的人会在首次发作的一年内复发。

潘嘉比的稳定性模型（见第28页）可以解释背痛复发率高的原因。他认为，肌肉无力、椎间盘和神经损伤都可能引起脊柱节段性失衡，从而导致疼痛。

脊柱最主要的局部稳定肌为多裂肌和腹横肌，负责脊柱节段的运动控制，其功能异常会引发下背部疼痛。最早在急性背痛发作24小时内，多裂肌就会在肌纤维含量、横截面大小、疲劳度等方面发生改变。

慢性腰背痛患者还会表现出腹横肌激活延迟，即四肢活动时，腹横肌无法及时启动。正常情况下，中枢神经系统会提前为外展等各种动作做好准备并激活所需肌肉。

对疼痛的恐惧会进一步加剧背部疼痛，心理因素引发了生理反应，这就是为什么有些人会出现无休止的疼痛。运动控制的改变导致脊柱活动受限，这时局部肌肉缺乏稳定性，需要整体肌肉激活来代偿。长远来看，代偿会减少身体对局部肌肉的刺激和需求，造成脊柱部位肌肉萎缩，反之增加背痛频率。

普拉提的作用

研究表明，8周的普拉提锻炼就可以改善脊柱稳定肌的运动控制。普拉提可以局部激活包括多裂肌和腹横肌在内的核心肌群。肌肉共同收缩能够激活脊柱稳定肌群，强化神经系统的前馈机制。前馈机制是中枢神经系统预先进行的运动控制。

缓解背部疼痛的普拉提训练还能有效减轻疼痛，改善身体障碍，提高身体活动性、肌肉力量和耐力。局部和整体肌肉的耐力增强，则能更轻松地控制肌肉收缩。

脊柱活动性锻炼是普拉提不可或缺的一部分，当脊柱因全身肌肉发力而变僵硬时，普拉提可以使脊柱恢复灵活，进而提高整体的训练效果。

日常锻炼的提示

生活中的一些小改变就可以让背部保持健康，减少受伤风险。

● 每隔30~60分钟站起来走动一下。

● 将坐姿调整到最佳位置（见第189页）。

● 搬重物时，尽量使其靠近身体。

● 避免腰背部过度扭转或过度延伸。

● 拉伸以增强关节活动性。

● 核心保持收紧。

背痛患者的训练计划

如果你是普拉提新手或者你的背痛症状在加重，从初级训练开始练习。随着症状的缓解和力量的加强，逐步过渡到初级到中级训练，再到中级到高级训练。

初级训练

每个动作重复：5~8次
整组循环：1次

1. 骨盆倾斜（见第41页）
2. 过顶转臂（见第41页）
3. 单腿拉伸（初级水平式）（见第56页）
4. 空中剪刀（单腿抬起式）（见第74页）
5. 蚌式开合（见第110页）
6. 肩桥（基础版肩桥）（见第80页）
7. 猫牛式（见第40页）
8. 婴儿式伸展（见第41页）

初级到中级训练

每个动作重复：8~10次
整组循环：1~2次

1. 百次拍击（单腿桌面式）（见第48页）
2. 单腿拉伸（单腿运动式）（见第56页）
3. 空中剪刀（交替抬腿式）（见第74页）
4. 蚌式开合（见第110页）
5. 侧卧开合（见第111页）
6. 髋部扭转（见第98页）
7. 美人鱼式（见第170页）
8. 脊柱扭转（见第162页）

中级到高级训练

每个动作重复：10次
整组循环：2次

1. 百次拍击（双腿桌面式）（见第48页）
2. 空中剪刀（交替抬腿式）（见第74页）
3. 卷腹（见第42页）
4. 单腿拉伸（单腿运动式）（见第56页）
5. 髋部扭转（双脚着地式）（见第101页）
6. 肩桥（基础版肩桥）（见第80页）
7. 泳式（四点跪姿版）（见第85页）
8. 美人鱼式（见第170页）

缓解颈痛和头痛的普拉提训练

颈部疼痛（简称"颈痛"）是一种常见的致残性疾病，其特征是颈部活动受限并伴有疼痛。不良姿势、焦虑和抑郁情绪是导致颈部疼痛的主要原因。不良的颈部姿势还有可能导致头痛。

颈部疼痛

颈部疼痛在成年人中的发病率高达70%，其中有75%的人5年内会复发。要想了解发病率高的原因，我们需要先了解引起颈部疼痛的原因。

急性颈痛在数天或数周内可缓解，但约有10%的患者会转为慢性颈痛，疼痛持续数年。急性颈痛通常是由损伤引起的，如挥鞭样损伤或运动损伤。慢性疼痛通常是由于姿势不良引起的。不良姿势会导致肌肉失衡，其他肌肉被迫承受压力。随着智能产品的普及和人们屏幕使用时间的增加，长期低头久坐的现象越来越普遍，颈部疼痛发病率也越来越高。

可能导致颈部疼痛的姿势

颈部疼痛的患者通常会伴有头部前倾。这种姿势会导致肌肉不平衡，从而造成上交叉综合征。上交叉综合征可具体表现为颈深屈肌力量薄弱引起头部前伸和肩胛提肌过度紧张引起颈椎前凸。同时，上斜方肌紧绷，中斜方肌、下斜方肌和前锯肌无力，导致肩部上提并前伸、肩胛骨外旋、胸椎后凸增加。胸肌紧张使肩部进一步前伸，降低了肩关节稳定性。为稳定肩关节，肩胛提肌和上斜方肌等肌肉的活动进一步增加，因此形成恶性循环。

身体长时间处于功能位，如坐在办公桌前，颈部稳定肌受重力影响减少，导致其力量减弱，甚至萎缩。为此，活动肌需增加收缩，以协助颈部保持稳定。但这部分肌肉过度收缩的话会导致肌肉紧张和颈部活动受限。核心控制力差和胸椎后凸也会导致站立时头部前倾。不良体态和肌肉失衡的初期，身体并没有明显症状，只有当功能受损时，人们才会感受到疼痛并发现自己的问题。

颈部疼痛的患者要想恢复颈部的正常功能，需要大量的康复训练。

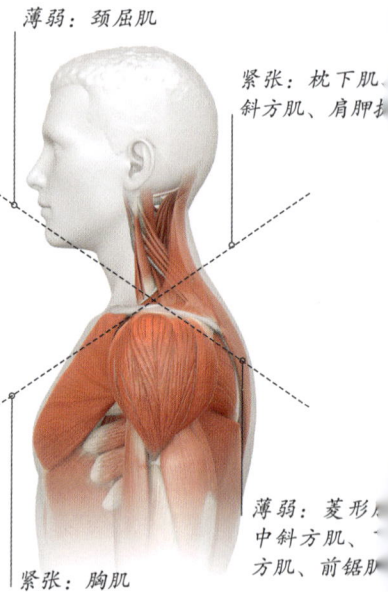

上交叉综合征
两条交叉线上的肌肉失衡：一条线上的肌肉过于紧张，另一条线上的肌肉过于薄弱。

疼痛和呼吸

呼吸力学上的变化也有可能导致颈部疼痛。在呼吸过程中，必须保持颈椎和胸椎稳定，才能有效打开胸腔，发挥横膈膜功能。坐和站都会增加呼吸肌的活动。如果呼吸肌过度活动，比如改变颈部姿势时，颈部肌肉和上斜方肌会将上胸腔抬高，从而影响横膈膜功能，加剧肌肉的活动。

颈源性头痛

与偏头痛不同，颈源性头痛是上颈部功能障碍引起的头痛，伴随着颈部姿势不良导致的颈痛。疼痛症状可转移至头顶和（或）面部。

前三节颈椎功能紊乱会导致颈源性头痛。这是由于上颈部含有丰富的感受器，可以检测到姿势变化。同时，颈部神经会将颈部以及周围关节、椎间盘、韧带和肌肉的疼痛信号传递给中枢神经系统。任何的颈部病变、肌肉疲劳以及失衡都会进一步增加该区域的敏感度。

在所有头痛中，颈源性头痛占1%~4%，其中30~44岁的患者居多，男女都可能发病。颈部的不良姿势会恶化颈源性头痛。

普拉提的作用

练习普拉提可以纠正肌肉不平衡、恢复关节活动性和改善体态，因此可以有效缓解头、颈部的疼痛。

练习天鹅潜水的变式（见第66页），可以增强深颈屈肌力量；练习蛙泳式（见第148页）和泳式（见第82页）可以强化肩胛骨肌肉，改善头部前倾。普拉提通过强化核心和改善体态来锻炼全身。研究表明，每周进行3次普拉提锻炼，持续12周，可以有效缓解颈痛患者的疼痛，提升其力量、颈部功能和生活质量。

普拉提通过横膈膜呼吸法（横向呼吸法）（见第31页）控制呼吸，减少上斜方肌或肩胛提肌在颈痛时的负重，从而改善肌力不平衡。

训练方案

以下方案可以有效缓解颈痛和头痛，适用于不同训练水平的人。

训练方案 1

每个动作重复： 6~8 次
整组循环： 1~2 次

1. 过顶转臂（见第 41 页）
2. 百次拍击（单腿桌面式）（见第 48 页）
3. 空中剪刀（单腿抬起式）（见第 74 页）
4. 手臂展开（见第 166 页）
5. 天鹅潜水（上半身式）（见第 66 页）
6. 蛙泳式（见第 148 页）
7. 手臂外展（见第 40 页）

训练方案 2

每个动作重复： 6~8 次
整组循环： 1~2 次

1. 脊柱扭转（初阶版脊柱扭转）（见第 163 页）
2. 百次拍击（单腿桌面式）（见第 48 页）
3. 过顶转臂（见第 41 页）
4. 单腿拉伸（初级水平式）（见第 56 页）
5. 蛙式开合（见第 110 页）
6. 泳式（低头慢速版）（见第 84 页）
7. 婴儿式伸展（见第 41 页）

改善脊柱侧弯的普拉提训练

脊柱侧弯是指脊柱节段向侧方弯曲。其英文名来源于古希腊语，意思是"弯曲的"或"扭曲的"。普拉提可以辅助矫正脊柱侧弯，改善脊柱侧弯曲线并缓解相关疼痛。

脊柱侧弯

正常的脊柱是从头部到骨盆的一条直线，有自然的前凸曲线和后凸曲线。然而，脊柱侧弯时，脊柱会向一侧或两侧弯曲。如果弯曲超过10度，即可诊断为脊柱侧弯。C形脊柱存在一个侧弯，脊柱和身体一侧缩短，另一侧伸长。S形脊柱更为常见，其存在两个侧弯。

轻度到中度弯曲是指侧弯不超过35度，此时可以通过锻炼进行矫正。患者需明确侧弯的曲线及方向，以制订恰当的训练计划。

锻炼凸侧被拉长的肌肉，增加凸侧肌肉支撑力；或者通过拉伸和提高活动性的动作，拉伸凹侧肌肉都可以改善脊柱侧弯。矫正S形脊柱侧弯更加复杂，上凸曲线和下凸曲线可以单独矫正，不过两者同时进行矫正训练可能效果更佳。

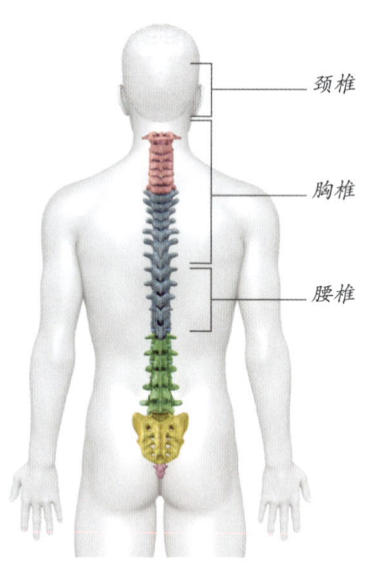
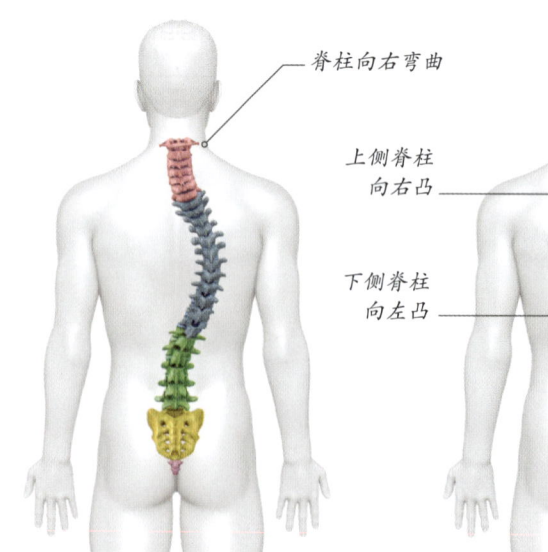

正常脊柱
正常情况下，脊柱从头部枕骨垂直延伸到骨盆，没有侧弯现象。

C形脊柱
脊柱向右凸起，向左凹陷。锻炼时，加强右侧肌肉，拉伸左侧肌肉。

S形脊柱
针对图中脊柱的上侧弯曲，应该强化右侧肌肉力量，拉伸左侧肌肉；针对下侧弯曲，应该强化左侧肌肉力量，拉伸右侧肌肉。

普拉提的作用

全世界约3%的人会患脊柱侧弯，其中80%~85%的病例为特发性脊柱侧弯，侧弯的原因不明。弯曲症状会逐渐加重，影响脊柱对线和躯干活动，有损身体形象、心理健康和生活质量。身体不对称和肌肉不平衡还会引发疼痛。

普拉提练习可以改善脊柱侧弯现象，最多能减少32%的弯曲。普拉提通过一系列有助于稳定脊柱的核心练习，以及一系列拉伸凹陷侧和强化凸起侧的动作，可以有效减少脊柱畸形。这些动作还能找回肌肉平衡，改善体态。总的来说，普拉提已被证实可以改善身体机能，减少疼痛。

普拉提练习可以矫正不良体态，提升外在形象，减轻疼痛，增强身体功能，极大程度上提高脊柱侧弯患者的生活质量。

缓解脊柱侧弯的小妙招

每天尝试以下小贴士可以最大限度减轻脊柱症状，防止疼痛加剧。

- 避免弯曲姿势。
- 身体坐直，可用软垫来保持身体平衡。
- 多活动身体，勤换姿势，越频繁越好。
- 每天定时伸展，每周完成2次长时间伸展。
- 积极地改善身体状况，并且积极地尝试其他能减轻症状的动作。

普拉提呼吸法的作用

脊柱侧弯会影响躯干对线，压迫胸部和胸腔，导致肺活量和运动受限，呼吸受影响。横向呼吸法（见第31页）可以拉长躯干，扩张胸腔，伸展受影响的肌肉。普拉提呼吸法注重身体放松，这也有助于缓解疼痛或焦虑情绪。

改善脊柱侧弯的训练方案

脊柱侧弯的拉伸训练

每个动作重复：5~8次或保持10秒钟。

1. 美人鱼式（见第170页）
2. 猫牛式（见第40页）
3. 婴儿式伸展（见第41页）
4. 穿针引线（见第168页）
5. 手臂展开（见第166页）
6. 髋部扭转（双脚着地式）（见第101页）

脊柱侧弯的肌肉强化训练 初级阶段

每个动作重复：5~10次
整组循环：1~2次

1. 单腿拉伸（初级水平式）（见第56页）
2. 肩桥（基础版肩桥）（见第80页）
3. 侧弯（半屈侧弯）（见第106页）
4. 侧卧开合（见第111页）
5. 眼镜蛇式（身体抬高到舒适的高度）（见第164页）
6. 单腿后拉（悬膝平板支撑）（见第136页）

脊柱侧弯的肌肉强化训练 中级阶段

每个动作重复：6~10次
整组循环：2~3次

1. 单腿拉伸（单腿运动式）（见第56页）
2. 单腿画圈（单腿撑地式）（见第92页）
3. 侧弯（手肘触膝式半屈侧弯）（见第107页）
4. 侧踢（见第94页）
5. 泳式（四点跪姿版）（见第85页）
6. 单腿后拉（悬停转高位平板支撑）（见第137页）

针对关节过度活动综合征的普拉提训练

关节过度活动综合征是一种结缔组织疾病，患者关节的活动度超出正常范围。身体多个关节会无故疼痛，因此需要练习能够强化肌肉、增强控制的普拉提动作。

关节过度活动综合征

关节过度活动综合征的表现形式多样，有的是由特定因素引发的，症状多样，也有的根本没有症状。

关节过度活动综合征的患病率高达13%，但由于诊断不足，实际比例可能要高得多。发病原因不明、多样性和模糊性的表现可能会延误诊断。

致病因素

胶原蛋白是人体结缔组织的成分，如胶水一样把整个身体黏合在一起。胶原蛋白突变会引发关节活动过度综合征，导致关节支撑力减弱，关节本体感觉（运动的感知能力）和身体意识下降。

胶原蛋白合成障碍通常与遗传性疾病相关，女性患病的可能性是男性的3倍，且在非洲和亚洲族群中更为普遍。儿童和青少年的发病率较高，但随着年龄的增长，关节活动性和肌肉张力的增加，病情会有所缓解。

关节过度活动综合征的症状

反复的关节创伤会使患者痛阈降低，引发急性疼痛和慢性疼痛。关节松弛严重的话，会导致脱臼，引发心理上对运动的恐惧。

关节过度活动会使肌腱松弛，难以传递并产生力量，从而降低骨骼肌的质量和力量。关节过度活动还会使腹肌和盆底肌松弛，有可能损伤肌肉骨骼，出现失禁现象。

关节过度活动综合征的不同表现

关节过度活动综合征的影响范围和严重程度是多因素的，每个患者会有不同的表现。具体的普拉提训练方案应该根据患者症状而制订。

无症状	局部关节/区域性关节过度活动	多关节过度活动	慢性多关节过度活动
●无症状	●单关节疼痛	●广泛疼痛	●持续疼痛超过3个月
●功能完好	●松弛	●松弛	●焦虑
		●痛觉过敏	●抑郁
		●肌肉骨骼损伤	●慢性疲劳

普拉提的作用

针对关节过度活动综合征,普拉提的锻炼主要集中在提高肌肉稳定性和控制力上。一般的力量训练不能解决这类人群缺乏肌肉力量和耐力的问题。

例如,与其他肌纤维相比,支撑关节的慢缩型肌纤维局部萎缩(退化)得更快,而且需要多次重复才能使肌肉产生变化。训练者刚开始时无法承受高频率地重复,需要通过局部稳定性训练来逐步提高。这就是普拉提的运作模式。

在普拉提中,"链"指的是连接身体各部位的关节。俯身撑地等闭链运动,可以在保护关节的同时强化关节功能。通过闭链运动,进而练习单腿画圈等开链运动,增强局部力量。为期8周的普拉提锻炼可以显著改善下肢力量和膝关节对线情况,减少疼痛,提高关节过度活动患者的生活质量。

针对关节过度活动综合征的普拉提锻炼应从基本的肌肉等长收缩开始,包含肌肉收缩和控制、躯干和脊柱控制以及全身力量练习。

激活肌肉、提高稳定性的训练

每个动作重复: 6~10 次
整组循环: 1 次

1. 单腿拉伸(弹力带辅助式)(见第 57 页)
2. 肩桥(髋部外展式)(见第 80 页)
3. 髋部扭转(单腿扭转式)(用弹力带绑住双膝)(见第 100 页)
4. 单腿画圈(弹力带辅助式)(见第 93 页)
5. 单腿后拉(悬停平板支撑)(用弹力带绑住双腕或双膝)(见第 136 页)
6. 泳式(四点跪姿版)(见第 85 页)
7. 侧弯(半屈侧弯)(见第 106 页)

躯干和脊柱控制训练

每个动作重复: 6~10 次
整组循环: 1 次

1. 脊柱扭转(见第 162 页)
2. 穿针引线(单手抱头式)(见第 169 页)
3. 美人鱼式(坐在弹力带上,向侧边拉伸弹力带)(见第 170 页)
4. 长躯席卷(弹力带辅助式)(见第 119 页)
5. 卷腹(见第 42 页)
6. 脊柱伸展(见第 158 页)
7. 手臂展开(立姿手臂展开)(使用弹力带辅助)(见第 167 页)

强化训练 1

每个动作重复: 8~10 次
整组循环: 2~3 次

1. 百次拍击(单腿桌面式)(见第 48 页)
2. 蚌式开合(用弹力带绑住双膝)(见第 110 页)
3. 单腿拉伸(弹力带辅助式)(见第 57 页)
4. 髋部扭转(单腿扭转式)(用弹力带绑住双膝)(见第 100 页)
5. 肩桥(髋部外展式)(见第 80 页)
6. 卷腹(见第 42 页)
7. 侧弯(半屈侧弯)(见第 106 页)

强化训练 2

每个动作重复: 8~10 次
整组循环: 2~3 次

1. 手臂外展(双手握住一条弹力带)(见第 40 页)
2. 百次拍击(单腿桌面式)(见第 48 页)
3. 单腿拉伸(弹力带辅助式)(见第 57 页)
4. 肩桥(髋部外展式)(见第 80 页)
5. 卷腹(见第 42 页)
6. 脊柱伸展(见第 158 页)
7. 泳式(四点跪姿版)(见第 85 页)

针对骨质疏松症的普拉提训练

骨质疏松症是骨密度下降时的一种全身性骨病。主要特征是骨结构破坏、骨强度降低、易发生骨折。阻力训练可以减缓骨质流失,增强骨骼系统力量。

普拉提可以显著减轻骨质疏松引起的疼痛,定期锻炼可以获得最佳效果。

骨质疏松的原因

骨质疏松症是一种悄无声息的疾病,常在第一次骨折甚至是多次骨折后才被诊断。多次骨折会增加死亡率,因此有必要早预防、早治疗。

据统计,全世界约有2亿骨质疏松症患者,每年因骨质疏松导致骨折的人群高达890万。最常见的骨折部位是髋部和脊柱。50岁以上的人群中,女性患骨质疏松症的概率是男性的4倍。这主要是由于更年期女性雌激素下降,而雌激素对骨骼健康又起着重要影响。雌激素下降会导致女性在更年期前5年内骨密度平均每年下降2%~3%。在50岁以上的女性中,约有30%的人会发生骨质疏松性骨折。再加上女性骨架小、骨量低、肌肉量偏低的特点,使得女性更容易受骨质疏松症的影响。

骨质流失和骨折

30岁以后,骨量开始减少。建议尽早开始定期进行高强度抗阻训练,以维持并增加骨密度。抗阻运动会对肌肉施加压力并通过肌腱对骨骼施加压力,以增强肌力。进行抗阻训练可以刺激成骨细胞活性,增加骨的重建,强化骨骼。

高强度抗阻训练可以很好地治疗骨质疏松症,最大限度地减少骨质流失,维持或增强骨强度。骨质疏松患者强行锻炼会有骨折风险,应根据个人的健康水平、骨折史和骨质疏松的严重程度来制订训练方案。

研究还表明,骨质疏松症患者容易出现腰伸肌群和下肢肌肉无力现象。在进行训练计划的时候,首先应考虑强化这些薄弱肌肉。

骨质疏松运动指南

骨质疏松运动指南包括3种不同类型的锻炼方式：针对骨骼和肌肉的力量练习、防止跌倒和骨折的平衡练习以及提高背部力量和改善脊柱疼痛的姿势练习。普拉提动作包含了这3种练习，使其成为骨质疏松症患者或是容易跌倒和骨折人群的训练首选。

常规练习

练习应该遵守循序渐进的原则，根据个人情况和能力进行调整。用髋屈伸动作来代替前屈动作可以保护脊柱。脊柱骨折或其他部位多处骨折的患者应进行低冲击运动，避免中等或高冲击运动。

力量练习

要想增强骨骼强度，可以进行力量训练，并平均每天完成50个冲击动作。推荐运动包括：普拉提、跑步、慢跑、跳舞、球拍类运动和北欧式健走。骨质疏松或骨折的人应选择低冲击性训练。要想提高肌肉力量，则需要每周抽2~3天进行抗阻训练，每组重复8~12次，最多3组。可以尝试举重、园艺、DIY和爬楼梯等活动。

平衡练习

要想改善平衡，可以每周进行2~3次普拉提、瑜伽、太极或舞蹈等练习。

体态

每周2~3次体态练习可以改善站姿。可以进行普拉提、游泳和瑜伽等背部强化训练改善体态。

普拉提的作用

普拉提可以强化肌肉，肌肉会对骨骼施加压力，从而刺激骨骼重建。普拉提还可以矫正体态，使身体呈负重姿势来进一步加大骨应力。

骨质疏松症患者进行普拉提锻炼时，应避免屈曲、脊柱侧屈、髋关节内收和内旋等动作，以降低骨折风险。在骨质疏松症治疗指南中的力量、平衡和体态练习中，普拉提均被推荐。垫上普拉提只是练习的起点，应该逐步进展到站姿练习，给身体带来更多好处。

初级训练

每个动作重复：10次
整组循环：1~2次

1. 百次拍击（单腿桌面式）（见第48页）
2. 单腿拉伸（初级水平式）（见第56页）
3. 肩桥（基础版肩桥）（臀部发力，而非脊椎逐节抬起）（见第80页）
4. 蚌式开合（见第110页）
5. 天鹅潜水（上半身式）（见第66页）
6. 泳式（低头慢速版）（见第84页）
7. 单腿后拉（悬停平板支撑）（见第136页）

初级到中级训练

每个动作重复：10~12次
整组循环：2~3次

1. 百次拍击（单腿桌面式）（见第48页）
2. 单腿拉伸（弹力带辅助式）（见第57页）
3. 肩桥（髋部外展式）（见第80页）
4. 蚌式开合（用弹力带绑住双膝）（见第110页）
5. 侧卧开合（见第111页）
6. 泳式（四点跪姿版）（见第85页）
7. 天鹅潜水（上半身与手臂式）（见第66页）

中级到高级训练

每个动作重复：10~12次
整组循环：3次

1. 单腿拉伸（双腿桌面式）（见第57页）
2. 双腿拉伸（单腿协调式）（见第61页）
3. 肩桥（髋部外展式）（臀部发力，而非脊椎逐节抬起）（见第80页）
4. 侧踢（见第94页）
5. 单腿后拉（悬停转高位平板支撑）（见第137页）
6. 俯身撑地（不需要向下卷动）（见第152页）
7. 蛙泳式（见第148页）

普拉提运动解剖学

针对关节炎的普拉提训练

关节炎是一种以关节疼痛、肿胀和僵硬为特征的关节疾病。关节炎有不同类型，症状也有轻重之分。

关节炎的症状

关节痛是指关节内的疼痛，除关节痛以外，每种关节炎都有不同的症状和病理。下面介绍两种常见关节炎：骨关节炎和类风湿性关节炎。

骨关节炎（见第18页）是原本光滑的关节软骨发生的退行性变化。关节软骨逐渐磨损暴露出关节表面，导致骨骼相互摩擦，引起疼痛。往往是由单个关节开始，主要症状表现为关节疼痛和关节活动范围受限，肌力减退、肌腱和韧带等软组织强度下降，本体感觉（运动的感知能力）减退。

随着年龄的增长，骨关节炎的发病率显著增加，且在女性中更加常见。据统计，在60~65岁年龄段内，女性患骨关节炎的比例达到了47%，而男性仅为40%。肥胖、体重过低（维持骨骼健康所需的钙摄入量不足）、关节创伤和股四头肌力量下降都是引发骨关节炎的危险因子。

骨关节炎治疗的主要目标是减轻疼痛，改善关节功能。研究表明，8周的普拉提练习可以显著改善疼痛和身体功能，矫正体态，提高核心稳定性和肌肉耐力。

类风湿性关节炎是一种慢性的自身免疫性疾病。免疫系统会攻击滑膜并分泌大量炎性物质，从而破坏关节结构。类风湿性关节炎通常是对称的，身体多个关节同时发病。患者的主要症状是关节疼痛和炎症，还会出现疲劳和抑郁等症状。类风湿性关节炎患者出现疲劳和抑郁的概率是健康人群的5倍。

类风湿关节炎的发病与环境因素和遗传因素密切相关。在不良环境下，免疫系统会通过触发炎症级联反应来做出免疫反应。

治疗类风湿性关节炎首选药物治疗法，同时可以结合低强度运动和肌力强化锻炼。研究发现，每周练习3次普拉提，持续8周就可以提高患者的生活质量。

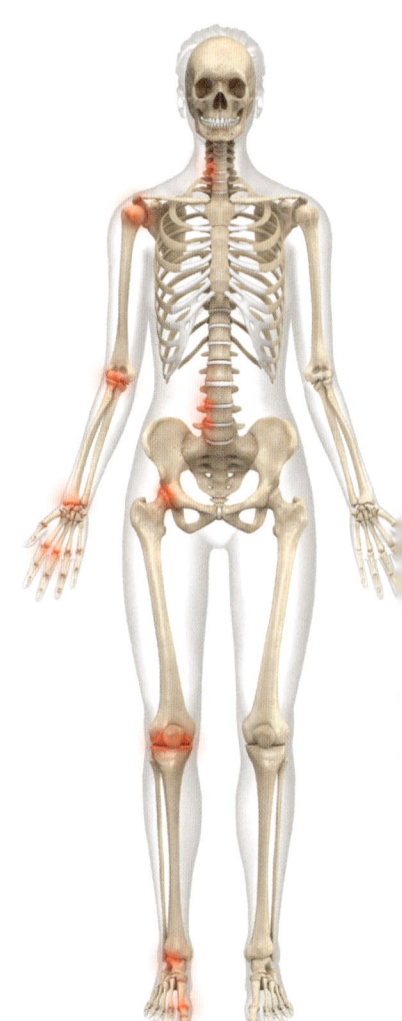

关节炎的常发部位
上图模型左侧显示了可能会患关节炎的常见关节部位。骨关节炎会累及单个或数个关节，而类风湿性关节炎往往累及多个关节。

普拉提的作用

普拉提对于治疗关节炎有诸多益处，无论是对患者的身体还是心理都有所改善。

研究表明，相比其他运动，普拉提会带来相近或更好的运动效果，因为普拉提的动作选择更加丰富，还能结合身体状况和其他情况进行适当修改。

- **强化肌肉力量**

强化肌肉力量可以保护关节，减轻关节疼痛，还可以改善关节的生物力学，减少由疼痛和疾病而产生的运动偏差。

- **减轻关节压力**

对关节炎患者来说，关节疼痛会降低身体的运动能力。无负重普拉提练习可以减轻关节负荷，同时增强肌力以保护关节。

- **改善体态和核心稳定性**

良好的体态和稳定的核心有助于提高身体的平衡性并改善身体对线情况，从而保护关节。

- **提高活动性**

普拉提中的许多动作都包含伸展动作，可以提高全身的活动性。

- **提升幸福感**

普拉提可以帮助关节炎患者减轻抑郁和疲劳的症状。

适用于轻度关节炎

每个动作重复：8~10 次
整组循环：2 次

1. 百次拍击(单腿桌面式)(见第 48 页)
2. 单腿拉伸(单腿运动式)(见第 56 页)
3. 双腿拉伸(见第 58 页)
4. 肩桥(基础版肩桥)(见第 80 页)
5. 单腿画圈(膝盖弯曲式)(见第 92 页)
6. 侧踢(屈膝式)(见第 96 页)
7. 泳式(低头慢速版)(见第 84 页)
8. 美人鱼式(见第 170 页)

适用于轻度到中度关节炎

每个动作重复：8~10 次
整组循环：2 次

1. 百次拍击(单腿桌面式)(见第 48 页)
2. 单腿拉伸(弹力带辅助式)(见第 57 页)
3. 空中剪刀(单腿抬起式)(见第 74 页)
4. 髋部扭转(双脚着地式)(见第 101 页)
5. 蚌式开合(见第 110 页)
6. 肩桥(基础版肩桥)(见第 80 页)
7. 猫牛式(见第 40 页)
8. 手臂展开(见第 166 页)

适用于中度到重度关节炎

每个动作重复：6~8 次
整组循环：1~2 次

1. 骨盆倾斜(见第 41 页)
2. 百次拍击(单腿桌面式)(见第 48 页)
3. 过顶转臂(见第 41 页)
4. 单腿拉伸(初级水平式)(见第 56 页)
5. 手臂展开(见第 166 页)
6. 髋部扭转(双脚着地式)(见第 101 页)
7. 婴儿式伸展(见第 41 页)
8. 横向呼吸法(见第 31 页)

椅上式

椅上式普拉提动作不需要接触地面，可以更好地保护关节。

每个动作重复：6~8 次
整组循环：1~2 次

1. 骨盆倾斜(见第 41 页)
2. 手臂外展(见第 40 页)
3. 长躯席卷(椅上式)(见第 118 页)
4. 过顶转臂(见第 41 页)
5. 脊柱扭转(初阶版脊柱扭转)(见第 163 页)
6. 美人鱼式(见第 170 页)
7. 手臂展开(立姿手臂展开)(见第 167 页)

关于作者和致谢

关于作者

特蕾西·沃德是一名普拉提教师、普拉提课程讲师、物理治疗师和作家。

特蕾西拥有生物医学科学一等荣誉学位、物理治疗优等硕士学位和骨科医学文凭。她还在麦肯齐学院完成了医学诊断和治疗的研究生课程。特蕾西是澳大利亚物理治疗和普拉提研究所(APPI)的普拉提教师和认证的普拉提女性健康从业者,拥有儿童和青少年普拉提教育资格,同时还是一名治疗性瑜伽教师。

特蕾西于2016年加入APPI健康集团普拉提教学团队。作为团队的一员,她得以扩展自己的教学技能并与他人分享知识。她为该团队贡献了行业领先的普拉提电视教学内容,并参与课程开发工作。

2020年,特蕾西出版了她的第一本电子书《产后普拉提指南》(The Postnatal Pilates Guide),这份基于研究结果的指南旨在为孕妇提供产后安全的体能恢复方案,其中包含了一份6周的恢复核心力量、优化体能及提高产后舒适感的训练计划。

全天候工作室(The Anytime Studio)网站是特蕾西的定制普拉提会员平台,它可以提供各种课程和专业的6周训练计划,并附有教学资源。

特蕾西对普拉提、运动、康复都充满了热情,她的普拉提和临床工作以研究结果为基础而开展。她在苏格兰阿伯丁经营她的普拉提工作室——清新身心(Freshly Centered),并在一家私立医院担任高级肌肉骨骼物理治疗师。她还定期为各种运动医学刊物撰稿,并拥有一个受欢迎的优兔(YouTube)频道。

Acknowledgements

Author's acknowledgements

The biggest thank you to the entire team at DK, but especially to Alastair for so openly believing in me and inviting me on this journey; Susan and Amy for endlessly guiding me, editing, and designing this book to its beautiful finish; and Arran for my wonderful illustrations.

Thank you to Glenn, Elisa, and the rest of the APPI team. Joining APPI has re-directed my career, you provide a continuous inspiration, and your constant encouragement and opportunities is so refreshing. I'm forever grateful to be a part of your team.

I'll be forever grateful to Jennifer Darlington, Anya Hayes, and Sara Rohan, whose exceptional input helped me begin this project, and to Sarah Chambers for assisting with references.

Thank you to my children Aiden and Anya, for sleeping when it mattered and showing me that anything really is possible. Love you forever and a day. To my partner Mark, for accepting when I have yet another idea, holding the fort, and continually encouraging me to keep going. To my ever-supportive mum and my late dad, I hope I've made you proud.

Finally, to all of my Pilates clients and students. Without you, none of this would be possible. Thank you for your continued support, but most importantly, your loyalty shows that you value the benefits of Pilates just as much as I do.

Publisher's acknowledgements

Dorling Kindersley would like to thank Marie Lorimer for indexing and Kathy Steer for proofreading.

Picture credits

The publisher would like to thank the following for their kind permission to reproduce their photographs:
(Key: a-above; b-below/bottom; c-centre; f-far; l-left; r-right; t-top)

14 Science Photo Library: Professors P.M. Motta, P.M. Andrews, K.R. Porter & J. Vial (clb). 23 Science Photo Library: Biophoto Associates (cla)

All other images © **Dorling Kindersley**
For further information see: **www.dkimages.com**